ANATOMY
— MUSCLE —
TRAINING

김명섭의 아나토미 헬스 교실

근육 해부학 일러스트를 통한 근성장 대폭발

김명섭 지음

머리말

어느덧 첫 책을 세상에 내놓은 지도 시간이 꽤 흘렀다. 선수로 살아온 지난 세월과 현역 은퇴 후 근육학을 공부하며 깨달았던 내용들을 정리해 독자들과 나누고자 했던 마음이 많은 분들께 닿았다는 이야기를 들을 때마다 감사함과 동시에 책임감도 커졌다. 운동을 사랑하는 사람으로서, 그리고 오랜 시간 몸으로 부딪혀 온 사람으로서 '조금 더 정확하게 전달할 수는 없을까' 하는 고민이 자연스럽게 다음 과제로 이어졌다.

첫 책에서는 그동안 경험하고 연구해 온 운동 방법을 중심으로, 어떻게 하면 부상을 줄이고 효율적으로 몸을 만들 수 있는지 설명했다. 하지만 여전히 아쉬움이 남았다. 글과 사진만으로는 근육이 실제로 어떻게 움직이고, 어디에서 시작해 어디로 이어지며, 어떤 관절을 지나 어떤 힘을 만들어 내는지 완전히 보여주기 어렵다는 한계 때문이었다. 운동은 눈에 보이는 동작이 전부가 아니라, 보이지 않는 근육의 작용이 본질이기 때문이다.

선수 시절의 나는 '느낌'과 '반복'으로 몸을 만들었다. 그 과정에서 수많은 시행착오와 부상을 겪었고, 은퇴 후 해부학을 공부하면서 비로소 그 이유를 이해하게 되었다. 같은 동작이라도 관절 각도와 근육 길이에 따라 자극이 완전히 달라진다는 것, 주동근과 협응근의 역할을 정확히 알지 못하면 노력에 비해 결과가 더디게 나온다는 것을 깨달았다. 만약 그 시절에 지금의 지식을 갖고 있었다면 내 몸은 또 다른 모습이었을지도 모른다.

그래서 이번 책은 '동작'이 아니라 '근육'에 집중했다. 사진 대신 해부학 일러스트를 통해 근육의 기시와 정지, 수축 방향, 관절의 움직임을 한눈에 볼 수 있도록 구성했다. 겉으로 보이는 자세가 아니라, 피부 아래에서 실제로 어떤 일이 일어나는지를 이해하도록 돕고 싶었다. 근육의 작용 원리를 알면, 단순히 따라하는 운동이 아니라 스스로 생각하며 조절하는 운동이 가능해진다.

해부학 일러스트는 운동의 본질을 직관적으로 보여준다. 어느 근육이 짧아지고, 어느 근육이 늘어나며, 어떤 구조가 긴장을 받는지 명확하게 보인다. 이는 단지 지식을 늘리는 것이 아니라, 부상을 예방하고 운동 효율을 극대화하는 가장 확실한 방법이다. 눈으로 이해한 움직임은 몸으로도 정확하게 재현된다.

물론 나는 해부학을 전공한 학자는 아니다. 다만 20여 년간 선수로 살아오며 몸을 혹사시키기도, 다치기도, 다시 회복시키기도 했던 한 사람으로서, 그리고 은퇴 후 근육학을 꾸준히 공부해 온 운동인으로서 현장에서 검증한 내용을 최대한 정직하게 담아내고자 했다. 이 책은 단순한 운동 안내서가 아니라, '왜 이렇게 해야 하는지'를 설명하는 근육 해부학 중심의 안내서다.

운동은 평생 해야 할 습관이다. 그렇다면 더 안전하게, 더 정확하게, 그리고 더 오래 할 수 있어야 한다. 이 책이 여러분 자신의 몸을 이해하는 데 길잡이가 되기를 바란다. 근육을 알고 운동하는 순간, 운동은 더 이상 고통스러운 반복이 아니라 스스로를 단련하는 즐거운 과정이 될 것이다. 그리고 그 길 끝에서, 여러분 역시 각자의 방식으로 분명한 변화를 마주하게 되리라 믿는다.

차례

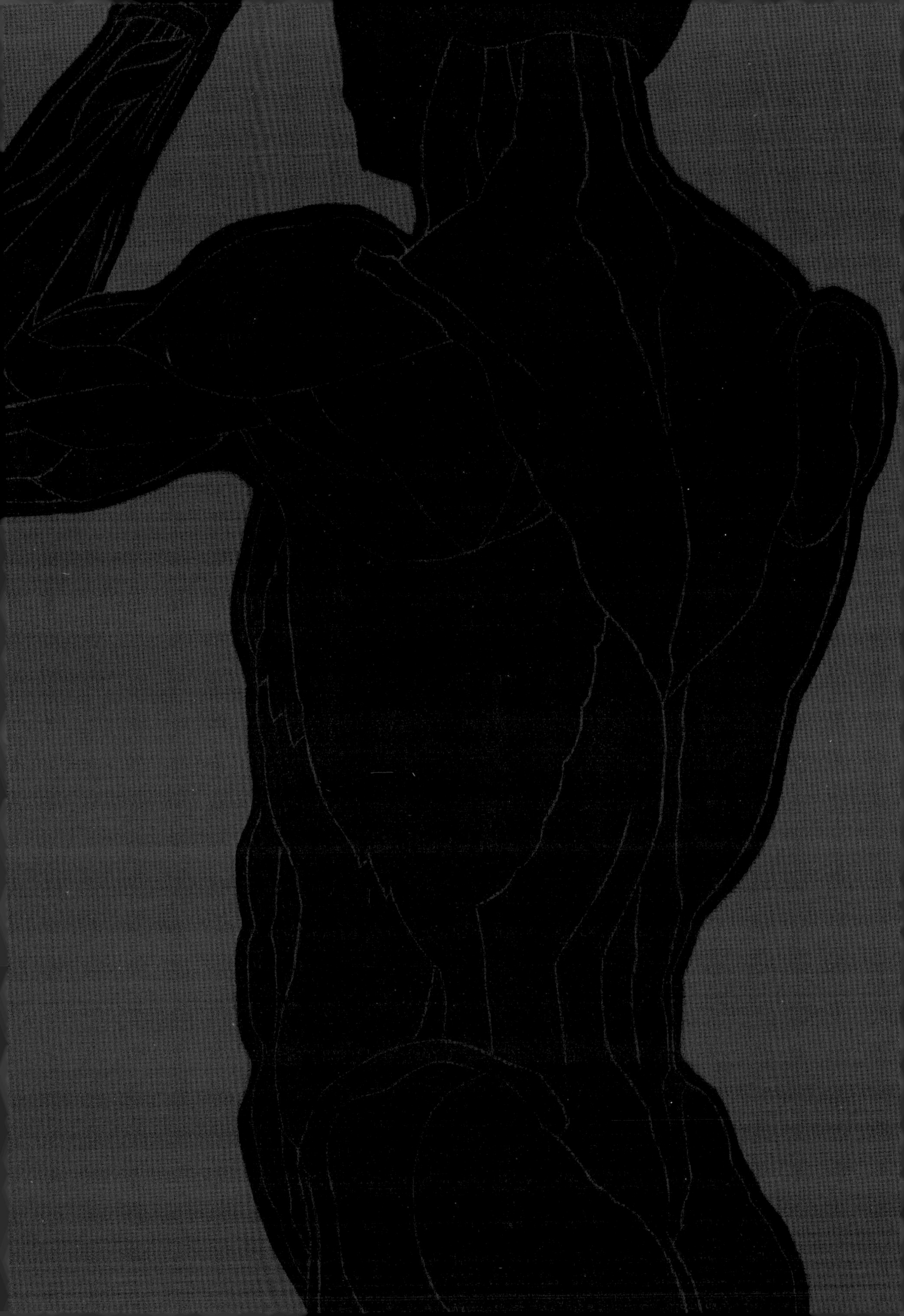

CHAPTER 01

웨이트 트레이닝의 기본

웨이트 트레이닝의 목적과 원리

웨이트 트레이닝은 단순히 무게를 드는 활동이 아니라, 근육의 자극을 효과적으로 전달하고 신체를 개선하기 위한 체계적인 과정이다. 웨이트 트레이닝의 목적은 개인마다 다르지만, 대체로 두 가지로 나뉜다. 첫째, 힘power을 키우는 것, 둘째, 근육량muscle mass을 늘려 체격을 키우고 지방을 줄여 탄탄한 몸매를 만드는 것이다. 이는 대체로 보디빌딩식 운동의 방향성과 일치한다.

근육 작동 원리

근육 수축은 크게 두 가지 방식으로 작동한다. 단축성 수축과 신장성 수축이다.

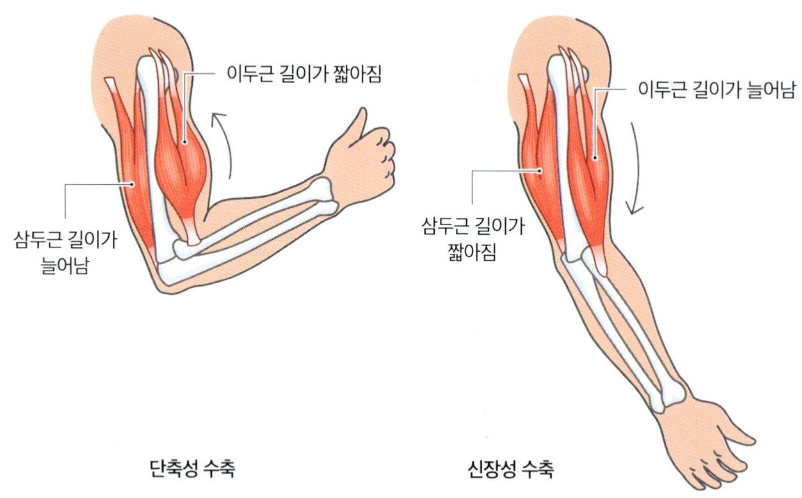

- **단축성 수축**은 근육이 짧아지면서 힘을 내는 상태이다. 흔히 '힘을 준다'라고 느끼는 순간 일어난다(예: 덤벨을 들어올릴 때 이두근이 짧아짐).
- **신장성 수축**은 근육이 늘어나면서 저항을 견디는 상태로 근육 성장에 있어서는 단축성 수축보다 중요한 역할을 한다(예: 덤벨을 천천히 내릴 때 이두근이 늘어남).

웨이트 트레이닝을 할 때 대부분의 사람은 단축성 수축, 즉 근육이 짧아지는 상태만 신경 쓰는 경향이 있다. 하지만 신장성 수축이 근육 성장에 큰 영향을 미치기 때문에 이 과정에서 저항을 잘 해야 한다.

웨이트 트레이닝에서 중요한 자극

운동에서 가장 중요한 것은 무게를 많이 드는 것이 아니라 근육에 얼마나 정확하게 자극을 전달하느냐이다. 자극이 정확히 전달되어야 근육이 성장하며, 중량은 그다음 문제다. 특히 웨이트 트레이닝에서는 무게를 많이 드는 것보다 정확한 자세와 자극 전달이 우선되어야한다.

초과 회복과 근육 성장

웨이트 트레이닝은 근육에 미세한 상처를 내는 과정이다. 이 상처가 회복되면서 근육이 더 커지고 강해지는 초과 회복super compensation을 유도한다. 근육은 신장성 수축 시 더 많은 상처를 입으며, 이 과정이 근비대myopachynsis의 핵심이다. 운동 후 충분한 단백질 섭취와 휴식은 초과 회복을 위한 필수 요소다.

벌크업의 올바른 접근

벌크업은 고강도 운동과 식사량을 늘려 근육량과 체중을 늘리는 과정이다. 이 과정에서 체지방이 늘 수 있는데, 근육량보다 체지방이 늘어선 안 된다. 올바른 벌크업을 위해서는 운동 강도와 중량을 점진적으로 증가시키는 동시에 양질의 단백질이 풍부한 식단을 유지해야 한다.

중량에 대한 집착 문제

중량에 집착하는 것은 웨이트 트레이닝의 본질을 오해한 결과다. 물론 중량을 많이 다루는 것도 중요하지만, 무게를 무조건 많이 드는 것이 근육 성장의 전부가 아니다. 정확한 자극 전달이 이루어지지 않은 상태에서 중량을 늘리면 부상의 위험만 높아질 뿐이다. 웨이트 트레이닝의 핵심인 근육 자극에 집중하며, 파워리프팅이나 역도와는 다른 접근 방식을 취해야 한다.

웨이트 트레이닝의 핵심 원칙

다시 한번 말하지만 웨이트 트레이닝의 가장 중요한 요소는 자극이다. 다음의 핵심 원칙을 반드시 기억하자.

- 정확한 자세와 자극 전달을 통해 목표 근육에 집중한다.
- 중량은 자극을 제대로 느낀 이후에 점진적으로 증가시킨다.
- 신체의 해부학적 구조와 근육의 기능을 이해하고 운동에 반영한다.
- 운동 파트너의 도움은 한계를 넘는 자극을 줄 수 있어 운동 효과를 극대화할 수 있다.

웨이트 트레이닝은 근육의 구조적 이해와 자극의 정확성을 통해 몸을 만들어가는 과정이다. 올바른 운동 방법과 습관을 통해 부상 없이 건강하고 탄탄한 몸을 만드는 것을 목표로 해야 한다.

웨이트 트레이닝을 위한 식단과 영양

헬스장에서 아무리 열심히 운동해도, 식탁 위 영양이 받쳐주지 않으면 결과는 제한적일 수밖에 없다. 운동으로 근육에 자극을 주는 것은 시작일 뿐, 근육이 실제로 성장하는 순간은 운동후 회복 단계이다. 이때 균형 잡힌 양질의 영양이 충분히 공급되어야 손상된 근섬유가 복구되고 더 강해진다. 단백질은 손상된 근섬유를 재건하는 벽돌과 같고, 탄수화물은 운동 후 고갈된 근육 글리코겐을 채우는 연료가 된다. 또한 지방은 호르몬 합성과 세포막 유지에 필수적이며, 이를 통해 근육 성장을 돕는 호르몬 환경이 조성된다. 충분한 비타민과 무기질은 에너지 대사와 효소 작용을 원활하게 만들어 훈련의 효율을 높여준다. 반대로 영양 공급이 부족하면 근육은 회복하지 못하고, 오히려 분해가 촉진되어 성장이 멈출 수밖에 없다. 결국 헬스의 성과는 운동 자극과 영양 공급의 균형 속에서 만들어진다. 즉, 바벨을 드는 시간만큼이나 식탁 위의 선택이 중요하다는 사실을 잊어서는 안 될 것이다.

1. 웨이트 트레이닝에서 말하는 식단이란?

웨이트 트레이닝에서 말하는 식단은 근육을 키울 것인가(벌크업), 체지방을 줄일 것인가(컷팅), 체력을 유지할 것인가(밸런스)의 목표에 따라 영양소의 비율과 총 칼로리를 조절하는 것을 말한다. 특정 질환을 가진 환자가 식단을 중요하게 여겨야 하듯 웨이트 트레이닝를 하는 사람도 이 목표에 따라 식단 구성을 해야 한다. 운동 시 식단은 6대 영양소인 탄수화물, 단백질, 지방, 비타민, 무기질, 수분을 고루 포함해야 하며, 각 목표에 따라 비율을 조절해야 한다. 예를 들어 근육을 성장시키고자 할 경우 단백질을 충분히 섭취하고 탄수화물 비율을 늘린다. 반대로 체지방을 컷팅하고자 할 경우 단백질은 유지하되 탄수화물과 지방은 줄여야 한다.

또한 식단을 할 땐 구성뿐 아니라 먹는 타이밍도 중요하다. 운동 전에 먹는 탄수화물과 단백질은 에너지를 채워주고, 운동 후에 먹는 단백질과 탄수화물은 근육 회복과 글리코겐을 보충한다. 일반인이나 웨이트 트레이닝 입문자가 식단을 할 경우 무리하게 제한하기보다 지속 가능한 식단으로 구성하는 것이 좋다.

2. 왜 식단이 중요할까?

운동 후 단백질 합성과 분해의 균형

운동 직후에는 단백질의 분해 속도가 합성보다 빨라진다. 즉, 그대로 두면 오히려 근육량이 줄어드는 것이다. 따라서 운동 직후 단백질과 탄수화물을 섭취하면 합성이 분해를 앞지르며 근육이 성장한다. 단백질 합성률을 끌어올리는 것이 식단의 핵심 역할인 것이다.

호르몬과 대사의 조절

식단은 호르몬 분비와 대사에도 큰 영향을 준다. 인슐린은 혈당을 낮추는 역할을 넘어서, 단백질 합성을 촉진하는 대표적인 '동화 호르몬' 또는 '동화작용'이라고 한다. 반대로, 코르티솔은 스트레스가 심할 때 분비되어 근육 단백질을 분해한다. 성장호르몬과 테스토스테론은 충분한 단백질과 건강한 지방 섭취를 바탕으로 할 때 분비가 활성화되며, 근육 합성과 지방 분해에 기여한다.

체중 감량과 체지방 조절

체중 감량의 기본은 칼로리를 소비하는 것이다. 그러나 음식 섭취를 무조건 줄이기만 하면 기초대사량이 떨어져 요요가 올 수 있다. 또한 운동으로 칼로리를 소모할 수는 있지만, 실제로 하루 섭취량이 소비량을 초과하면 체지방은 늘 수밖에 없다. 체지방은 단순히 외형을 바꾸는 문제를 넘어, 인슐린 저항성과 염증 반응을 유발해 근육 성장을 방해하는 요인이 된다. 특히 복부 지방은 호르몬 균형을 무너뜨려 남성의 테스토스테론 분비를 낮추고, 혈압을 높여 동맥경화를 유발하며 여성의 경우 골밀도를 낮추며, 염증 반응을 일으키고 생리 주기에 영향을 줄 수 있다. 따라서 단백질을 충분히 섭취하면서, 정제 탄수화물과 포화지방의 과잉을 줄이는 식단이 중요하다. 또한 적절한 칼로리 제한과 함께 섬유질이 풍부한 채소를 포함하면 포만감이 유지되어 불필요한 간식을 줄일 수 있다. 결국 식단은 체지방을 억제하고 호르몬 환경을 최적화하여, 근육 발달과 체중 감량, 건강을 지켜주는 결정적 역할을 한다.

적정 체지방

일반인(남성: 18% / 여성: 23% 이하)

주기적으로 운동을 하지 않는 일반인의 적정 체지방 지수는 남성 18%, 여성 23% 이하이다. 적정 체지방을 유지해야 건강을 유지할 수 있다. 체지방 지수가 평균보다 높으면 비만, 고지혈증 등 각종 질병을 일으킬 수 있고, 반대로 체지방이 체중의 5% 이하로 떨어지면 면역력이 저하되고 에너지 대사에 이상이 생기며 근골격계 손상 등의 문제가 생긴다. 따라서 적정 체지방을 유지하도록 하자.

운동선수 / 트레이너(남성: 8~12% / 여성 15~20%)

운동선수나 트레이너의 경우 일반인보다 체지방량이 적을 수밖에 없다. 선수들의 경우 위의 체지방 비율을 유지해야 근육이 선명하게 보이며 운동하기에 적합한 컨디션을 유지할 수 있다. 운동선수가 체지방량이 많으면 경기에서 불리할 뿐만 아니라 체급 경기에서는 체지방량을 일정하게 유지하는 것 또한 경기 조건 중 하나이기 때문에 적정 체지방을 유지하는 것이 관건이다.

대회 준비(남성: 4~6% / 여성 10~14%)

보디빌더나 피트니스 대회를 준비한다면 남성은 4~6%, 여성은 10~14%의 체지방 비율을 유지해야 한다. 체지방을 급격하게 줄이려면 하루에 필요한 칼로리보다 10~20% 적게 먹어야 하는데 이때 지나치게 절식하면 근손실과 대사저하를 일으킬 수 있으므로 단계적으로 줄여나가야 한다. 또한 대회 준비 전에는 단백질, 중저탄수, 저지방 위주의 식단으로 근손실을 방지하고, 대회 2~3일 전 탄수화물 섭취를 약간 늘려 근육을 채워야 한다. 대회 이후에는 바로 폭식하지 않고 점차 식사량을 늘려 기초대사량을 회복한다.

고위험군(남성: 35% / 여성 40% 이상)

남성 35%, 여성 40% 이상 체지방 비율이 넘어가면 비만으로 간주하며, 건강에도 악영향을 미친다. 인슐린 저항성이 생겨 당뇨병 발병 위험이 급격히 상승하며 각종 대사증후군을 유발한다. 또한 심혈관계 질환과 관절 및 호흡 문제가 생긴다. 특히 지방세포가 염증을 일으켜 만성 피로와 면역력 저하 등이 발생한다. 이때는 무리하게 절식하는 것보다 평소 음식 섭취량에서 500~700kcal 정도를 적게 먹고, 고단백 식단과 채소로 포만감을 유지하되, 정제 탄수화물을 줄여야 한다.

3. 주요 식품군

운동에서 성과를 내고 건강한 몸을 유지하기 위해서는 균형 잡힌 영양 섭취가 필수다. 우리가 섭취하는 음식은 크게 탄수화물, 단백질, 지방, 비타민, 무기질, 그리고 수분으로 나눌 수 있으며, 이들은 각각 고유한 역할을 하면서 서로 긴밀하게 작용한다.

탄수화물은 인체의 가장 중요한 에너지원이다. 특히 뇌와 신경계는 오직 포도당만을 에너지원으로 사용하기 때문에 탄수화물이 부족하면 쉽게 피로를 느끼고 집중력이 떨어진다. 또한 근육 속 글리코겐으로 저장되어 고강도 운동을 지속할 수 있게 도와주며, 단백질이 에너지로 낭비되지 않도록 보호하는 기능도 한다.

대표 식품: 쌀, 고구마, 감자, 통곡물 등

단백질은 우리 몸을 이루는 근육, 피부, 효소, 호르몬 등 거의 모든 조직에 영향을 미친다. 운동으로 손상된 근섬유를 회복시키고, 새로운 근육 성장을 촉진하는 데 반드시 필요하다. 또한 면역세포와 각종 효소를 만드는 데에도 관여하여 건강을 지켜준다.

대표 식품: 살코기, 생선, 달걀, 두부, 콩류, 유청단백질 등

지방은 흔히 피해야 할 영양소로 여겨지지만, 좋은 지방은 혈중 콜레스테롤을 낮추고 혈액순환을 개선하는 등 우리 몸에 꼭 필요한 성분이다. 단위 무게당 가장 많은 에너지를 제공하며, 세포막과 호르몬 합성에 중요한 역할을 한다. 특히 지용성 비타민(A, D, E, K)의 흡수에도 지방이 꼭 필요하다.

대표 식품: 올리브유, 아보카도, 견과류, 등푸른 생선 등

비타민은 직접 에너지를 내지는 않지만, 에너지 대사와 생리 작용의 조력자 역할을 한다. 수용성 비타민(B군과 C)은 에너지 대사를 돕고 면역력을 강화하며, 지용성 비타민(A, D, E, K)은 시력 유지, 뼈 건강, 항산화 작용, 혈액 응고 등에 필수적이다.

대표 식품: 과일, 채소, 생선, 견과류 등

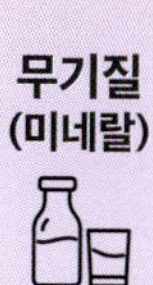

무기질은 뼈와 치아의 주성분일 뿐만 아니라, 신경 자극 전달과 근육 수축, 혈액 내 산소 운반에 필수이다. 칼슘은 뼈 건강, 철은 산소 운반, 마그네슘은 에너지 대사에 중요한 역할을 하며, 칼륨과 나트륨은 체액 균형을 유지한다.

대표 식품: 우유, 멸치, 해조류, 콩류, 바나나 등

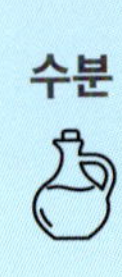

수분은 생명을 유지하는 가장 기본적인 요소이다. 체중의 절반 이상을 차지하며, 영양소와 노폐물을 운반하고, 체온을 조절하며, 관절을 부드럽게 보호한다. 운동 중 땀으로 많은 수분이 손실되기 때문에 수시로 수분을 보충해야 한다. 물뿐 아니라 수분이 풍부한 과일과 채소도 좋은 공급원이 된다.

결국 6대 영양소는 따로 떼어 놓고 볼 수 없으며, 균형 있는 섭취를 통해 비로소 운동 성과와 건강이 완성된다. 웨이트 트레이닝에서 중요한 것은 '얼마나 운동했는가'만이 아니라 '무엇을, 어떻게 먹었는가'까지 함께해야 한다는 사실을 잊지 말아야 한다.

4. 식단의 오해와 진실

 **운동할 때 무조건 닭가슴살만 먹어야 하나요?**

그렇지 않다. 닭가슴살은 단백질이 풍부하고 지방이 적으며 손쉽게 구할 수 있어 많이 활용될 뿐이다. 단백질은 소고기, 생선, 달걀, 두부, 콩류 등 다양한 식품에서 얻을 수 있다. 식단은 한 가지 음식에만 의존하지 않고, 균형 있게 구성하는 것이 좋다.

 **저녁을 먹으면 무조건 살이 찐다는데 사실인가요?**

살이 찌는 것은 '언제 먹었는가'보다 '얼마나 먹었는가'가 더 중요하다. 활동량보다 칼로리 섭취가 많으면 체지방으로 저장된다. 다만 늦은 밤 과식은 소화 부담을 주고, 수면의 질을 떨어뜨리므로 피하는 것이 좋다.

 **운동을 많이 하면 식단 구성이나 양은 마음껏 해도 되나요?**

그렇지 않다. 운동만으로는 체지방 조절이나 근성장을 이루기 어렵다. 근육 합성에는 충분한 단백질과 적당량의 회복용 탄수화물이 반드시 필요하다. 운동과 식단은 '양날개'와 같다고 볼 수 있다.

 **지방은 무조건 줄여야 하나요?**

그렇지 않다. 지방은 호르몬 합성, 세포막 유지, 지용성 비타민 흡수에 꼭 필요한 식품군이다. 다만 포화지방과 트랜스지방을 과잉 섭취하면 건강에 해롭다. 견과류, 올리브유, 등푸

른 생선 같은 건강한 지방을 적정량 섭취하는 것이 중요하다.

 **단백질 보충제(프로틴)는 몸에 해롭지 않나요?**

단백질 보충제는 우유에서 추출한 단백질을 가공한 식품이다. 바쁜 현대인이 단백질을 간편하게 보충하기 위한 수단일 뿐이다. 다만 제품에 따라 다양한 첨가물과 당 성분이 있으니 제품 라벨을 확인해 성분을 꼼꼼히 비교해보고 비교적 건강한 제품을 선택하는 것이 좋다. 또한 식사량 조절과 함께 권장량 내에서 섭취하면 안전하다.

 **과일은 건강하니까 많이 먹어도 괜찮나요?**

과일은 비타민과 섬유질이 풍부하지만, 천연 당분인 단당류(프럭토스)도 함유하고 있다. 특히 다이어트 중 과일을 과다 섭취할 경우 체지방 감소에 방해가 될 수 있다. 하루 1~2회, 소량으로 조절하는 것이 좋다.

 **운동할 때 물을 많이 마셔도 되나요?**

수분은 항상 체내 대사와 체온 조절에 꼭 필요하다. 탈수는 운동 능력 저하뿐만 아니라 피로와 집중력 감소를 유발하므로 갈증을 느끼기 전에 평소 꾸준히 물을 섭취하는 습관이 중요하며, 운동을 시작하기 한두 시간 전에 500ml 정도를 미리 마셔 두고, 운동 시작 직전에는 200ml(물 한 컵)를 마셔 수분을 가볍게 보충해 둔다. 운동 중간에는 세트 사이 휴식 시간에 조금씩 마시는 것이 이상적이다. 땀을 많이 흘리게 되는 여름이나 고강도 훈련 시에는 이온음료나 전해질 음료를 보충하는 것도 도움이 된다. 운동이 끝난 후에는 땀으로 손실 된 수분을 보충해야 하므로 충분히 마셔도 괜찮다.

현역 보디빌더 선수의 식단표

IFBB 프로 보디빌더 이승철 선수 식단표

	비시즌	시즌
식사 1	오가닉 달걀 3개 달걀 흰자 8개(15g) 분리유청단백질(WPI) 100g 오트밀 100g 블루베리 50g 시나몬 1티스푼 물 500ml • 식사 5~10분 후 멀티비타민과 미네랄 섭취	오가닉 달걀 2개 달걀 흰자 10개 오트밀 60g 블루베리 50g 시나몬 파우더 1스푼 물 500ml • 식사 5~10분 후 멀티비타민과 미네랄 섭취

식사 2	닭가슴살(칠면조 또는 틸라피아) 225g
	흰쌀밥 160g
	그린빈 80~100g
	아보카도 50g
	파인애플 40g
	물 500ml
	• 식사 5~10분 후 오메가3 3g, 비타민D 5000iu,
	  비타민 C 1000mg
		닭가슴살 250g
		흰쌀밥 125g
		그린빈 90~100g
		물 500ml
		• 식사 5~10분 후 오메가3 3g, 비타민D 5000iu,
		  비타민 C 1000mg

식사 3	조리된 연어 또는 좋은 지방 포함한 생선류 225g 감자 250g 브로콜리 100g 물 500ml	틸라피아 250g 흰쌀밥 125g 브로콜리 90~100g 물 500ml
식사 4	닭가슴살(칠면조 또는 틸라피아) 225g 흰쌀밥 160g 그린빈 100g 아보카도 50g 파인애플 40g 물 500ml	닭가슴살 250g 흰쌀밥 125g* 그린빈 100g 물 500ml • 식사 5~10분 후 멀티비타민과 미네랄 섭취
식사 5	저지방 소고기 225g 감자 250g 브로콜리 90g 물 500ml • 식사 5~10분 후 오메가3 3g, 비타민 D 5000iu, 비타민 C 1000mg	닭가슴살 250g 오트밀 40g 블루베리 90g 아몬드 25g 물 500ml
식사 6	달걀 2개 닭가슴살(칠면조 또는 틸라피아) 200g 올리브오일 1작은술	

IFBB 프로 보디빌더 김성환 선수 식단표

	비시즌	시즌
식사 1	베이글 1줄 달걀 4개 기버터 3g	밥 200g 달걀 2개 기버터 3g
식사 2	밥 200g 닭가슴살 200g 낫토 1팩, 김과 김치 적당량	밥 200g(또는 고구마 200g) 돼지고기(등심) 200g 기버터 3g
식사 3 운동 전 부스터	카보(보충제) 40~80g EAA(필수 아미노산) 10g 전해질 파우더	EAA 10g 전해질 파우더
식사 4 운동 후	분리유청단백질(WPI) 60g 크레아핀 5g, 글루타민 5g	분리유청단백질(WPI) 50g 코코넛워터 330g 인스턴트오트밀 파우더 40~80g 크레아틴 5g, 글루타민 5g
식사 5	밥 200g 닭가슴살 200g 버터채소볶음(채소 200g + 기버터 3g)	밥 200g 닭가슴살 200g 버터채소볶음(채소 200g + 기버터 3g)
식사 6	밥 200g 소고기(부채살) 200g	감자 200g 소고기(부채살) 200g

웨이트 트레이닝을 시작한 일반인을 위한 식단표

	평상 시	벌크업을 원할 때
식사 1	밥 1/2~1공기 달걀 2개(또는 구운 달걀 2개) 닭가슴살 소시지 1개 또는 그릭요거트 150g 과일 한 줌(블루베리 · 바나나 1/2개 등)	밥 1공기 달걀 3개(전란 2 + 흰자 1) 닭가슴살 소시지 1개 또는 그릭요거트 150g 바나나 1개
식사 2	닭가슴살 100~120g 또는 두부 반모 고구마 100g 또는 현미밥 1/2공기 샐러드(시판 드레싱 소량)	닭가슴살 150g 또는 소고기 살코기 120g 고구마 150~200g 견과류 한 줌(아몬드 5~7알)
식사 3 운동 전	삶은 달걀 1개 바나나 1개	밥 1/2~1공기 달걀 1~2개, 바나나 1개 또는 단백질바 1개
식사 4 운동 후	밥 1공기 닭가슴살 150g 또는 소고기(살코기) 100g 단백질 파우더 1스쿱 채소 반찬	밥 1공기 닭가슴살 150~180g 또는 돼지등심 150g 단백질 파우더 1~1.5스쿱 김치·야채 반찬
식사 5	밥 1/2공기 연어 · 돼지고기 등심 · 닭다리살 중 1 (단백질 120~150g 정도) 구운 채소 또는 샐러드	밥 1공기 연어 · 닭다리살 · 소고기 등(150~180g) 구운 채소 또는 샐러드 올리브오일 한 스푼 추가(선택)
식사 6	플레인 그릭요거트 100g 호두·아몬드 5~7알	그릭요거트 150g 꿀 1티스푼 또는 바나나 1/2개

근육 미리 보기_상체

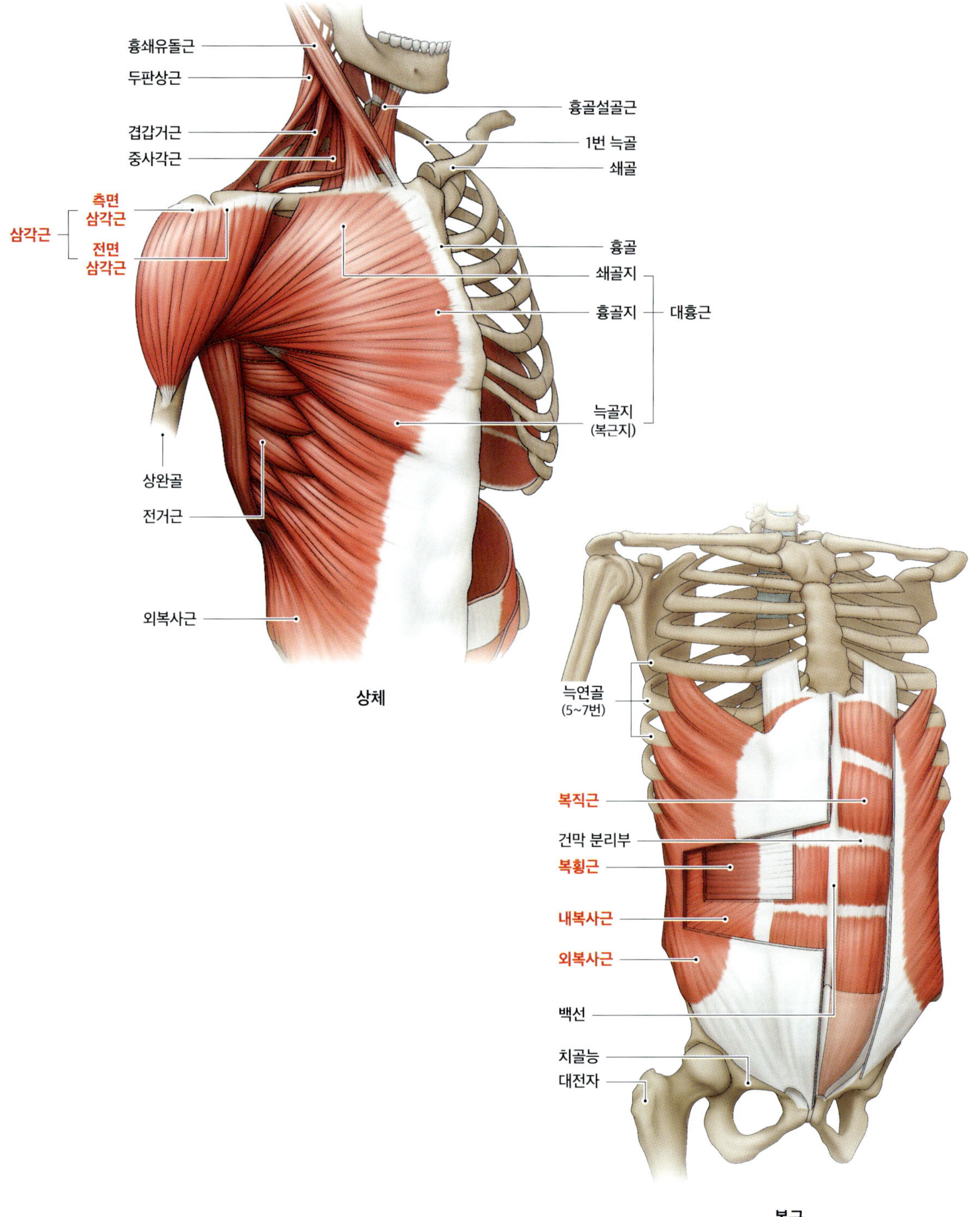

흉쇄유돌근
두판상근
겹갑거근
중사각근
삼각근
측면 삼각근
전면 삼각근
상완골
전거근
외복사근
흉골설골근
1번 늑골
쇄골
흉골
쇄골지
흉골지
대흉근
늑골지
(복근지)
상체
늑연골
(5~7번)
복직근
건막 분리부
복횡근
내복사근
외복사근
백선
치골능
대전자
복근

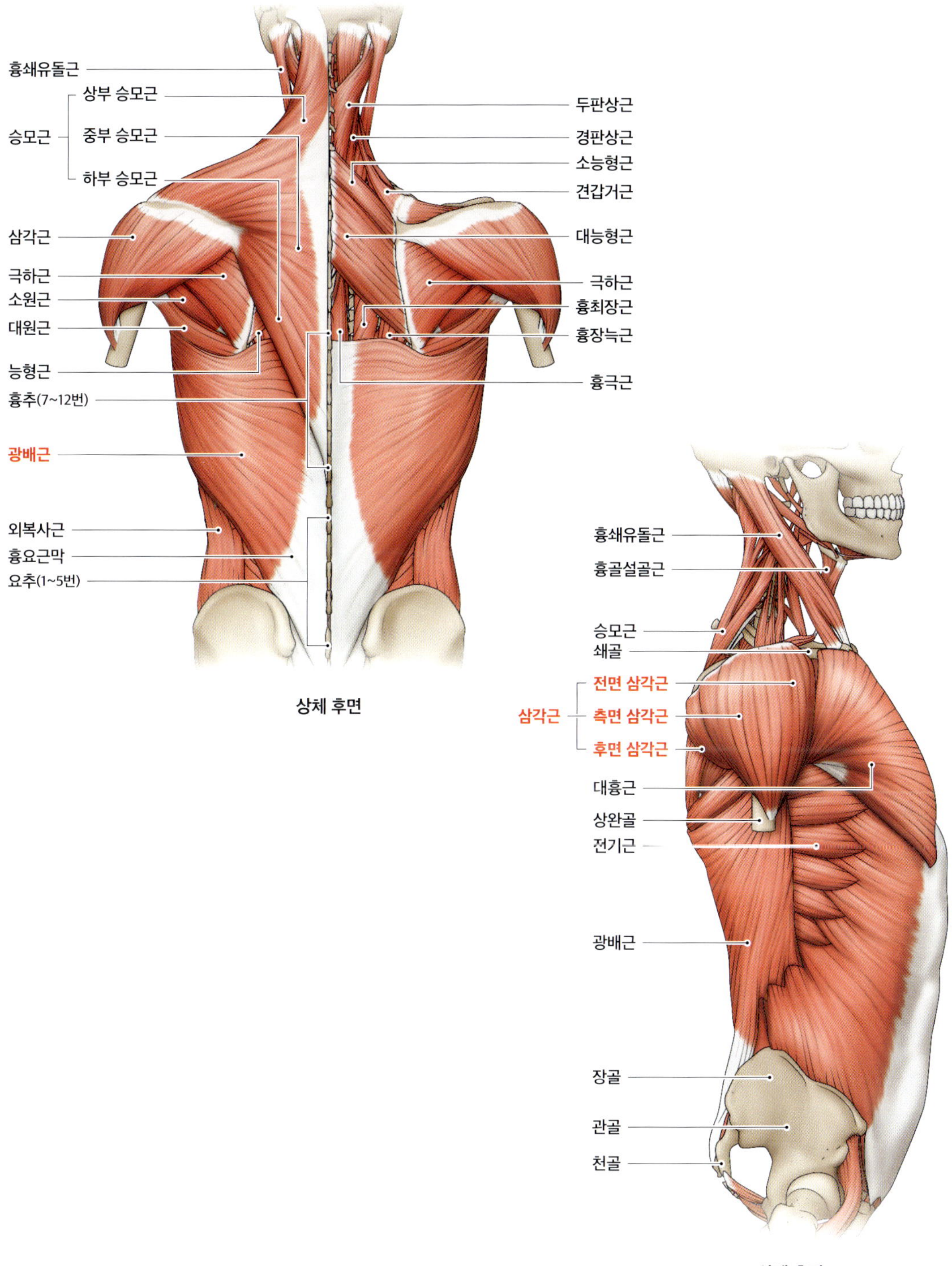

흉쇄유돌근
상부 승모근
승모근
중부 승모근
하부 승모근
삼각근
극하근
소원근
대원근
능형근
흉추(7~12번)
광배근
외복사근
흉요근막
요추(1~5번)
두판상근
경판상근
소능형근
견갑거근
대능형근
극하근
흉최장근
흉장늑근
흉극근
상체 후면
흉쇄유돌근
흉골설골근
승모근
쇄골
삼각근
전면 삼각근
측면 삼각근
후면 삼각근
대흉근
상완골
전기근
광배근
장골
관골
천골
상체 측면

근육 미리 보기_팔다리

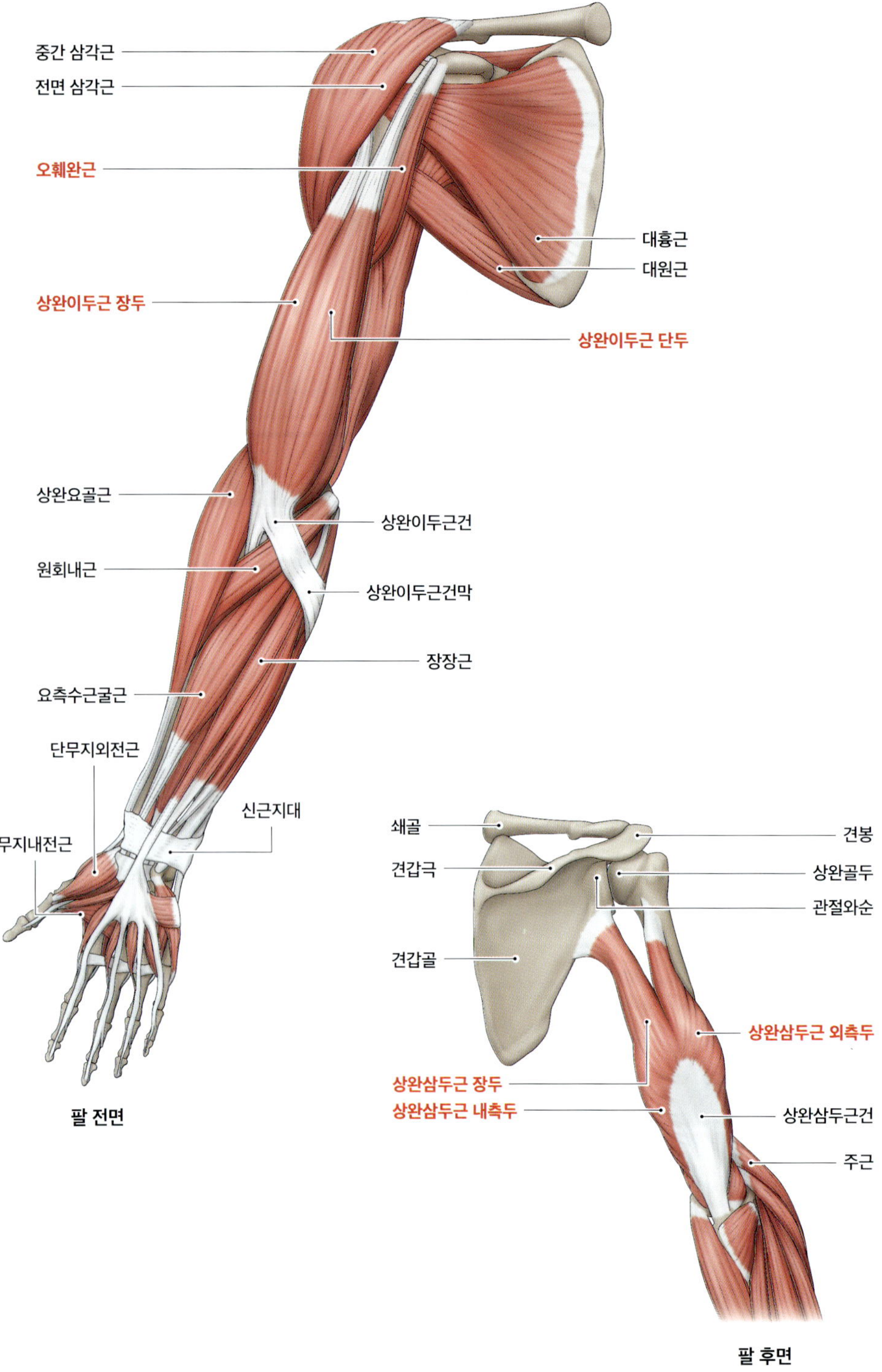

중간 삼각근
전면 삼각근
오훼완근
대흉근
대원근
상완이두근 장두
상완이두근 단두
상완요골근
상완이두근건
원회내근
상완이두근건막
장장근
요측수근굴근
단무지외전근
신근지대
무지내전근
쇄골
견봉
견갑극
상완골두
관절와순
견갑골
상완삼두근 외측두
상완삼두근 장두
상완삼두근 내측두
상완삼두근건
주근
팔 전면
팔 후면

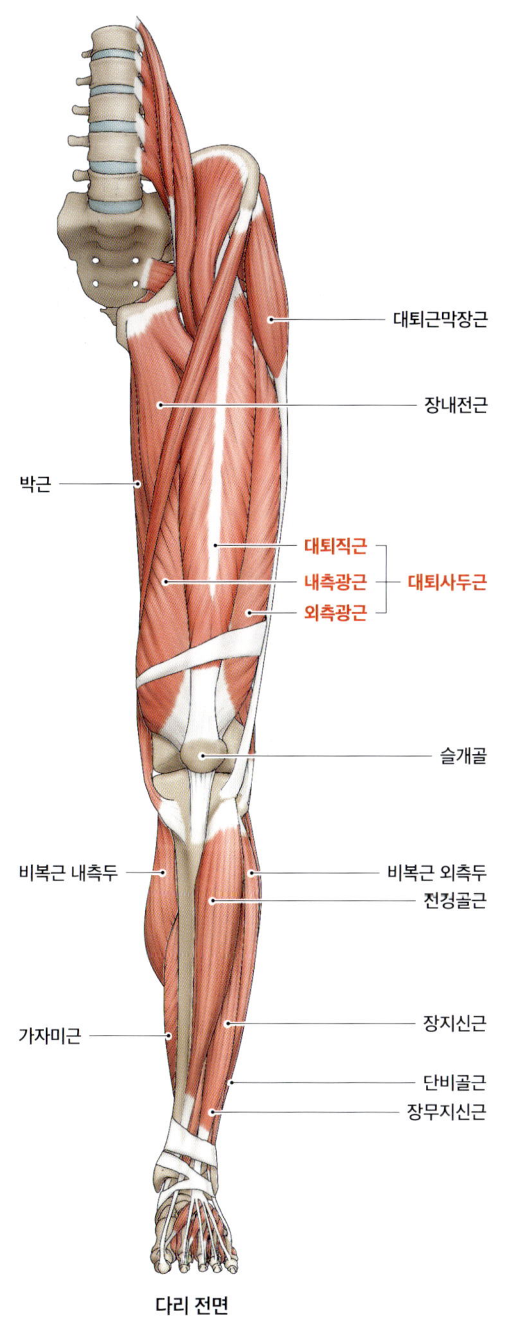

대퇴근막장근
장내전근
박근
대퇴직근
내측광근
외측광근
대퇴사두근
슬개골
비복근 내측두
비복근 외측두
전경골근
가자미근
장지신근
단비골근
장무지신근

천골
대내전근
박근
반건양근
대퇴이두근 장두
반막양근
봉곤근
대퇴이두근 단두
비복근 내측두
비복근 외측두
장비골근
가자미근
내비복근건
단비골근
장지굴근
장무지굴근
발목내과
발목외과
종골건(아킬레스건)
중골융기

다리 전면

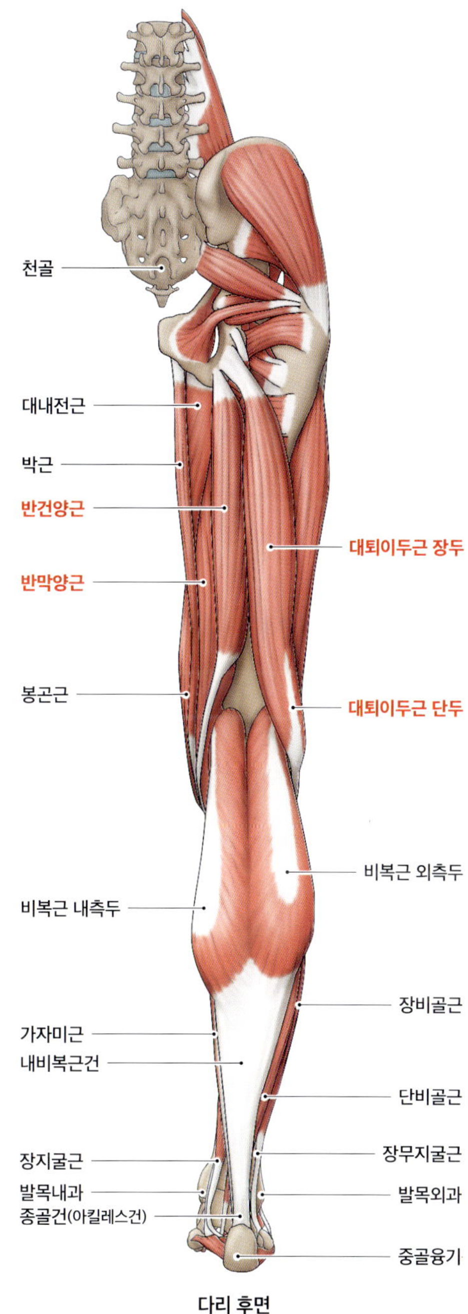

다리 후면

CHAPTER
02

등 운동

등의 해부학 구조와 운동 원리

'상체의 절반은 등으로 완성된다'고 해도 과언이 아닐 만큼 웨이트 트레이닝에서 등은 중요한 역할을 한다. 등 근육은 상체의 기둥 역할을 하며 허리와 코어를 안정화시킨다. 등 근육은 크게 승모근과 광배근으로 이루어져 있으며 광배근은 그중에서도 가장 넓은 면적을 차지한다. 이러한 이유로 웨이트 트레이닝을 하는 사람이라면 가장 먼저 등에 관심을 갖게 될 것이다. 광배근에 대해 자세히 알아보자.

광배근은 흉추부터 요추, 장골에 넓게 걸쳐 있으며, 흉추에서 옆구리 부분을 지날 때는 늑간에 붙어 늑골을 지배하며 하부 늑골을 지지하고 고정시킨다. 이러한 구조는 광배근이 팔의 움직임뿐만 아니라 허리 안정성에도 영향을 미친다는 것을 의미한다.

광배근과 하부 승모근은 사선 섬유로 섬유 배열 방향이 유사하다. 광배근이 대각선 위쪽 방향으로 주행하는 것처럼 하부 승모근 역시 섬유 방향이 사선 아래쪽을 향한다. 이로 인해 두 근육이 동시 작용하는 경우가 많으며, 광배근만 단독으로 움직이기보다는 하부 승모근과 연동되어 함께 작용한다는 점을 염두에 두어야 한다.

광배근의 위치와 구조

광배근은 척추를 중심으로 넓게 퍼져 있다. 견갑골을 지나 상완골에 붙어 있고, 이를 상완상두근이 덮고 있다. 부착 부위를 자세히 보면 흉추 7번에서 12번, 요추 1번에서 5번 장골(엉덩뼈), 천골, 늑골(갈비뼈) 일부, 견갑골 하각 등을 따라 넓게 펼쳐져 있다. 마치 큰 부채처럼 몸통 뒤쪽을 가로지르며 상완골 안쪽까지 도달한다. 섬유의 배열 방향은 대각선 위쪽으로 향하며, 이는 근육이 수축할 때 팔을 몸 쪽으로 끌어당기고 뒤로 젖히며 안쪽으로 회전시키는 움직임과 밀접한 관련이 있다.

광배근과 승모근의 구조적 관계

광배근은 등 전체를 덮는 큰 근육인 승모근과 함께 작용한다. 승모근은 상부, 중부, 하부로 나뉘며, 각각의 섬유 방향이 다르다. 이 가운데 하부 승모근은 사선 섬유로써 광배근과 섬유 방향이 유사하며, 광배근과 겹쳐 있기 때문에 두 근육은 반드시 함께 작용한다. 하부 승모근과 광배근은 모두 대각선 방향으로 위에서 아래로 향하며, 팔을 아래로 당기거나 몸통을 회전시키는 데 관여한다.

승모근과 광배근의 섬유 배열 비교

승모근은 다이아몬드 모양으로 위아래로 길게 펼쳐져 있으며, 중부는 견갑골 안쪽에 수평으로 부착된다. 상부 승모근은 머리 뒤쪽부터 어깨 윗부분(견봉)에 사선 방향으로 부착되어, 목을 뒤로 젖히거나 어깨를 끌어올리는 데 작용한다. 하부 승모근은 흉추 7~12번까지 광배근과 겹쳐 위치하며, 팔을 아래로 끌어내리는 동작에서 광배근과 함께 사용된다.

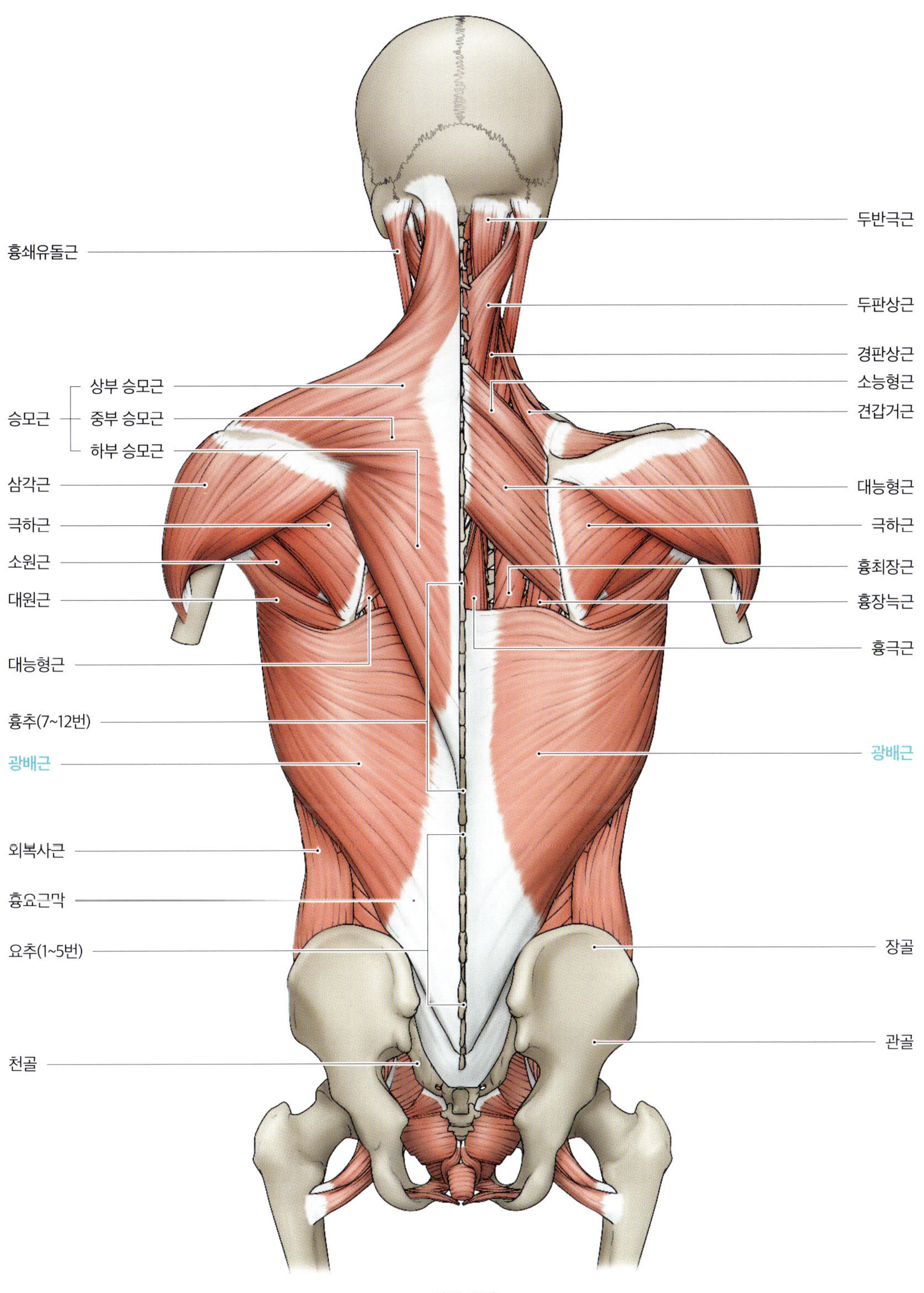

상체 후면

이처럼 광배근과 하부 승모근은 섬유 방향이 유사하고 기능적으로도 연결되어 있으므로, 두 근육은 절대 따로 움직이지 않는다. 반드시 함께 작용하며, 분리할 수 없는 구조적·기능적 관계를 가진다.

광배근과 옆구리 회전력의 관계

광배근은 옆구리 회전력과 깊은 관련이 있다. 골프, 야구, 테니스, 유도 등에서 강한 회전 동작이 필요한 순간에 광배근이 활발히 작용한다. 이 근육은 단순히 팔을 당기는 데 그치지 않고, 몸통을 비트는 회전 동작의 중심 역할을 한다. 광배근이 강하게 작용할수록 회전력의 폭발력 또한 증가한다.

특히 광배근은 허리뿐 아니라 옆구리까지 넓게 뻗어 있어 팔을 움직이는 기능 외에도 몸통을 회전시키는 운동에서 필수적이다. 광배근의 활성화는 상체 회전력 강화와 직결된다.

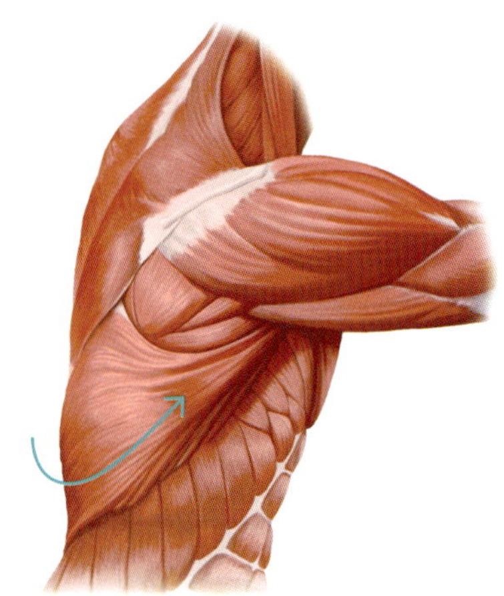

광배근의 기능

광배근은 내전, 신전, 내회전이라는 세 가지 주요 기능을 가진다. 광배근은 척추에서 시작해 겨드랑이 아래를 지나 팔 안쪽에 부착되므로, 팔을 뒤로 당길 때 약간 안쪽으로 비틀리는 회전 동작이 필연적으로 발생한다. 이것이 바로 내회전 기능에 해당한다. 팔을 몸통에 가까이 붙이면서 당기면 내전, 팔을 뒤로 보내면 신전, 그리고 팔을 안쪽으로 틀면 내회전이 일어난다. 이 세 가지 동작이 함께 일어날 때 광배근이 가장 강하게 수축한다. 맨몸 운동에서는 이 세 가지 기능들이 자연스럽게 조화를 이루지만, 운동기구를 사용할 경우 특정 기능이 제한된다.

많은 사람이 랫 풀다운 등을 할 때, 팔꿈치를 몸통에만 붙이는 내전 동작에만 치중하고, 팔꿈치를 벌리면서 몸통 뒤로 당기는 내회전과 신전을 생략하곤 하는데, 이는 광배근 자극을 떨어뜨리는 원인이 된다. 내회전을 수반한 동작을 해야 광배근을 더욱 효과적으로 사용할 수 있다. 야구 투수의 투구 동작, 고대의 노 젓기, 수영 선수의 스트로크 역시 회전과 당김이 결합된 움직임으로, 강한 근수축과 높은 운동 효율을 만든다.

그러나 기구 운동에서는 이러한 내회전 동작을 구현하기가 어렵다. 예를 들어 시티드 로우에서는 팔꿈치를 몸통에 붙이면서 당기면 내전과 신전은 되지만, 내회전은 거의 발생하지 않는다. 랫 풀다운 운동에서도 내회전까지 고려해야 광배근을 더 효과적으로 자극할 수 있다.

이때 팔꿈치의 위치가 중요하다. 팔꿈치가 몸통에서 벌어지면서 뒤쪽으로 당겨지도록 유도하면 자연스럽게 내회전과 신전 기능이 활성화되며, 회전력을 수반한 수축이 가능해진다. 회전력이 가미될수록 수축력도 증가하는데, 이는 총알에 회전이 걸릴수록 더 멀리, 빠르게 나가는 원리와 유사하다.

광배근 통증과 부상의 원인

광배근은 부위가 넓기 때문에 통증이 발생하면 요통이나 옆구리 통증으로 오인하기 쉽다. 특히, 팔을 사용할 때 잘못된 동작으로 인해 근육이 늘어난 상태에서 강한 수축이 일어나면 염좌가 발생할 수 있다. 예를 들어 바닥에 있는 물건을 줍기 위해 허리를 숙일 때, 몸통을 고정하지 않고 팔만 뻗는 동작은 광배근에 부담을 주어 요통으로 이어진다. 또한 허리를 둥글게 말고 무거운 물건을 들면 광배근이 긴장된 상태에서 수축하면서 부상을 일으킨다.

광배근 부상 예방법과 자세 원칙

광배근은 일상생활에서도 팔을 뻗거나 물건을 들 때 지속적으로 사용된다. 따라서 광배근의 부상을 예방하려면, 평소 바른 자세를 유지하고 팔의 움직임을 의식해야 한다. 예를 들어 바닥에 떨어진 물건을 들 때는 허리를 숙이는 대신 무릎을 굽혀 몸 전체의 높이를 낮춰야 한다. 또한, 무거운 물건을 주울 때는 반드시 물건을 몸에 최대한 밀착시켜 움직여야 한다. 바벨을 이용한 로우나 데드리프트 같은 고중량 운동을 할 때에도 바Bar가 몸에서 멀어지면 허리에 과도한 부하가 걸릴 수 있다. 항상 바른 자세로 물건을 몸에 붙여서 당기는 습관을 들이면 광배근 부상 없이 안전하고 효과적인 운동이 가능하다.

초보자를 위한 광배근 운동 팁

초보자들은 보통 손의 힘을 과하게 사용하는데, 그렇게 되면 광배근 자극이 떨어질 수 있다. 우리 몸은 먼저 힘이 들어가는 부위에 신경이 집중되기 때문이다. 이때 스트랩을 활용하면 악력의 개입을 줄이고 광배근 자극에 집중할 수 있다. 스트랩은 손목에 걸기만 하고, 손이 아닌 팔꿈치로만 당긴다는 느낌으로 동작을 수행하는 것이 좋다. 스트랩을 사용하면 손으로 꽉 잡을 필요가 없기 때문에 팔(전완근)의 긴장이 줄어들고, 광배근에 자극이 집중된다. 스트랩이 손에서 바가 미끄러지지 않도록 고정해주므로 당길 때는 손에 힘을 주지 말고 팔꿈치에 힘을 주어 당기는 데 집중하면 된다.

랫 풀다운

관련 근육	■ 광배근 ■ 승모근 ■ 후면 삼각근	연관 운동	■ 하이 로우(P.40)
	■ 극하근 ■ 소원근 ■ 대원근		■ 프론트 풀다운(P.56)
	■ 주동근 ■ 협응근 ■ 관련 근육		

'Lat'은 광배근의 줄임말로 랫 풀다운은 광배근을 자극하는 대표 운동기구다. 턱걸이와 유사한 기능을 가지고 있으며, 광배근을 비롯, 승모근과 후면 삼각근 등을 단련한다. 광배근 자극의 핵심은 그립 방식보다 팔꿈치 각도와 견갑골의 상방회전, 하방회전을 제대로 수행하는 것이 중요하다.

WORKOUT TIP

광배근은 기시점(척추, 장골, 늑골)과 정지점(상완골)이 유기적으로 움직여야 효과적인 수축이 일어난다. 팔꿈치로 당기면서 수축을 할 때 팔꿈치는 몸통에서 살짝 떨어뜨려 몸통보다 약간 뒤쪽으로 당겨야 광배근이 제대로 수축된다.

1. 허리를 곧게 펴고 가슴을 들어 올린 상태에서 바를 잡는다.
2. 바를 잡은 손의 힘을 최소화한다.
3. 견갑골을 가볍게 조이고 팔꿈치는 완전히 펴지지 않은 상태로 유지한다.

Personal Training

앞서 광배근은 팔을 '내전(몸 쪽으로 모음)', '내회전(안으로 돌아감)', '신전(뒤로 뻗음)'하는 역할을 한다고 했다. 광배근을 수축할 때 팔을 안쪽으로 모으는 내전 기능도 중요하지만, 가장 핵심적인 점은 팔의 내회전과 신전을 유도하는 것이다. 즉, 팔꿈치가 몸통에서 떨어져 몸통 뒤쪽으로 당겨질 때 광배근이 효과적으로 수축된다.

근육은 관절을 지나며 붙어 있다. 따라서 운동을 할 때는 해당 근육이 관여하는 관절에 힘을 써야 잘 수축된다. 광배근은 견관절(어깨관절) 하나만을 지나므로, 팔꿈치로 당기는 것이 핵심이다. 손은 그저 바에 걸쳐 놓는 느낌으로 잡아야 하며, 손에 과도한 힘이 들어가 손목을 쓴다면 전완근과 상완이두근 등 팔의 근육들이 많이 개입되어 광배근 자극이 줄어든다. 이때 스트랩을 활용하면 손의 개입을 줄이고 광배근 자극에 더 집중할 수 있다.

팔로 당기기 전완근과 상완이두근에 자극이 많이 가고 어깨에 통증이 생길 수 있다. 이는 광배근이 아닌 팔 근육이 주로 작동하므로 주의하자.

엉덩이 고정하기 광배근이 천골에서 대둔근과 근막으로 연결되어 있으므로, 광배근이 완전히 늘어나면 대둔근도 함께 늘어나서 엉덩이가 자연스럽게 움직인다. 따라서 엉덩이를 완전히 고정하면 동작이 부자연스러워진다.

손으로 당기기 팔의 힘이 아닌 광배근으로 제대로 수축하면 당겼을 때 새끼손가락 쪽에 힘이 실린다. 만약 당겼을 때 새끼손가락이 아닌 엄지와 검지에 힘이 실리면 광배근 보다 팔로 당겼다는 말이다.

1. 견갑골을 가볍게 모은 상태에서 팔꿈치를 아래로 당긴다.
2. 몸통 뒤쪽으로 찍어 누른다는 느낌으로 당긴다.
3. 다시 팔을 먼저 펴면 견갑골이 상방회전되면서 허리까지 스트레칭되고 엉덩이기 살짝 들린다.

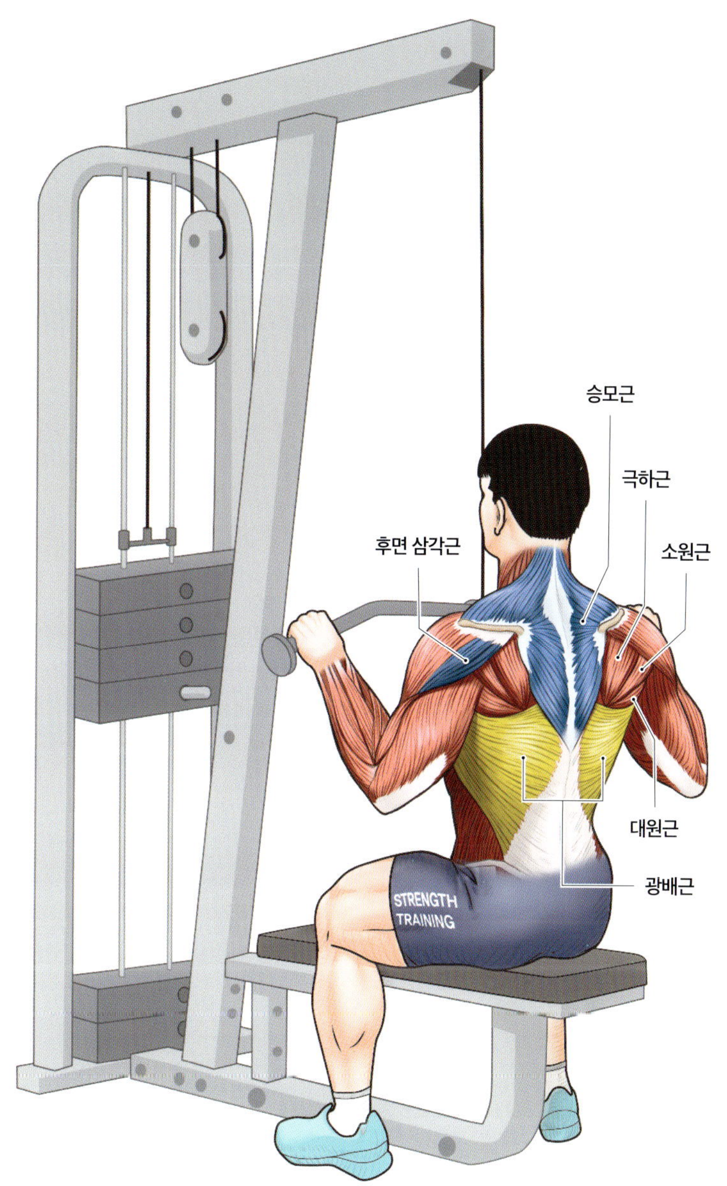

Q 광배근 자극이 잘 느껴지지 않는데 어떻게 해야 할까요?

A 광배근이 잘 발달하지 않는 사람들은 등 위쪽인 승모근만 움직이고, 아래쪽은 거의 움직이지 않는 경우가 많다. 이는 곧 견갑골이 제대로 움직이지 않는다는 의미다. 광배근 전체가 충분히 늘어나고 완전한 수축이 일어나려면 견갑골의 움직임이 필수적이다. 견갑골이 움직이지 않고 팔꿈치만 당겼다 폈다 하면 겨드랑이 바로 밑 부분에는 자극이 잘 오지만 요추와 장골에 부착되어 있는 아랫부분에는 자극이 전달되지 않아 발달이 더뎌진다. 이를 방지하기 위해 다음과 같은 3단계 패턴으로 운동한다.

Q & A

- 1단계 바를 잡고 팔을 편 상태에서 팔꿈치 위치를 고정한다.
- 2단계 팔꿈치로 당기면서 견갑골도 같이 모아준다(하방회전).
- 3단계 팔을 펴면서 견갑골을 충분히 움직여(상방회전) 허리 부분까지 늘어나게 한다. 이때 엉덩이가 살짝 들리는 느낌을 유지한다.

풀업

관련 근육	■ 광배근 ■ 승모근 ■ 후면 삼각근 ■ 극하근 ■ 소원근 ■ 대원근	연관 운동	■ 랫 풀다운(P.30) ■ 프론트 풀다운(P.56)	

풀업은 광배근을 정확히 자극하는 고난도 등 운동이다. 랫 풀다운과 비슷하지만 바를 몸 쪽으로 당기는 것이 아닌 몸을 바 쪽으로 끌어올린다는 점이 다르다. 팔꿈치의 경로, 견갑골의 움직임, 명치를 기준으로 한 동작 선, 스트랩을 활용한 팔 힘 분산 등 모든 요소가 조화롭게 작용해야 이상적인 풀업이 완성된다. 정확한 자세로 수행이 어려울 경우 어깨 부상을 예방하는 차원에서 무리하게 하지 말고 랫 풀다운으로 먼저 근력을 쌓은 뒤 풀업으로 넘어가는 것을 권한다. 풀업은 동작을 바르게 수행할 수만 있다면 어떤 등 운동보다 훨씬 깊고 강력한 자극을 줄 수 있는 최고의 등 운동이다.

WORKOUT TIP

풀업 동작을 할 때 엉덩이를 과도하게 앞으로 밀어 넣으면 허리에 과신전이 발생하여 무리가 갈 수 있다. 따라서 엉덩이는 뒤로 살짝 빼고, 고관절과 허리는 중립 자세를 유지한 채 동작을 수행해야 한다. 몸은 전체적으로 수직보다는 상체를 약간 뒤로 기울여, 바와 명치가 일직선이 되는 각도로 당기는 것이 이상적이다.

①

허리를 곧게 펴고 명치를 위로 들어 올린 상태에서 기구에 매달린다.
이때 팔꿈치를 살짝 굽혀 겨드랑이 주변 근육에 자연스러운 긴장감을 형성한다.

Personal Training

풀업은 등 운동 중에서도 난도가 높은 운동 중 하나다. 많은 사람이 수행하기 어려워하지만, 그만큼 등 전체를 사용하는 강력한 자극을 줄 수 있다.
랫 풀다운을 할 때는 바를 쇄골 아래 명치 쪽으로 당겨 등 상부와 하부를 모두 자극해야 한다. 바가 쇄골 쪽으로만 오게 되면 후면 삼각근과 상부 승모근의 개입이 커지므로 주의해야 한다. 마찬가지로 풀업을 할 때도 명치가 바의 위치까지 닿도록 몸을 당겨야 한다. 이때 허리를 살짝 뒤로 젖히고, 몸 전체가 부드러운 곡선을 그리게 하면, 명치가 바와 가까워지면서 광배근 수축을 유도할 수 있다.

풀업 중 어깨에 통증이 느껴진다면 팔로만 당겼을 가능성이 크다. 이럴 때는 즉시 랫 풀다운으로 돌아가 견갑골 움직임과 광배근 수축 지점을 다시 점검해야 한다. 효과적인 수축이 일어나려면 팔꿈치가 몸통보다 뒤로 빠지는 위치에서 견갑골이 원활하게 하방회전하면서 광배근이 수축되는 느낌이 들어야 한다. 수축 포인트를 정확히 이해하고 당기는 방향을 조절하면 어깨 부담 없이 광배근 중심의 풀업이 가능하다.

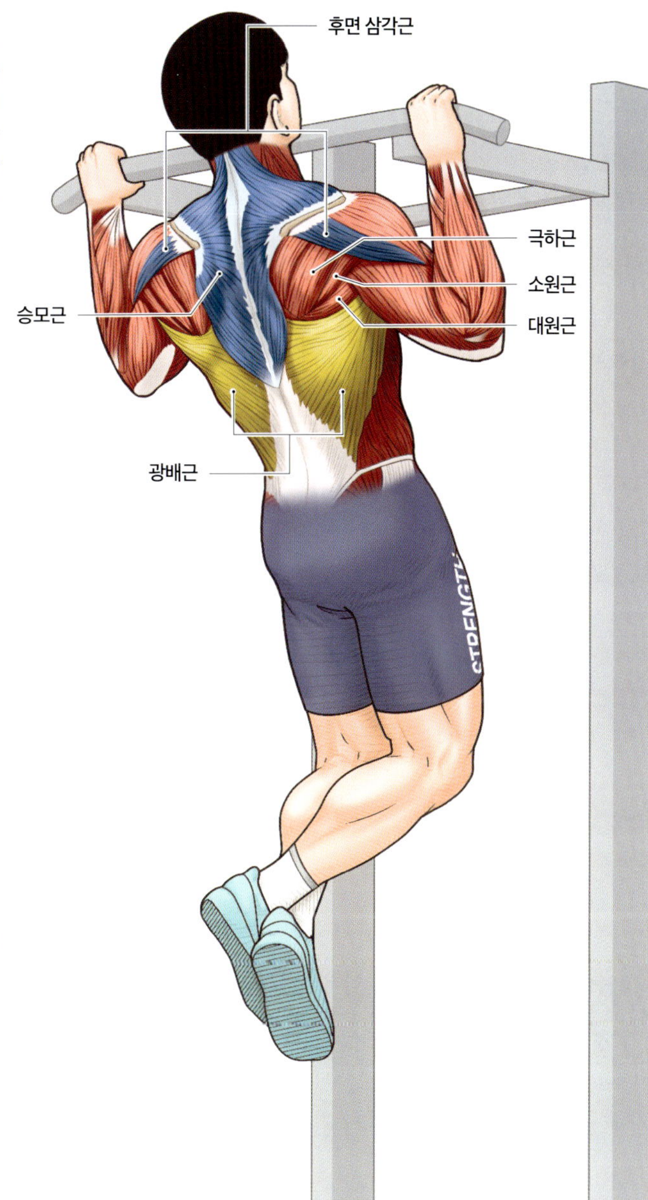

(2)

1. 팔꿈치로 아래를 내리찍듯 힘을 주며 몸통을 당겨 올린다.
2. 고개를 살짝 뒤로 젖히고 명치가 바에 닿는다는 느낌으로 몸을 끌어올린다. 이때 팔꿈치는 몸통 뒤쪽으로 보내야 광배근이 최대로 수축된다.
3. 몸이 내려올 때는 견갑골을 자연스럽게 늘려주고, 팔을 서서히 펴면서 시작 자세로 돌아간다.

Q & A

Q 초보자는 풀업을 어떻게 시작할까요?

A 초보자는 풀업을 바로 수행하기 어렵기 때문에 보조 기구를 활용하는 것이 좋다. 반복적으로 기구를 사용하며 정확한 동작을 익힌 후 자연스러운 프리 웨이트 풀업으로 넘어가는 것이 효과적이다. 랫 풀다운과 풀업은 기본적인 동작 구조가 같기 때문에, 랫 풀다운에서 견갑골 사용과 팔꿈치 경로를 익히고 난 후 풀업에 적용하면 더 좋은 결과를 얻을 수 있다.

Q 팔의 힘을 분산하려면 어떻게 해야 하나요?

A 풀업에서 팔의 힘을 과하게 사용하면 광배근 자극이 줄어들 수 있다. 이를 방지하기 위해 스트랩을 사용하는 것이 도움이 된다. 스트랩을 이용하면 손을 꽉 쥐지 않아도 되므로 손아귀의 긴장이 줄어들고 자연스럽게 광배근 중심의 당기기 동작을 수행할 수 있다.

암 풀다운

Arm Pulldown

관련 근육	■ 광배근 ■ 대원근 ■ 상완삼두근 ■ 후면 삼각근 ■ 하부 승모근	연관 운동	■ 하이 로우(P. 40) ■ 랫 풀다운(P. 30)

광배근은 **몸통**을 기준으로 대각선 위쪽에서 아래쪽 방향으로 넓게 펼쳐져 있다. 따라서 수직 방향이 아닌, 근섬유의 결을 따라 사선 방향으로 움직일 때 가장 효율적인 수축이 일어난다. 이러한 원리를 바탕으로 암 풀다운을 수행하면 팔의 개입을 최소화하면서 광배근뿐만 아니라 대원근을 발달시키는 데 효과적이다.

WORKOUT TIP

가슴과 허리를 펴고 고관절을 접어 상체를 숙인 뒤, 코어 근육을 긴장시켜 몸통을 고정한다. 케이블을 당길 때 '손바닥으로 허벅지를 가볍게 친다'는 느낌으로 궤적을 그리는 것이 광배근 수축에 효과적이다.

①

1. 케이블 손잡이를 잡고 고관절을 접어 상체를 앞으로 숙인 뒤 코어 근육을 긴장시킨다.
2. 팔은 항아리를 안은 듯 살짝 굽힌다.

Q 암 풀다운을 할 때 생기는 쉬운 오해는?

A 운동 중 광배근과 척추기립근의 자극을 구분하지 못해서 많이 혼동한다. 어떤 사람은 배를 내밀며 몸을 짜듯이 힘을 주면서 이때 느껴지는 자극을 광배근이라고 착각한다. 그러나 이 동작은 척추기립근의 신전과 굴곡 동작일 뿐 광배근의 수축은 아니다. 이를 분리하는 가장 쉬운 방법은 한쪽 팔로 짜는 동작을 해보는 것이다. 한 손으로는 척추기립근 자극이 느껴지지만 양쪽 팔로 사선으로 동시에 움직이면 광배근이 제대로 수축되는 느낌이 온다. 또한, 상체를 엎드린 정도에 따라서도 자극 부위가 달라진다. 상체를 많이 숙이면 겨드랑이 부근 광배근이 자극되고, 상체를 세우면 요추와 장골, 늑골 쪽 광배근이 자극된다. 이때 몸통은 가만히 고정된 상태에서 팔만 움직이는 것이 핵심이다.

등 운동 중 가장 기본적이면서 효과적인 운동이 암 풀다운이다. 케이블 바를 당길 때는 손으로 당기기보다, 팔꿈치로 내리찍는다는 느낌으로 하면 된다. 케이블을 다시 올릴 때는 바를 잡은 손을 앞으로 놔 주는 게 아니라 팔꿈치와 견갑골을 위로 드는 듯한 느낌으로 놓아 주면 광배근이 최대한 길게 신장된다. 이때 가장 중요한 것은 견갑골의 원활한 움직임이다. 어깨에 과도한 힘을 주어 위에서 찍어 누르듯 동작하면 광배근의 자극이 줄어들고 오히려 어깨관절에 무리가 갈 수 있다. 어깨는 항상 힘을 빼고 안정된 상태를 유지한다. 이 상태에서 팔꿈치를 굽히고 견갑골을 '탁' 찍는다는 느낌으로 벌렸다가 닫는 과정을 반복한다. 늘릴 때는 하나에 숨을 내쉬고, 둘에 견갑골을 쭉 늘리면서 숨을 들이마신다.

CAUTION

대부분의 초보자들이 당길 때 팔이 외회전하는 이유는 편한 방식으로 힘을 쓰기 때문이다. 대부분 몸이 앞으로 나가려고 하는데 이는 팔의 힘으로 하려고 하기 때문에 생기는 보상 작용이다.

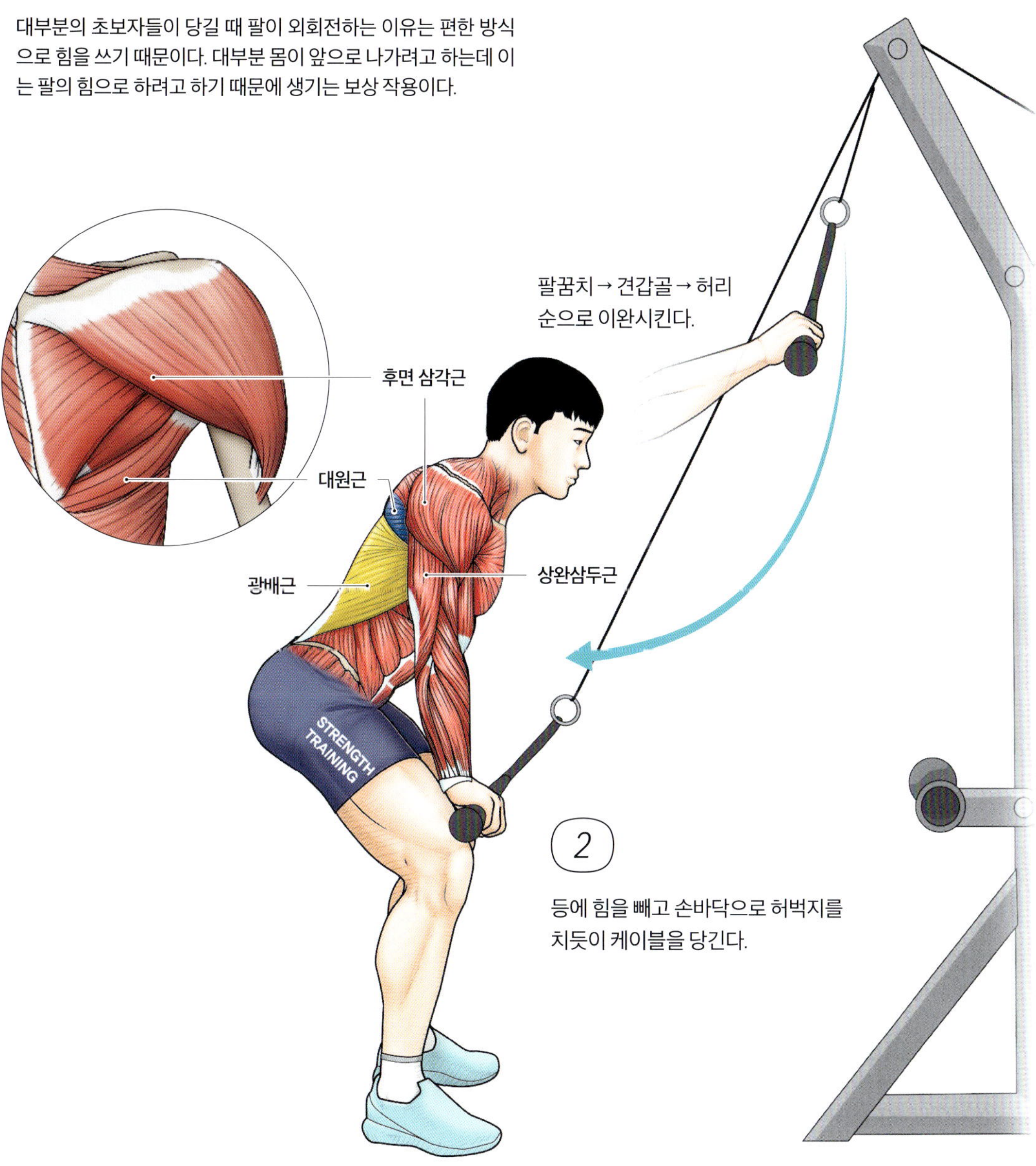

시티드 로우

Seated Cable Row

관련 근육	■ 광배근 ■ 승모근 ■ 후면 삼각근	연관 운동	■ 랫 풀다운(P. 30)	
	■ 상완이두근 ■ 대원근		■ 원 암 덤벨 로우(P. 44)	

시티드 로우는 견갑골의 전후 이동을 통해 등 근육을 수평 방향으로 자극하는 운동이다. 이때 팔의 힘이 아닌 견갑골의 능동적인 움직임에 집중하며, 척추 중립과 가슴을 곧게 편 자세를 유지해야 하며 코어를 견고하게 고정하는 것이 핵심이다. 그립이나 당기는 각도에 따라 등 중부 또는 하부 근육의 자극을 조절할 수 있으며, 정확한 방향성과 연동이 운동의 질을 결정짓는다.

WORKOUT TIP

그립 변화에 따른 운동 효과
그립 방향에 따라 다양한 부위의 근육을 발달시킬 수 있다.

- 와이드 그립: 팔을 넓게 벌려 잡는 방식으로 광배근 바깥쪽을 자극.
- 언더 그립(손바닥이 위를 향한 상태): 팔을 좁게 모아 잡는 방식으로 광배근 하부와 안쪽을 자극.
- 오버 그립(손바닥이 아래를 향한 상태): 일반적인 기본 자세로 중간 영역과 전반적인 두께를 형성.

그립의 형태가 바뀌어도 뼈와 관절의 움직임 원리는 동일하다. 자세와 팔꿈치의 각도만 정확히 유지하면 근육 자극은 자유롭게 조절할 수 있다.

1. 케이블 손잡이를 잡고 발판에 발을 댄 다음, 무릎을 살짝 굽혀 앉는다.
2. 명치를 위로 들어 올리고 아랫배를 앞으로 내밀어 허리의 자연스러운 곡선을 유지한다(척추 중립 자세).
3. 엉덩이를 약간 뒤로 빼면 고관절이 접히며 상체가 자연스럽게 앞으로 숙여진다. 이때 서혜부(사타구니)와 아랫배 부근에 살짝 찝히는 듯한 느낌이 들면서 복압이 잡히는데, 이것이 바로 안정적인 코어 고정 상태이다.

Personal Training

시티드 로우는 등 전체를 효율적으로 자극할 수 있는 대표적인 수평 당기기 운동이다. 단순히 머신에 앉아 당기는 것처럼 보이지만, 해부학적인 원리를 이해하고 수행하면 운동 효과를 극대화할 수 있다. 등 운동에서 가장 중요한 요소는 견갑골의 움직임이다. 랫 풀다운이 견갑골의 상방회전과 하방회전을 이용한다면, 시티드 로우는 견갑골이 전인(앞으로 이동)과 후인(뒤로 이동)을 반복한다. 즉, 견갑골이 척추에서 멀어졌다가 다시 척추에서 서로 붙는 수평 이동이 핵심이다.

견갑골 움직임과 상체의 연동
운동을 수행할 때 상체가 전후로 약간 움직이는 것은 자연스러운 현상이다. 당길 때는 몸을 살짝 뒤로 젖히면서 팔꿈치를 등 뒤까지 당기고, 팔을 앞으로 펼 때는 상체를 엎드리 듯이 숙인다. 이때 요추가 굽지 않도록 허리를 편 상태를 유지하며 턱과 가슴을 내밀어야 한다. 이 자세에서 견갑골이 자연스럽게 전인되며 광배근이 길게 늘어나는 자극을 얻을 수 있다.

많은 사람이 시티드 로우를 수행 시 상체를 과도하게 숙이거나 허리를 둥글게 마는 실수를 한다. 이 경우 코어의 긴장이 풀리면서 광배근 대신 승모근이나 척추기립근이 과도하게 개입하여 운동 효율이 떨어진다. 이로 인해 진짜 등 운동이 아닌 허리나 승모근만 사용하게 되어 비효율적인 동작이 된다. 또한, 팔꿈치를 몸 뒤로 보내지 않고 상체를 앞쪽으로 밀면서 버티는 방식 역시 광배근의 수축을 방해한다. 진짜 광배근 수축은 기시점(척추, 장골, 늑골)과 정지점(상완골)이 최대한 가까워지는 지점, 즉 팔꿈치가 몸통 뒤로 충분히 이동할 때 이루어진다.

팔 각도에 따른 자극 부위의 변화
팔을 지면과 수평으로 당기면 중부 승모근과 후면 삼각근 등 상부 등 근육이 주로 개입된다. 반면 팔을 사선 아래 방향으로 당기면 광배근과 하부 승모근을 더욱 효과적으로 자극할 수 있다. 이처럼 팔꿈치의 이동 경로와 각도에 따라 등 근육의 타깃 부위가 달라진다.

기구 높이와 사선 당기기의 활용
손잡이 위치를 위로 조정하여 팔이 아래로 사선을 그리며 내려오게 하면 광배근 하부에 더 강한 자극을 줄 수 있다. 반대로 손잡이가 명치보다 위쪽을 향하게 당기면 후면 삼각근과 상부 승모근의 자극이 높아진다. 즉, 기구의 높이와 당기는 방향이 등 근육의 공략 부위를 결정짓는 핵심 요소가 된다.

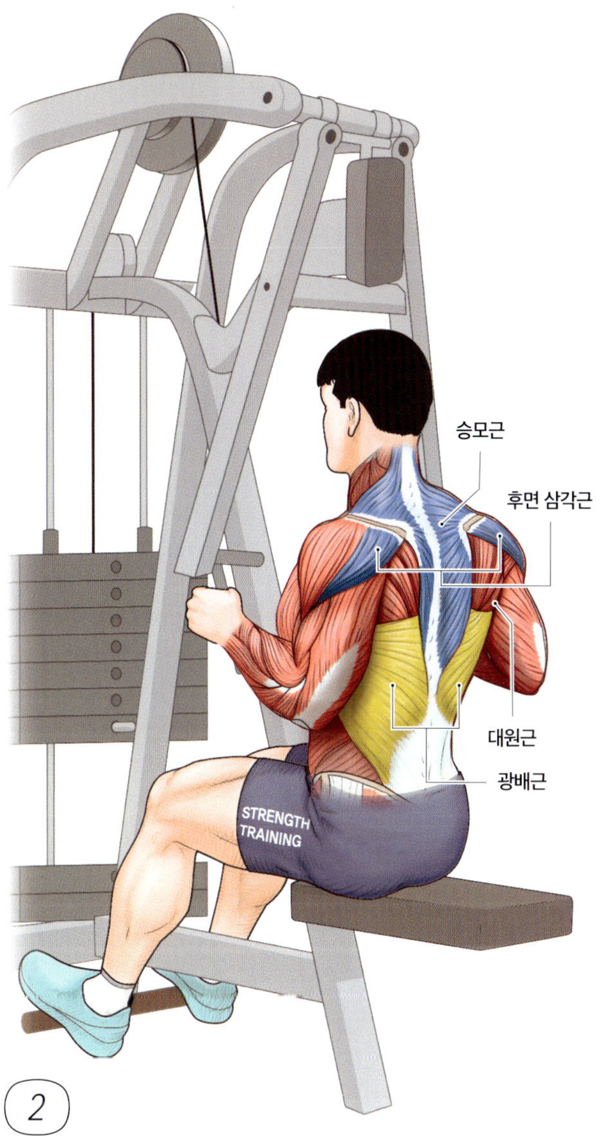

② 노를 젓듯이 상체를 뒤로 젖히면서 손이 아닌 팔꿈치로 손잡이를 당긴다. 팔을 펼 때는 팔꿈치를 다 펴지 않고, 턱과 명치를 앞으로 내밀면서 상체도 같이 살짝 엎드려 준다. 당길 때는 항상 팔꿈치가 몸통에서 떨어져 몸통보다 뒤로 가도록 한다.

Q & A

Q 팔을 멀리 보낼수록 광배근이 더 늘어나는 거 아닌가요?

A 맞는 말처럼 들리지만, 팔을 내밀 때 상체가 무너지면 광배근은 오히려 수축 방향을 잃게 된다. '길이'는 늘어나지만 장력이 빠지게 되므로 의미 없는 늘어남이 될 수 있다.

Q 팔을 당길 때 가슴을 내밀면 더 조여지는 느낌인데, 이것도 좋은 자세인가요?

A 조여지는 느낌이 들 수 있으나, 대부분 이때 수축되고 있는 것은 척추기립근 또는 승모근이다. 광배근은 팔꿈치가 최대한 뒤로 오면서 척추와 상완골 사이의 거리가 좁아질 때 저절로 어깨와 가슴이 뒤로 젖혀져야 효과적으로 수축된다.

로우 로우

관련 근육	■ 승모근　■ 광배근　■ 후면 삼각근 ■ 대원근　■ 능형근	연관 운동	■ 벤트 오버 바벨 로우(P. 46) ■ 원 암 덤벨 로우(P. 44)

로우 로우는 중부 승모근과 광배근을 집중적으로 자극할 수 있는 사선 당기기 운동이다. 동작 시 팔꿈치는 사선 방향으로 당겨야 하며, 견갑골은 전인과 후인을 반복하면서 등척성이 아닌 등장성 수축을 유도한다. 바벨이나 덤벨 로우에 비해 허리 부담이 적고 동작 궤도가 일정하여 초보자부터 상급자까지 안정적인 훈련이 가능하다.

WORKOUT TIP

운동 시에는 동작을 부드럽고 길게 가져가야 한다. 짧게 끊어 당기는 방식은 광배근 수축 범위를 제한하고 자극을 분산시킬 수 있으므로, 팔꿈치를 최대한 뒤로 보내 강한 수축감을 유도해야 한다. 이때 손은 오버 그립 또는 뉴트럴 그립으로 잡는다. 단순히 손으로 당기는 것이 아닌, 팔꿈치를 몸통에서 살짝 띄워 뒤쪽으로 보내는 개념이다. 동작 내내 시선은 정면을 향하고 명치를 들어 가슴을 활짝 연 상태를 유지한다.

- 뉴트럴 그립(손바닥이 마주 보는 상태):
  어깨 부담을 줄이고 안정성을 높임.

1

1. 발을 지지대에 고정하고 무릎을 살짝 굽혀 하체를 견고하게 지지한다.
2. 명치를 가볍게 들어 올리되 과도하게 젖히지 않은 중립 상태를 유지한다.
3. 팔꿈치를 몸통에서 떨어뜨린 상태로 뒤쪽을 향해 당긴다. 이때 팔꿈치가 사선 상향으로 자연스럽게 이동하도록 유도하며, 견갑골을 등 중앙으로 모은다.

Personal Training

로우 로우는 승모근을 주로 사용하는 운동으로, 팔꿈치를 사선 방향으로 당기면서 광배근과 하부 승모근에 강한 자극이 가도록 한다. 팔꿈치를 사선으로 당길 때 정지점(상완골 내측)과 기시점(흉추, 장골, 늑골) 사이의 거리가 가까워져 강한 단축성 수축이 발생한다. 팔이 앞쪽으로 뻗어졌을 때는 승모근과 광배근이 이완되고, 당길 때는 견갑골 후인과 함께 근육이 짧아지며 수축된다. 특히 이 운동은 견갑골의 움직임과 팔꿈치의 궤적을 정교하게 조절함으로써 등 하부와 중부를 분리하여 자극할 수 있다는 점에서 숙련된 트레이닝에 적합하다.

동작 수행 시 손의 힘이나 팔의 힘만으로
당기거나 상체를 과도하게 뒤로 젖히지 않
도록 주의해야 한다. 이러한 동작은 광배
근보다 척추기립근이나 전완근의 개입을
증가시켜 목표 근육의 자극을 떨어뜨린다.
또 다른 잘못된 습관은 당기기 전 미리 등
에 힘을 주고 짧게 끊어 당기는 것이다. 이
경우 근육이 충분히 수축하지 못해 운동
효과가 반감된다. 항상 동작은 천천히 길
게 이어가야 하며 팔꿈치를 완전히 뒤로
보낸 후 1~2초간 정지하여 수축 지점에서
느끼는 것이 중요하다. 한 팔로 수행할 때
는 몸통이 비틀어지거나 회전하지 않도록
주의하자.

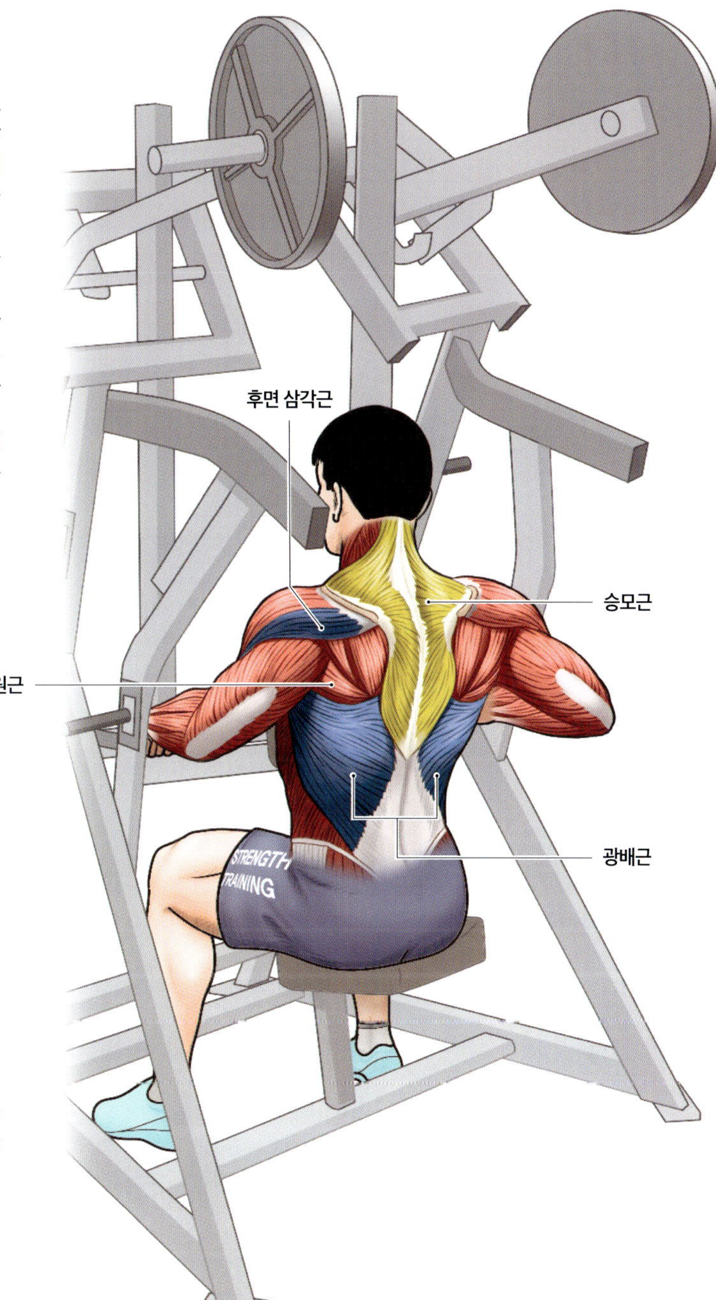

(2)

1. 동작의 마무리 단계에서는 팔꿈치가
   몸통보다 뒤쪽으로 충분히 이동해야
   하며, 가슴은 위로 들어 올리고 턱은
   살짝 든 자세를 유지한다.
2. 팔을 다시 앞으로 보낼 때는
   견갑골이 전인되며 광배근이 길게
   늘어나도록 유도한다.

Q&A

Q 팔을 짧게 당겨도 충분히 자극이 오는데
괜찮은가요?

A 자극이 오는 느낌이 들 수 있지만, 짧은 동작으로
는 광배근의 완전한 단축성 수축이 일어나지 않아
이상적인 근성장을 기대하기 어렵다. 자극이 승모
근이나 팔의 부수적인 근육에 집중될 가능성이 높
다. 따라서 근육의 기시점과 정지점을 최대한 활용
하는 깊은 움직임이 필요하다.

Q 그립 방향이나 손잡이 위치에 따라 운동 효과가
달라지나요?

A 그렇다. 손잡이를 넓게 잡아 수평으로 당기면 등
상부의 자극이 커지고, 사선 아래 방향으로 당기
면 광배근과 하부 승모근의 자극이 증가한다. 발달
시키고자 하는 목표 부위에 맞춰 손과 팔의 방향을
조절하는 것이 중요하다.

하이 로우

관련 근육	■광배근 ■하부 승모근 ■중부 승모근 ■후면 삼각근 ■대원근 ■능형근	연관 운동	■프론트 풀다운(P.56) ■암 풀다운(P.34)	

하이 로우는 광배근과 하부 승모근을 효과적으로 자극시키는 운동이다. 상체 고정력이 높아 등이 수축되는 감각을 배우기에 좋다.

WORKOUT TIP

당기는 동작에서 팔꿈치가 중심이 되도록 의식한다. 팔로 당기기보다 팔꿈치를 몸통 뒤로 내리찍는 느낌으로, 견갑골과 함께 당기는 것이 중요하다. 팔꿈치를 몸통에 밀착시키기보다 바깥으로 살짝 열어 뒤쪽 사선 방향으로 보내야 광배근 하부까지 자극이 도달한다. 또한 명치를 들어 올리고, 허리를 곧게 펴서 올바른 척추 정렬을 유지해야 한다. 손목은 중립을 유지하고, 손잡이를 새끼손가락 쪽으로 눌러 잡는 느낌으로 당겨야 광배근 전체에 자극이 고루 전달된다.

①

1. 명치를 들어 올리고 허리를 곧게 펴며, 엉덩이를 살짝 뒤로 빼 전방 경사를 유도하여 척추 중립 자세를 구축한다.
2. 상체를 살짝 숙인 느낌을 유지한 채 기구의 손잡이를 잡는다. 이때 견갑골을 상방회전시키며 팔을 전방으로 뻗는다.
3. 손목은 중립 자세를 유지하며, 새끼손가락 쪽에 힘을 실어 손잡이를 잡는다.

Personal Training

하이 로우는 광배근의 기시점(흉추, 장골, 늑골)과 정지점(상완골 내측)을 가깝게 밀착시키는 단축성 수축 운동이다. 동작 시 견갑골은 후인 및 하방회전을 수행하며, 이 과정에서 광배근과 하부 승모근이 유기적으로 협응한다. 광배근은 장골까지 연결되어 있어, 견갑골이 상방회전 될 때 엉덩이까지 신장감이 전달되는 것이 정상이다. 이러한 미세한 골반의 움직임은 광배근이 최대 범위로 이완 및 수축하면서 나타나는 자연스러운 현상이다. 반면, 등을 말거나 견갑골만 인위적으로 내밀면 해부학적 정렬이 무너지고 광배근 수축력이 떨어질 수 있다.

하이 로우를 수행할 때 팔을 위쪽으로만 당기려 하는 것은 흔한 오해이다. 실제로는 팔꿈치를 사선 아래 방향으로 당겨 손잡이가 명치 쪽으로 와야 광배근 하부가 정확하게 자극된다. 만약 손잡이를 턱이나 목 쪽으로 당기게 되면, 중부 승모근이나 후면 삼각근에 자극이 집중되며, 견갑골의 움직임이 제한되고 손목이 꺾이면서 전완근의 개입이 커진다. 이는 등 전체가 말리는 결과로 이어진다.

특히 고중량 훈련 시 자세의 왜곡이 심해질 수 있는데, 가슴이 말리거나 등을 둥글게 하면 광배근 자극이 분산되고 허리에 무리가 갈 수 있다. 견갑골을 빼기 위해 상체를 과도하게 굽히는 경우도 흔한 실수이며, 이 경우 광배근 대신 중부 승모근 또는 척추기립근이 주로 작용하게 된다. 따라서 항상 척추의 중립 정렬을 유지한 상태에서 견갑골의 움직임을 중심으로 동작을 만들어야 한다.

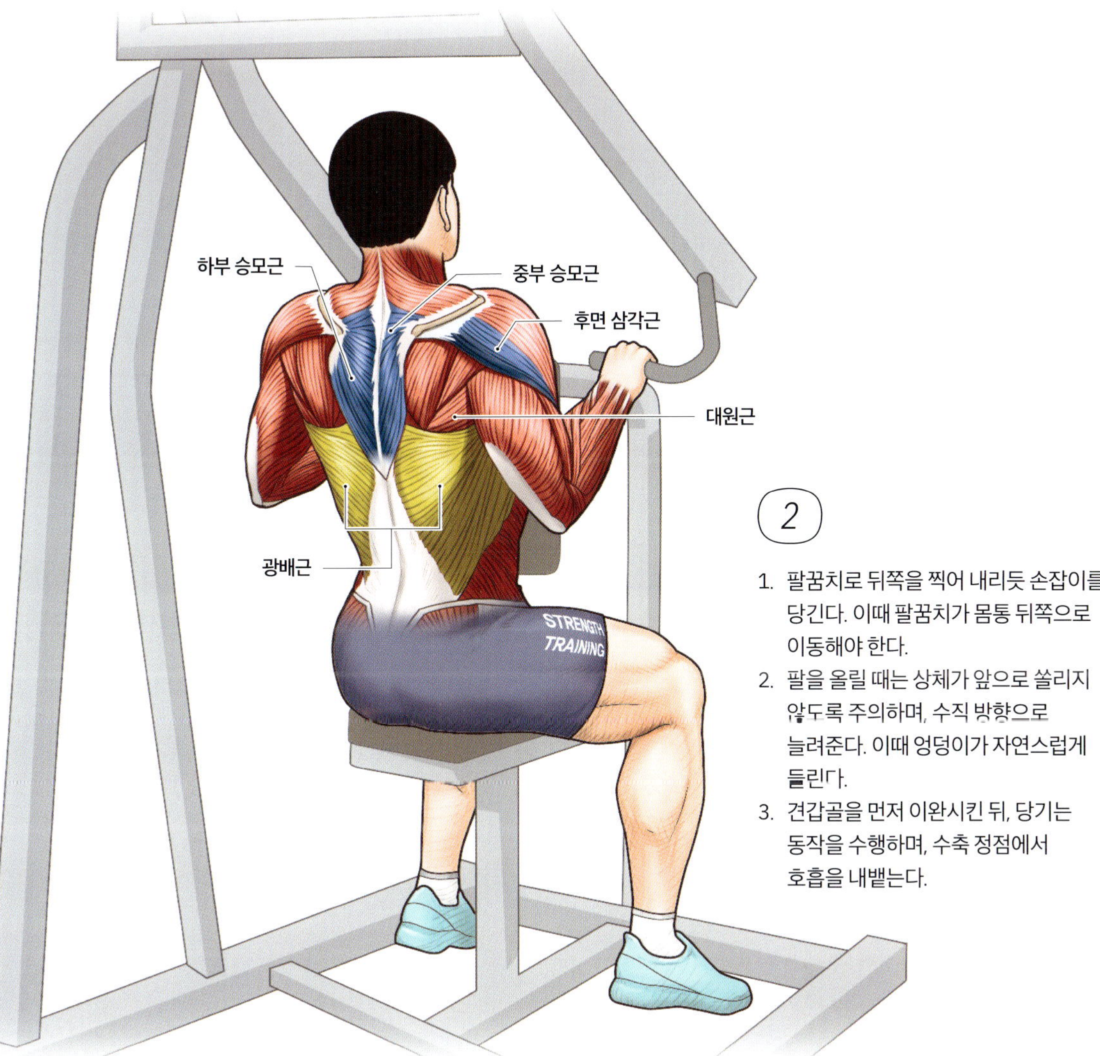

2

1. 팔꿈치로 뒤쪽을 찍어 내리듯 손잡이를 당긴다. 이때 팔꿈치가 몸통 뒤쪽으로 이동해야 한다.
2. 팔을 올릴 때는 상체가 앞으로 쏠리지 않도록 주의하며, 수직 방향으로 늘려준다. 이때 엉덩이가 자연스럽게 들린다.
3. 견갑골을 먼저 이완시킨 뒤, 당기는 동작을 수행하며, 수축 정점에서 호흡을 내뱉는다.

Q&A

Q 엉덩이가 들리는 건 잘못된 동작인가요?

A 일부러 드는 것이 아니라, 광배근이 신전하면서 중심이 자연스럽게 이동해 엉덩이가 살짝 들릴 수 있다. 이는 견갑골이 상방회전하면서 광배근이 최대한 늘어나면서 천골에 인접해 있는 대둔근까지 살짝 늘어나면서 엉덩이가 자연스레 들리는 것이다.

Q 팔을 완전히 펴고 시작해도 되나요?

A 팔꿈치를 완전히 펴면 견관절이 빠져 당길 때 팔꿈치가 아닌 손(전완근)으로 당기게 된다. 그렇게 하면 가동 범위가 제한되고 전완근과 어깨관절에 부담이 생길 수 있다. 약간 굽힌 상태에서 견갑골의 움직임이 일어나도록 하는 것이 이상적이다.

T바 로우

관련 근육	■ 광배근 ■ 승모근 ■ 후면 삼각근 ■ 능형근	연관 운동	■ 벤트 오버 바벨 로우(P.46) ■ 시티드 로우(P.36)

T바 로우는 상체를 기울인 상태에서 기구를 수평으로 당기는 운동이다. 자세를 정확히 잡지 못하면 허리에 부담이 많이 가므로 상체를 고정시키지 않은 채 허리와 팔꿈치를 활용해야 한다.

WORKOUT TIP

팔의 힘으로만 당기지 않고, 팔꿈치를 회전축으로 사용하는 느낌으로 동작을 진행해야 한다. 상체는 고정된 상태가 아니라 당기는 타이밍에 맞춰 자연스럽게 함께 움직이며 전신이 연동되어야 한다. 바는 배꼽보다 위쪽으로 당기며, 팔꿈치는 몸통에서 떨어뜨려 사선 위로 향하게 유도한다. 이때 가슴을 과도하게 내밀지 않도록 주의하고, 팔꿈치가 몸에 붙지 않게 해야 한다. 또한 동작을 끊지 말고 지그시 당기는 리듬으로 수행해야 근육 수축이 온전히 유지된다.

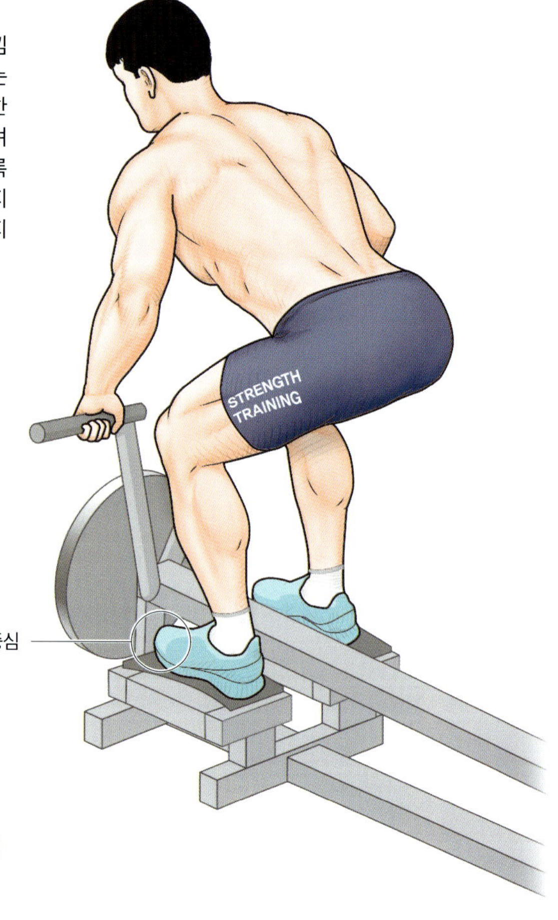

①

1. 명치를 들어 올리고 허리를 곧게 편 상태에서 엉덩이를 뒤로 빼 전방 경사를 유도한다.
2. 무게중심은 발바닥 앞쪽에 살짝 실리도록 하며, 견갑골을 가볍게 고정한 상태에서 팔을 완전히 펴지 않고, 약간 굽힌 채 바를 잡는다.

Personal Training

T바 로우는 바벨을 몸 사이에 두고, 상체를 전방으로 숙여 수행하는 투 조인트 당기기 운동이다. 이 운동은 광배근과 승모근 중부, 후면 삼각근까지 광범위하게 자극한다. 팔을 수평에 가깝게 벌려 당기면 중부 승모근과 등 상부가 주로 활성화되고, 팔꿈치를 사선 아래 방향으로 당기면 광배근 하부 중심의 자극을 유도할 수 있다. 견갑골은 팔의 궤적에 맞춰 자연스럽게 후인되어야 하며, 상체는 척추기립근의 안정성을 유지한 상태로 함께 연동되어야 한다. 이처럼 견갑골과 상체의 협응이 이뤄질 때, 등 전체의 근육이 입체적으로 발달하게 된다.

팔의 힘으로만 당길 경우 광배근이 아닌 전완근의 피로
도가 높아지고, 상체의 반동을 쓰게 되어 허리 부상을 당
할 위험이 있다. 또한 가슴을 과도하게 내밀어 허리를 꺾
는 동작 역시 부상의 원인이 되며, 상체를 둥글게 말면
척추 정렬이 무너져 디스크에 강한 압박이 가해진다. 이
러한 원리는 머신형 T바 로우에서도 동일하게 적용되며,
명치를 들어 올린 자세를 유지하면서 견갑골의 후인을
중심으로 동작을 수행해야 한다.

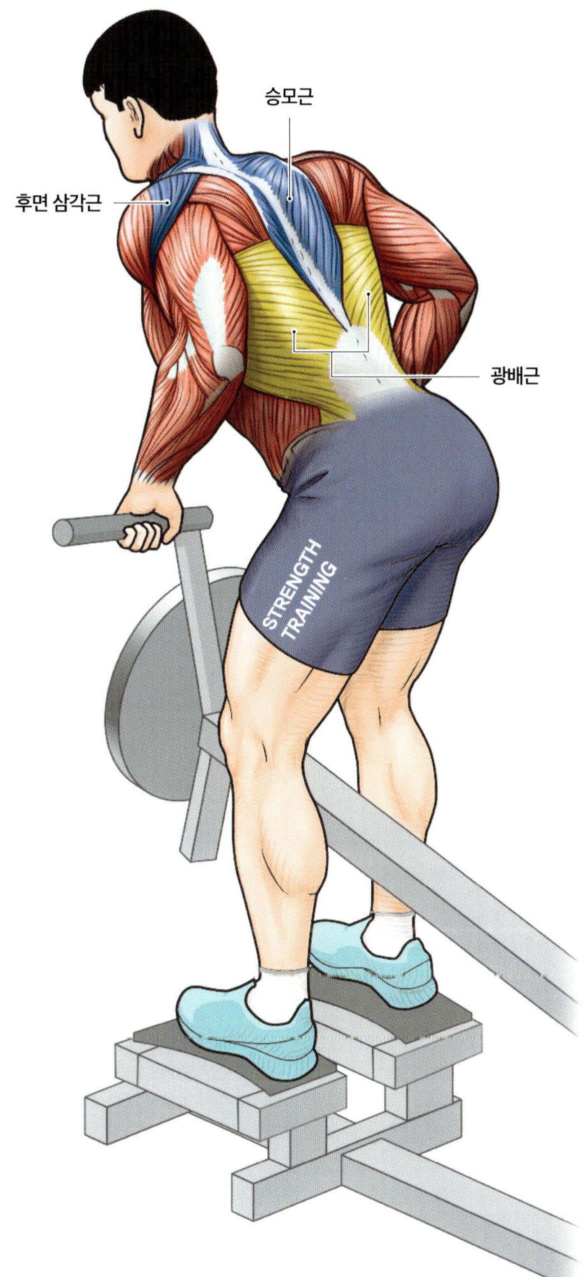

(2)

1. 당길 때 팔꿈치를 몸통보다 위로 올라가게
   최대한 당겨주고, 바는 배꼽보다 약간 위쪽을
   향하게 한다. 이때 상체의 반동을 이용해 가슴을
   과도하게 튕기지 않도록 주의한다.
2. 바를 내릴 때는 엉덩이를 뒤로 밀어내며 고관절을
   굴곡시킨다. 이때 팔 → 견갑골 → 허리 순으로
   이완시킨다.

Q & A

Q 머신형 T바 로우는 자유 중량과 다르게 적용해야
하나요?

A 근본적인 운동 원리는 동일하다. 다만 궤적이 고정
된 플랫폼에서는 상체의 전방 기울기를 의식적으
로 유지해야 하며, 팔꿈치의 진행 방향에 따라 자
극 지점이 달라진다는 것을 기억해야 한다.

Q 팔을 끝까지 펴고 시작해도 되나요?

A 팔꿈치는 완전히 펴지 않고 약간 굽힌 상태에서 시
작하는 것이 좋다. 이는 견관절과 광배근의 긴장을
유지하고 신장성 수축이 자연스럽게 일어나도록
돕기 위함이다.

원 암 덤벨 로우

One-Arm Dumbbell Row

관련 근육	■ 광배근 ■ 후면 삼각근 ■ 승모근	연관 운동	■ 벤트 오버 바벨 로우(P. 46)
	■ 능형근		■ T바 로우(P. 42)

원 암 덤벨 로우는 단순한 프리 웨이트 운동을 넘어, 신체의 좌우 균형과 해부학적 조절 능력을 극대화하는 정밀한 등 운동이다. 수직 당기기 동작 시 견갑골의 전인과 후인을 조절하는 능력을 익힌다면, 광배근을 깊이 있게 자극할 수 있는 효율적인 트레이닝 도구가 된다. 또한 등 전체의 기능적 협응을 강화하는 데 탁월한 효과가 있다.

WORKOUT TIP

원 암 덤벨 로우 역시 팔의 힘이 아닌 팔꿈치로 리드하며 당겨야 한다. 광배근에 명확한 저항을 전달하려면 팔꿈치를 살짝 옆으로 벌린 상태에서 덤벨을 사선 방향이 아닌 수직으로 들어 올리는 것이 중요하다. 동작 내내 견갑골의 움직임을 느끼며, 당긴 후에는 팔꿈치 → 견갑골 → 상체 순으로 이완시킨다.

1

1. 명치를 들고 허리를 곧게 펴서 척추를 올바르게 정렬한다.
2. 덤벨을 들지 않은 쪽의 무릎과 손은 벤치 위에 올려 상체를 고정시키고 무게중심을 벤치 위에 올려 놓은 손에 오도록 한다.
3. 덤벨을 든 쪽은 견갑골을 잡고 팔꿈치를 약간 굽힌 상태에서 자연스럽게 아래로 내린다. 이때 광배근이 충분히 이완될 수 있도록 상체를 전방으로 기울인다.

Personal Training

원 암 덤벨 로우는 단축성 수축을 활용한 등 운동으로, 광배근을 중심으로 중부 승모근, 하부 승모근, 능형근, 후면 삼각근까지 복합적으로 자극한다. 견갑골의 후인과 상완골의 신전 및 내회전이 동시에 발생하며, 광배근은 견갑골과 상완골을 연결하는 과정에서 강력한 단축성 수축을 유도한다. 또한 척추기립근은 상체를 지지하며 정렬을 유지하는 데 관여하므로, 코어의 안정성이 무너지지 않도록 조절하는 것에 집중해야 한다.

가장 흔한 잘못된 자세는 덤벨을 사선으로 당기며 팔을 엉덩이 쪽으로 보내는 경우다. 이렇게 되면 팔이 시계추처럼 앞뒤로 흔들리며, 광배근이 제대로 수축되지 않고 자극이 분산된다. 또한 당기는 힘에 의해 몸통이 함께 회전하거나 상체가 너무 기울어지는 경우, 허리에 부담이 가중되어 부상 위험이 증가한다. 견관절이 앞으로 빠지듯 늘어지면 어깨가 안으로 말리고 허리가 굽게 되므로, 팔이 아닌 견갑골을 이완하고 수축하는 감각에 집중해야 한다. 특히 디스크 환자는 프리웨이트보다 머신 로우를 선택하는 것이 훨씬 안전하다.

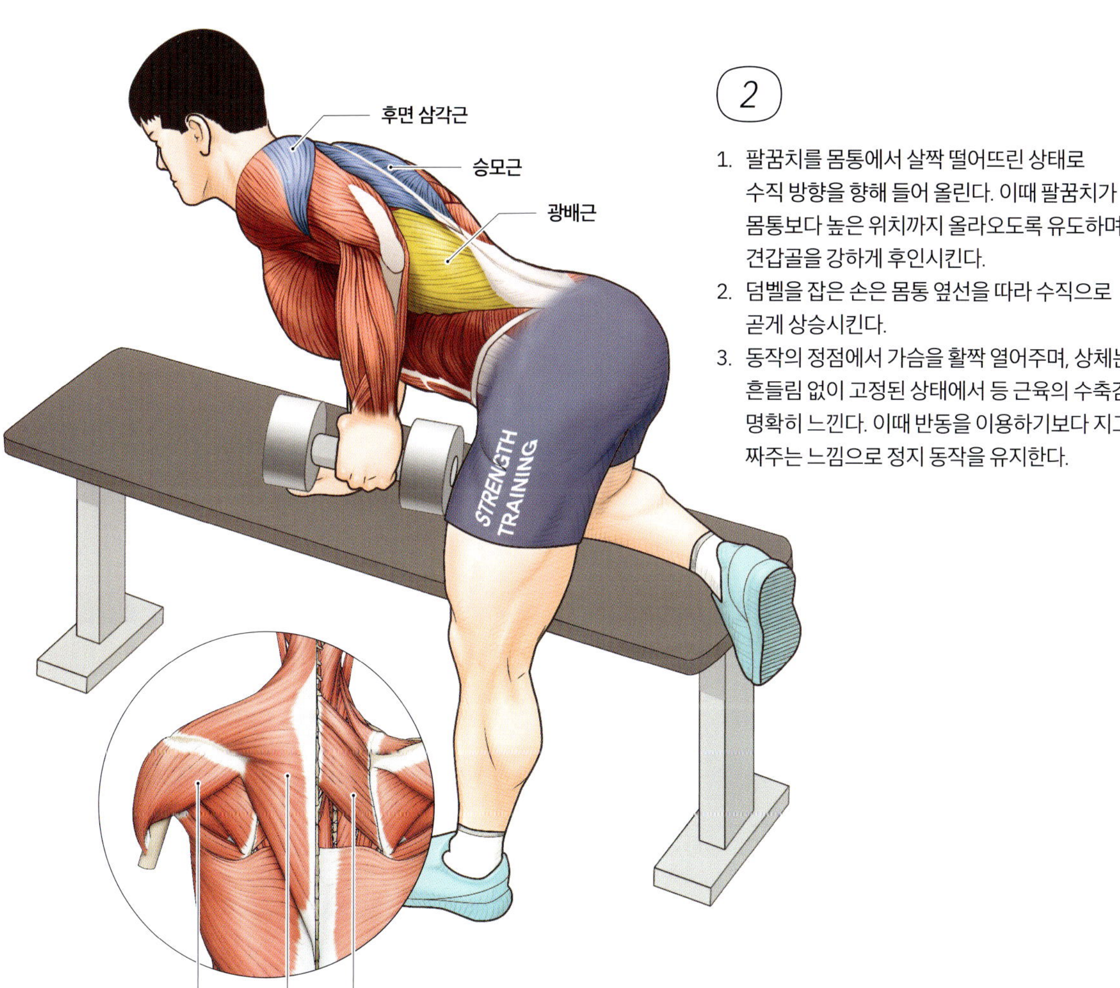

(2)

1. 팔꿈치를 몸통에서 살짝 떨어뜨린 상태로 수직 방향을 향해 들어 올린다. 이때 팔꿈치가 몸통보다 높은 위치까지 올라오도록 유도하며, 견갑골을 강하게 후인시킨다.
2. 덤벨을 잡은 손은 몸통 옆선을 따라 수직으로 곧게 상승시킨다.
3. 동작의 정점에서 가슴을 활짝 열어주며, 상체는 흔들림 없이 고정된 상태에서 등 근육의 수축감을 명확히 느낀다. 이때 반동을 이용하기보다 지그시 짜주는 느낌으로 정지 동작을 유지한다.

Q&A

Q 디스크가 있는 사람이 원 암 덤벨 로우를 해도 괜찮을까요?

A 척추 정렬을 유지하기가 어렵거나 코어가 불안정한 경우 허리에 무리가 가므로 머신 기반의 등 운동을 하는 것이 좋다. 정확한 자세와 통증 없는 범위 내에서 수행하는 것이 전제가 되어야 한다.

Q 덤벨을 엉덩이 뒤쪽으로 당기면 더 잘 되는 느낌인데 왜 안 되나요?

A 무게는 중력 방향으로 작용하므로 사선 즉, 덤벨을 앞뒤로 시계추처럼 흔들리듯 당기면 저항이 줄고, 광배근에 자극이 충분히 전달되지 않는다. 덤벨은 수직 방향으로 들어 올려야 효과적인 수축을 유도할 수 있다.

벤트 오버 바벨 로우

Bent-Over Barbell Row

관련 근육	■ 광배근 ■ 승모근 ■ 대원근 ■ 능형근	연관 운동	■ T바 로우(P. 42) ■ 로우 로우(P. 38)

벤트 오버 바벨 로우는 힙 힌지 자세에서 상체를 숙인 채 바벨을 당기는 등 운동의 대명사이다. 척추의 중립 정렬을 유지하고, 신체 밸런스와 코어 안정성을 확보해야 부상 위험 없이 동작을 제대로 수행할 수 있다. 바벨의 궤적과 상체 각도에 따라 자극 지점은 달라지나, 동작을 제대로 수행하면 승모근보다 광배근에 더 자극이 간다.

WORKOUT TIP

벤트 오버 바벨 로우는 상체를 숙였을 때 데드리프트 자세와 유사한 척추 정렬을 유지해야 한다. 무게중심이 뒤로 쏠리면 하체에 부하가 집중되고 허리에 부담이 커지므로, 반드시 무게중심을 발 앞쪽에 두어야 한다. 바벨은 몸통과 가까운 궤적에서 수직으로 당겨야 하며, 팔꿈치를 리드하여 팔이 아닌 등으로 당긴다는 감각을 유지한다. 가슴을 과도하게 내밀거나 뒤로 젖혀지면 척추기립근에 과도한 부하가 걸리므로 상체 각도를 고정한 채 등만 수축하는 것이 중요하다.

1. 명치를 들어 올리고 허리를 곧게 편 상태에서 엉덩이를 뒤로 빼 고관절을 접어 상체를 45도 이상 기울인다.
2. 무게중심을 발 앞쪽에 두고, 가슴은 활짝 열어 코어 중심을 유지한다.
3. 바벨이 몸에서 멀어지지 않도록 정강이 앞쪽에 가깝게 위치시키고, 손은 어깨너비 또는 그보다 약간 넓게 잡는다.

Personal Training

벤트 오버 바벨 로우는 광배근을 비롯해 중부·하부 승모근, 능형근, 후면 삼각근, 척추기립근 등, 등 후면 근육을 아우른다. 팔꿈치의 궤적이 어깨와 수평에 가까울수록 등 상부 중심의 자극이 커지며, 사선 아래 방향으로 당기면 광배근 하부까지 깊은 자극이 전달된다. 팔꿈치가 벌어지며 견갑골의 후인 작용이 강화될수록 등 근육의 수축이 강조된다. 바벨의 움직임은 항상 수직 궤적을 유지해야 하며, 바가 앞뒤로 흔들리면 자극이 분산되고 허리에 부하가 걸린다.

가장 흔히 하는 실수가 척추 정렬을 유지하지 않고 허리를 과도하게 펴거나 굽히는 것이다. 또한 상체가 지나치게 수직에 가까워지면 바벨 컬처럼 변질될 수 있으며, 반대로 지면과 수평을 이루면 허리에 부담이 가중된다. 바벨을 사선으로 당기거나 몸통에서 멀리 떨어뜨려 당길 경우 광배근이 아닌 요추에 부담을 주게 되어 부상의 위험이 높아진다. 반드시 코어를 단단히 고정한 상태에서 바벨을 수직으로 끌어올려야 한다.

1. 팔꿈치를 몸통에서 떼어 위로 들어 올리며 바벨을 지면과 수직에 가깝게 끌어당긴다.
2. 등의 수축을 느낀 후 팔, 견갑골 순으로 이완하고 바벨을 무릎 아래쪽에서 몸 쪽 가까이 붙인다.

Q&A

Q 벤트 오버 바벨 로우와 데드리프트는 같은 운동인가요?

A 같은 운동은 아니지만 기본 준비 자세는 루마니안 데드리프트와 유사하다. 고관절 굴곡시키고 척추 중립 정렬을 유지한 상태에서 중량을 다룬다는 점이 공통점이다. 다른 점은 벤트 오버 바벨 로우는 팔꿈치를 이용해 등으로 당기는 것이고, 데드리프트는 엉덩이와 허벅지 뒤쪽을 자극한다는 점이다.

Q 바벨을 넓게 잡으면 광배근이 더 자극되나요?

A 넓게 잡으면 등 상부, 승모근 중심의 수평 섬유 자극이 강화된다. 광배근 중심 자극을 원한다면 그립을 좁게 잡고 바벨을 배꼽 또는 그 아래로 당기는 것이 효과적이다.

바벨 슈러그

Barbell Shrug

관련 근육 ■ 승모근 ■ 견갑거근	연관 운동 ■ 덤벨 슈러그(P.50)	

바벨 슈러그는 바벨을 양손에 든 상태에서 어깨를 으쓱하는 동작을 통해 승모근의 수축을 유도하는 운동이다. 주로 상부 승모근을 타깃으로 하며, 하부 승모근, 견갑거근이 연계되어 작용하므로, 견갑골의 움직임을 최대한 활용해야 한다. 동작 시 과도한 힘을 주지 않도록 주의하고 자연스러운 리듬을 익히는 것이 핵심이다.

WORKOUT TIP

바벨을 꽉 쥐기보다는 손에 걸어준다는 느낌으로 잡고, 어깨와 견갑골의 움직임에만 집중해야 한다. 바벨을 팔의 힘으로 들어 올리려고 하면 이두근과 전완근에 과도한 긴장이 전달되어 승모근 수축이 제한된다. 바벨의 무게를 그대로 수용해 어깨와 견갑골이 자연스럽게 위로 올라갔다 내려오는 리듬을 만드는 것이 핵심이다. 턱을 살짝 당겨 흉골 가까이 붙이면 견갑골의 이동 범위가 넓어지며 더 깊은 수축을 유도할 수 있다.

1. 바벨은 허벅지 앞에 위치시키고, 어깨너비로 그립을 잡는다. 상체를 곧게 세운 상태에서 코어에 적절한 긴장을 준다.
2. 고개는 자연스럽게 숙인 채 목의 긴장을 풀고 준비 자세를 유지한다.

Personal Training

바벨 슈러그는 주로 상부 승모근을 타깃으로 하지만, 견갑골의 움직임에 따라 하부 승모근도 함께 작용한다. 어깨를 으쓱하면 승모근의 기시점과 정지점이 가까워지며 단축성 수축이 발생하고, 바벨을 내릴 때는 중량에 저항하며 근육을 길게 늘려주는 신장성 수축이 일어난다. 그립을 넓게 잡으면 견갑골 움직임이 방해될 수 있으므로, 손은 어깨너비보다 살짝 넓게 잡는 것이 이상적이다.

팔로 바벨을 들어 올리려 하거나, 어깨에 과도한 긴
장을 주며 상체를 굳힐 경우, 승모근이 제대로 수축
되지 않고 목 주변 근육이나 팔에 부하가 전달된다.
승모근의 고립을 위해서는 불필요한 힘을 뺀 상태
에서 견갑골이 자연스럽게 들리고 내려가는 움직임
에 집중하는 것이 중요하다. 초보자의 경우 무릎을
살짝 굽혔다가 일어서는 반동을 활용하면 리듬을
익히는 데 도움이 될 수 있다.

(2)

1. 바벨을 팔의 힘으로 끌어올리는 것이 아니라,
   어깨 견봉을 귀에 붙이는 것처럼 으쓱하는
   동작을 수행한다. 견갑골이 위쪽으로 상승할
   때 광배근과 하부 승모근의 긴장을 함께 느낄
   수 있어야 한다.
2. 견갑골이 최대 수축 지점에서 도달했을 때
   1초간 정지한 후, 바벨의 무게를 통제하며
   자연스럽게 내려가며 이완한다.

Q&A	Q	으쓱하는 동작이 어색한데 어떻게 해야 하나요?
	A	슈러그는 일상에서 잘 하지 않는 동작이므로 처음에는 어색할 수 있다. 맨몸으로 어깨를 으쓱하는 연습을 충분히 하고, 바벨을 잡아도 같은 감각으로 수행하는 것이 중요하다.
	Q	무릎의 반동을 이용해도 되나요?
	A	초보자는 무릎을 살짝 굽혔다가 펴는 동작을 통해 리듬감을 익힐 수 있다. 하지만 숙련자라면 하체 반동 없이 어깨와 견갑골의 움직임으로 수행하는 것이 바람직하다.

덤벨 슈러그

Dumbbell Shrug

관련 근육	■ 승모근 ■ 견갑거근	연관 운동	■ 바벨 슈러그(P. 48)
			■ 사이드 레터럴 레이즈(P. 94)
			■ 케이블 시티드 리어 레터럴 레이즈(P. 106)

덤벨 슈러그는 어깨의 자유로운 가동 범위를 확보하고, 승모근의 정교한 수축을 유도하는 효율적인 운동이다. 덤벨을 가볍게 쥔 상태에서 어깨와 견갑골을 귀 방향으로 으쓱하며 들어 올리고, 턱을 살짝 당겨 경추의 중립을 유지하며 견갑골의 거상 범위를 활용하면 상부 승모근의 자극이 극대화된다. 올바른 리듬과 감각만 익힌다면, 상체 후면 강화에 큰 도움이 된다.

덤벨은 손에 걸치듯 가볍게 쥐며, 손목의 회전 각도나 손 위치를 자유롭게 조정할 수 있다는 점을 활용하여 자극 부위를 세밀하게 조절한다. 팔은 고정하고 어깨와 견갑골을 위로 으쓱하는 감각에 집중해야 하며, 견갑골을 충분히 위로 끌어올리는 것이 중요하다. 동작 시 과도한 반동을 이용해 바벨을 튕기기보다는, 적절한 중량을 선택하여 승모근의 수축과 이완 리듬을 일정하게 유지하는 것이 부상 방지와 근성장에 훨씬 효과적이다.

① 양발은 어깨너비로 벌려 안정적인 지지 기반을 형성하고, 팔은 덤벨을 쥔 채 몸 옆에 자연스럽게 늘어뜨린다.

Personal Training

덤벨 슈러그는 주로 상부 승모근을 자극하지만, 견갑골의 가동 범위를 확장함으로써 중부 승모근과의 협응 작용도 유도할 수 있다. 바벨과 달리 덤벨은 손의 위치나 상체의 기울기에 따라 자극 지점을 세밀하게 조절할 수 있으며, 어깨관절의 자연스러운 움직임을 유도하여 더욱 정밀한 수축감을 제공한다. 특히 동작 시 견갑골을 살짝 뒤로 모아주며 들어 올리면, 승모근 상부와 중부의 입체적인 발달에 큰 도움이 된다.

바벨 슈러그와 마찬가지로 팔로 덤벨을 들어 올리는 실수는 피해
야 하며, 팔꿈치를 너무 굽히거나 팔 근육에 힘이 실리지 않도록
주의한다. 고개를 뒤로 젖히면 목에 힘이 들어가 수축 범위가 제한
될 수 있으므로, 턱은 살짝 당긴 상태에서 수행한다.

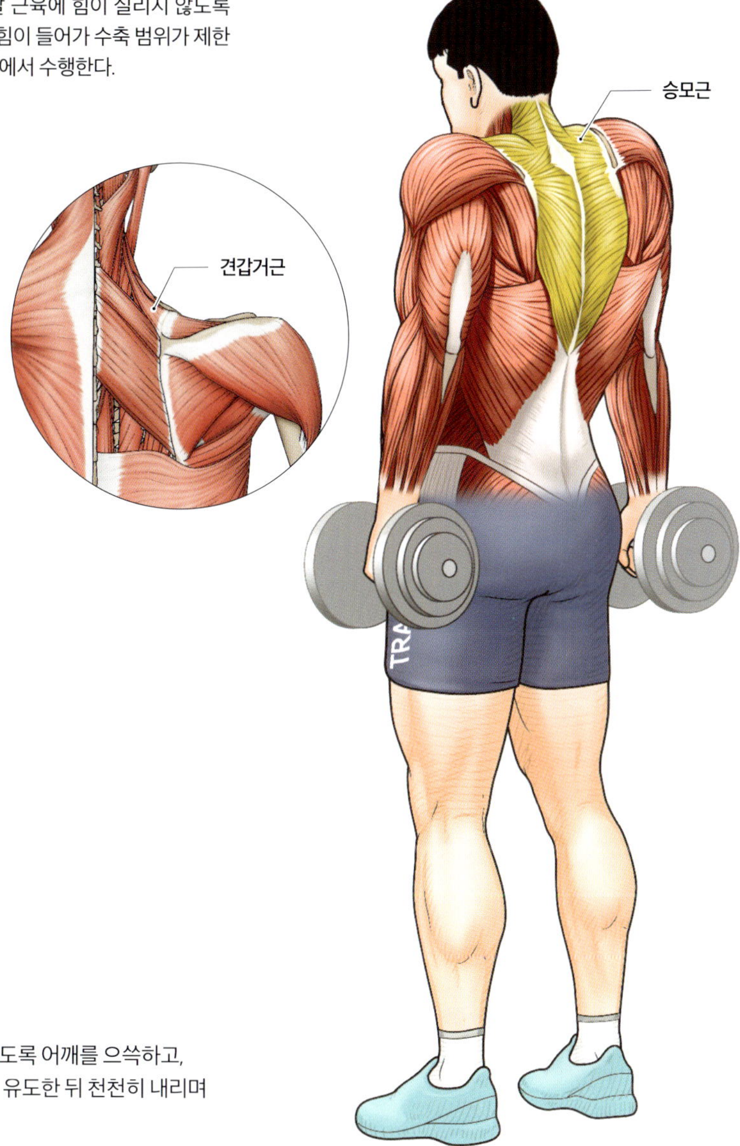

②

견봉이 귀를 향해 수직으로 올라가도록 어깨를 으쓱하고,
정점에서 잠시 멈추어 최대 수축을 유도한 뒤 천천히 내리며
반복한다.

Q&A

Q 어깨를 위아래로만 움직이지 않고 앞뒤로 크게
돌려주면 자극이 더 잘 오지 않나요?

A 어깨를 돌리는 롤링 동작은 오히려 부상 위험을 높
이고 운동 효율을 떨어뜨린다. 승모근 상부의 근섬
유는 수직 방향으로 뻗어 있다. 따라서 견갑골을
수직으로 들어 올리는 거상 동작이 근육 결에 가장
잘 맞는 움직임이다. 특히 무거운 덤벨을 든 상태
에서 어깨를 뒤로 돌리면 회전근개가 견봉 아래 공
간에서 찝히는 충돌 증후군이 발생할 수 있다.

Q 덤벨이 무거워지니 손가락이 아파서 집중이
안 되는데 스트랩을 써도 되나요?

A 적극적으로 사용하길 권한다. 슈러그는 악력 운동
이 아니라 승모근 운동이기 때문이다. 승모근은 우
리 몸에서 매우 강한 힘을 내는 근육 중 하나이다.
하지만 손가락의 힘(악력)은 그보다 훨씬 약하기 때
문에, 맨손으로만 하면 승모근이 지치기 전에 손이
먼저 풀린다. 따라서 스트랩을 사용하면 손의 힘을
빼고 어깨 움직임에만 온전히 집중할 수 있다.

루마니안 데드리프트

Romanian Deadlift

관련 근육	■ 척주기립근 ■ 햄스트링 ■ 대둔근 ■ 승모근 ■ 대퇴사두근 ■ 광배근	연관 운동	■ V 스쿼트(P.170) ■ 핵 스쿼트(P.176)

루마니안 데드리프트는 전신을 사용하는 복합 운동으로 척추기립근, 대둔근, 햄스트링을 중심으로 한 후면 사슬을 강화하는 운동이다. 코어의 안정성 확보와 바벨의 수직 이동이 핵심이며, 고관절 주도의 움직임을 바탕으로 전신의 통합적인 근력 향상을 유도한다.

WORKOUT TIP

루마니안 데드리프트를 정확히 수행하기 위해서는 척추의 중립 자세를 유지하는 것이 가장 중요하다. 경추부터 요추까지 하나의 직선으로 고정되었다고 생각하고, 지면을 발바닥 전체로 강하게 밀어내는 느낌으로 일어나야 한다. 광배근을 인위적으로 과도하게 수축시키면 상체의 정렬이 무너질 수 있으므로, 바벨이 몸에서 떨어지지 않을 정도의 적절한 긴장감만 유지한다. 머리를 뒤로 젖히기보다는 시선을 자연스럽게 바닥 멀리 두어 목의 정렬을 지키는 것이 안전하다.

초보자는 플랫 벤치를 앞에 두고 코어를 잡는 연습을 하면 효과적이다. 발을 어깨너비로 벌리고 명치를 들어 허리를 곧게 편 뒤, 무릎이 벤치에서 떨어지지 않도록 가볍게 밀착시킨 상태에서 고관절을 접는 '힙 힌지' 자세를 연습한다.

①

바벨을 어깨너비 정도로 잡고 척추의 중립 자세를 유지하며 바로 선다. 팔꿈치는 바깥쪽을 향하게 돌리고, 팔은 아주 살짝만 굽힌다.

Personal Training

루마니안 데드리프트는 단순한 등 운동을 넘어 몸 전반의 근력을 강화하는 복합 운동이다. 이 운동의 핵심은 견고한 코어 안정성을 확보한 상태에서 수행하는 것이다. 코어를 잡기 위해 복부에 인위적으로 힘을 과하게 주는 것은 오히려 부자연스러운 움직임을 유발할 수 있다. 인위적인 힘보다는 코어가 자연스럽게 활성화되는 환경을 조성해야 한다. 이를 위해 가슴을 바르게 펴고 허리의 아치를 유지하며, 고관절을 접는 힙 힌지 동작을 수행한다. 이때 무게중심을 발 앞쪽에 두면 아랫배에 자연스러운 긴장감이 형성되며 복압이 잡히는 느낌이 든다. 이처럼 코어가 단단히 고정된 상태에서 움직여야 요추의 부담을 최소화하고 안전하게 수행할 수 있다.

바벨이 무릎 앞으로 멀어지거나 사선으로 이동하면 허리에 과도한 부하가 걸리며 코어가 무너질 수 있다. 항상 바벨은 허벅지에서 떨어지지 않고 수직으로 움직인다 생각하고 운동해야 한다.
상체 운동할 때는 무게중심이 앞꿈치에 와야 한다는 것을 명심하자. 무게중심이 뒤꿈치에 오면 대퇴사두근과 햄스트링에 자극이 더 와서 하체 운동이 된다.

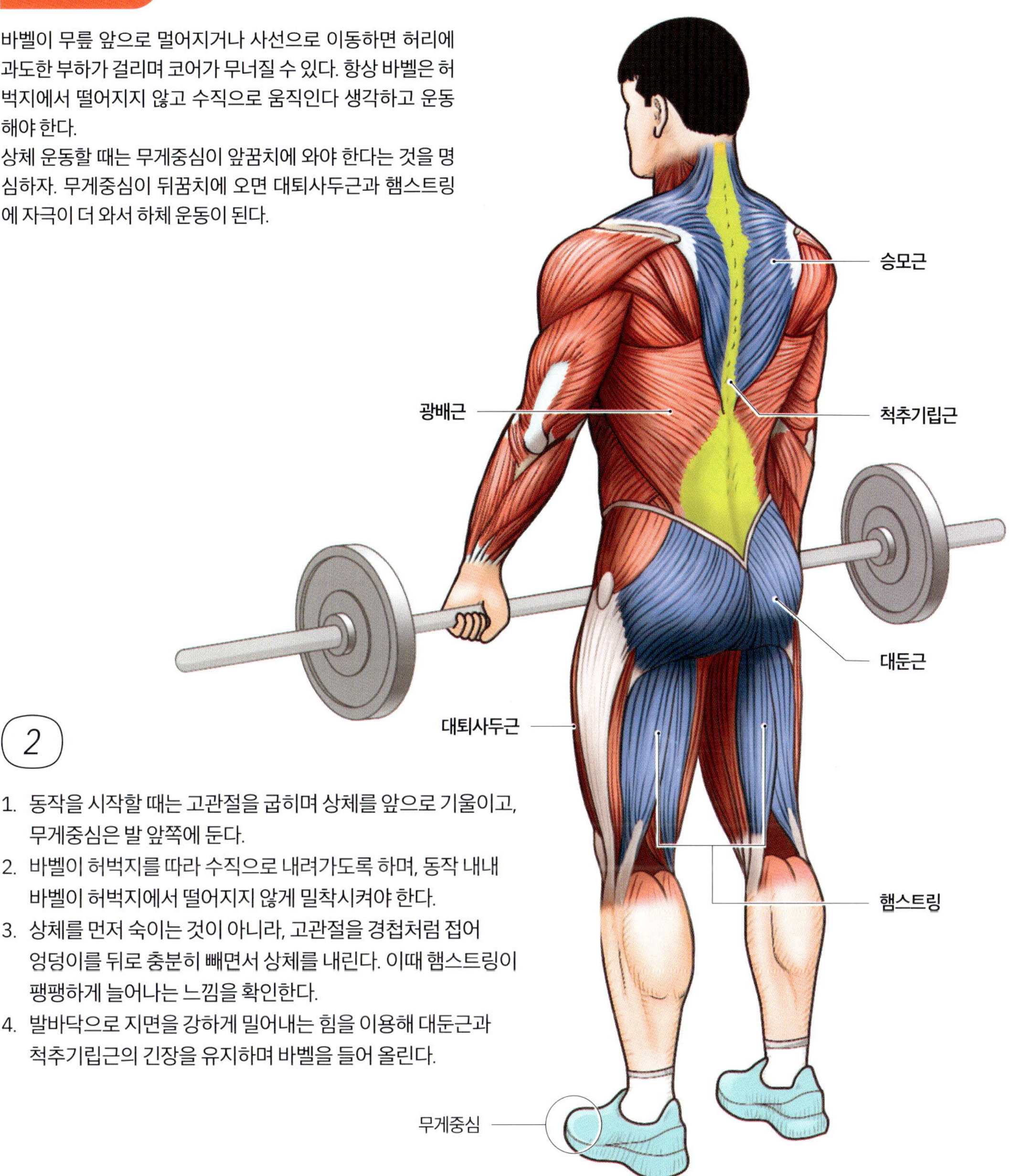

②

1. 동작을 시작할 때는 고관절을 굽히며 상체를 앞으로 기울이고, 무게중심은 발 앞쪽에 둔다.
2. 바벨이 허벅지를 따라 수직으로 내려가도록 하며, 동작 내내 바벨이 허벅지에서 떨어지지 않게 밀착시켜야 한다.
3. 상체를 먼저 숙이는 것이 아니라, 고관절을 경첩처럼 접어 엉덩이를 뒤로 충분히 빼면서 상체를 내린다. 이때 햄스트링이 팽팽하게 늘어나는 느낌을 확인한다.
4. 발바닥으로 지면을 강하게 밀어내는 힘을 이용해 대둔근과 척추기립근의 긴장을 유지하며 바벨을 들어 올린다.

Q&A

Q 루마니안 데드리프트를 하면 허리가 아프던데, 무리 가는 운동 아닌가요?

A 허리가 아픈 이유는 대부분 코어가 약하기 때문이다. 복부와 허리는 대립하는 구조가 아니라 상호 보완적인 관계다. 때문에 바른 자세와 안정적인 코어를 형성한 후 운동하면 오히려 허리 근육 강화에 큰 도움이 된다.

Q 무릎을 굽히면 안 되나요?

A 무릎은 자연스럽게 굽혀지되, 상체를 숙이는 방식보다 고관절을 접는 데 중점을 둬야 한다. 무릎을 너무 굽히면 스쿼트 형태가 되므로 루마니안 데드리프트의 고관절 주도성을 잃게 된다.

펜들레이 로우

Pendlay Row

관련 근육	■ 광배근 ■ 승모근 ■ 능형근	연관 운동	■ 벤트 오버 바벨 로우(P. 46)
	■ 후면 삼각근 ■ 대원근		■ 원 암 덤벨 로우(P. 44)
			■ T바 로우(P. 42)

펜들레이 로우는 바벨을 바닥에 내려놓아 매회 정지 상태에서 폭발적으로 들어 올리는 등 운동이다. 상체를 지면과 수평에 가깝게 유지하고 코어를 단단히 고정하여 수행한다. 광배근과 승모근, 능형근을 중심으로 등 전체의 두께를 형성하는 데 효과적이다. 전신 근력과 후면 사슬의 협응을 요구하는 만큼, 정확한 자세 유지와 복압 고정이 필수적이다. 바벨 로우보다 기술적인 숙련도가 필요하며 근력과 근비대를 동시에 추구할 수 있는 고급 운동이다.

WORKOUT TIP

동작 중 무릎이 앞으로 밀려 코어가 풀리면, 허리에 과도한 부담이 가해질 수 있다. 따라서 엉덩이를 뒤로 빼고, 상체를 바닥과 평행하게 유지하며 정확한 힙 힌지를 만들어야 한다. 바벨을 배꼽 쪽이 아닌, 명치 부근으로 수직 궤도를 그리며 당겨야 정확한 자극을 전달할 수 있다. 바벨을 당길 때는 등 전체, 특히 광배근과 승모근의 협응을 의식하며 움직인다.

1

1. 양발은 어깨너비로 벌리고, 바벨은 발등 중앙 또는 약간 앞에 위치시킨다. 무릎은 살짝 굽히고, 엉덩이를 뒤로 빼며 고관절을 굴곡시킨다.
2. 상체는 지면과 수평에 가깝게 유지하고, 척추는 머리부터 골반까지 일직선을 이룬다. 고개는 바닥을 응시하며 경추 정렬을 유지한다.
3. 바벨은 어깨너비보다 살짝 넓게 오버 그립으로 잡는다.

Personal Training

펜들레이 로우는 상체를 지면과 평행하게, 즉 척추가 바닥과 거의 평행을 이루도록 유지하고 경추부터 요추까지 일직선으로 고정하여 수행한다. 바벨은 발등 중앙 혹은 그보다 약간 앞쪽에 위치시키며, 폭발적으로 들어 올린 후 바닥에 완전히 내려놓는 방식을 반복한다. 이 운동의 가장 큰 특징은 하강 시 의도적인 신장성 수축을 배제한다는 점이다. 당길 때는 광배근과 승모근, 팔의 모든 협응력을 동원해 한 번에 폭발적으로 끌어올리고, 내릴 때는 바벨을 바닥에 완전히 놓아 동작을 정지 상태로 만든다. 상체를 지면과 평행하게 고정하기 때문에 광배근의 최대 수축을 유도하며, 등 전체의 두께와 강력한 후면 파워를 형성하는 데 효과적이다.

 펜들레이 로우는 고중량을 다루는 종목이므로, 코어를 단단히 고정하지 않으면 허리에 심각한 부상을 입을 수 있다. 특히 허리 아래쪽이 둥글게 말리는 요추 굴곡 현상이 일어나지 않도록 주의해야 하며, 항상 척추의 중립을 유지하고 복압을 강하게 형성한 상태를 지속해야 한다. 바벨을 당길 때 상체가 위로 과도하게 들리지 않도록 억제하는 것 또한 코어 안정성을 지키는 핵심 요소이다.

1. 팔꿈치를 굽혀 바벨을 명치 방향으로 폭발적으로 당긴다. 이때 팔꿈치는 몸통에서 약 45~75도 각도로 벌어진 상태를 유지하며, 바벨이 명치 부근까지 수직으로 올라오도록 한다.
2. 바벨을 당긴 지점에서 등 근육의 수축을 짧고 강하게 느낀 뒤, 바벨은 바닥에 완전히 내려놓아 정지 상태를 만든다. 이때 바닥에 툭 놓아 동작을 매회 새로 시작하는 것이 원칙이다.

Q & A

Q 일반적인 바벨 로우처럼 내릴 때 천천히 버티면서 내려야 근육이 더 잘 크지 않나요? 왜 바닥에 툭 내려놓나요?

A 펜들레이 로우의 핵심 목적은 신장성 수축(버티는 힘)을 통한 근비대보다는, 정지 상태에서 순간적으로 큰 힘을 내는 폭발적 근력Power 향상에 있다. 일반 로우는 바벨을 공중에 띄운 채 수행하므로 근육의 긴장 시간을 길게 가져가는 데 유리하지만, 피로가 누적되면 상체 각도가 점점 세워지거나 반동을 쓰게 되는 단점이 있다.

Q 바닥에서 당길 때 상체가 자꾸 위로 들려요. 상체를 완전히 고정하고 팔만 움직여야 하나요?

A 엄밀히 말하면 상체는 지면과 평행한 상태를 유지하는 것이 이상적이지만, 아주 미세한 움직임까지 강박적으로 막을 필요는 없다. 펜들레이 로우는 전신 협응력을 사용하는 운동이기에 바벨을 당기는 찰나에 상체가 아주 살짝 들리는 것은 자연스러운 현상이다. 하지만 상체가 45도 이상 세워지거나 허리를 튕기며 반동을 준다면, 본인이 통제할 수 없는 과도한 중량을 설정했거나 코어의 긴장이 풀렸다는 신호이다.

프론트 풀다운

Front Pull Down

관련 근육	■ 광배근 ■ 승모근 ■ 대원근 ■ 능형근	연관 운동	■ 랫 풀다운(P.30) ■ 암 풀다운(P.34) ■ 하이 로우(P.40)

프론트 풀다운은 손이나 팔의 힘이 아닌 팔꿈치로 당겨 광배근을 수직으로 자극하는 머신 운동이다. 엉덩이를 뒤로 빼고 명치를 살짝 들어 올린 상태에서 팔꿈치를 몸통 쪽으로 내리찍듯 당기면 등 자극이 극대화된다.

WORKOUT TIP

프론트 풀다운은 팔꿈치와 등 근육으로 당긴다는 감각이 중요하다. 손은 바를 가볍게 얹듯 잡아야 광배근에 자극을 집중시킬 수 있다. 동작 시 엉덩이를 살짝 뒤로 빼 패드에 단단히 고정하고 명치를 들어 척추 중립을 유지하며 코어를 안정화한다. 바를 내릴 때는 견갑골을 하강시키며 팔꿈치를 몸통 옆으로 끌어내리고, 팔꿈치를 완전히 펴지 않도록 한다.

1

1. 머신에 앉아 무릎 패드로 하체를 고정한 다음 손바닥이 얼굴을 향하는 언더 그립으로 바를 잡는다.
2. 엉덩이를 살짝 빼고 가슴을 편 상태에서 척추의 중립을 유지한 다음 시선은 상단 도르래 높이 정도로 자연스럽게 향한다.

Personal Training

프론트 풀다운은 광배근을 중심으로 하부 승모근, 대원근, 능형근이 협력하는 수직 당기기 운동이다. 바를 당길 때는 견갑골이 하강하며 광배근이 수축되는데, 이때 중요한 점은 팔이 아니라 팔꿈치가 광배근 섬유 방향으로 움직이는 것이다. 마치 팔꿈치를 몸통 뒤로 내리찍는다는 느낌으로 당겨야 한다. 팔꿈치를 몸통에 가깝게 붙여 당기면 광배근 하부, 팔꿈치를 바깥으로 넓게 벌려 당기면 중부 승모근 쪽 자극이 커진다. 운동할 때 엉덩이를 뒤로 빼고 가슴을 들어 코어를 고정해야, 척추 과신전 없이 안정적으로 광배근에 집중할 수 있다.

프론트 풀다운을 할 때 허리를 과하게 꺾거나 반동을 사용하는 것은 절대 금물이다. 이러한 동작은 광배근의 고립을 방해하고 척추기립근에 과도한 부하를 주어 허리 부상을 유발할 수 있기 때문이다. 또한, 한 팔로 수행하는 원 암 풀다운 시에는 일부러 몸통을 비틀지 않아야 한다. 바를 당긴 후 광배근의 수축에 따라 몸이 자연스럽게 미세하게 회전하는 것은 괜찮으나, 인위적으로 몸통을 틀며 당기면 광배근의 자극이 분산되고 오히려 척추기립근의 개입이 커진다.

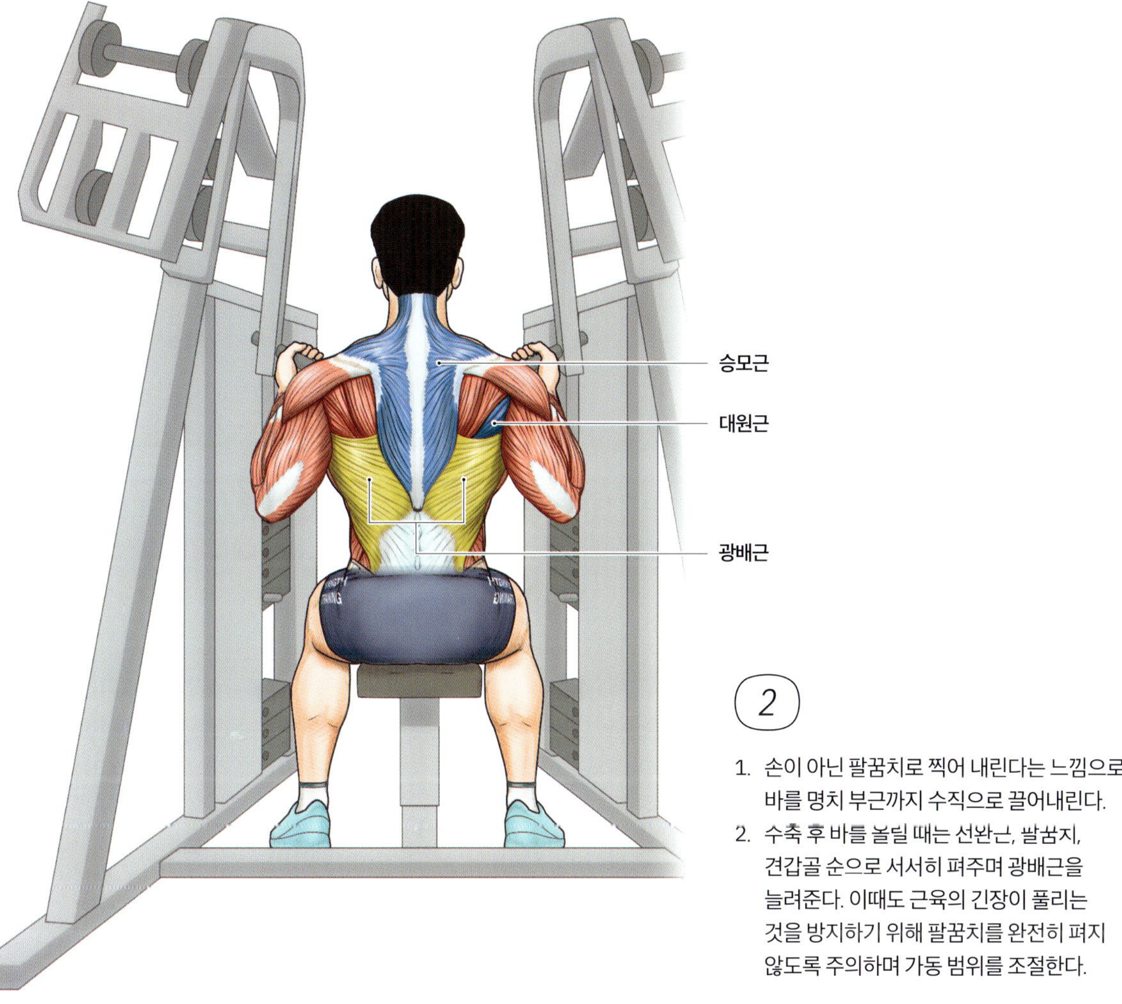

(2)

1. 손이 아닌 팔꿈치로 찍어 내린다는 느낌으로 바를 명치 부근까지 수직으로 끌어내린다.
2. 수축 후 바를 올릴 때는 선완근, 팔꿈지, 견갑골 순으로 서서히 펴주며 광배근을 늘려준다. 이때도 근육의 긴장이 풀리는 것을 방지하기 위해 팔꿈치를 완전히 펴지 않도록 주의하며 가동 범위를 조절한다.

Q & A

Q 등보다 팔(전완근)이 먼저 아프고 등에 자극이 오지 않는데, 이유가 무엇인가요?

A 손의 악력을 과도하게 사용하기 때문이다. 손에 힘을 빼고 팔꿈치로 당긴다는 감각을 익히는 것이 무엇보다 중요하다. 손잡이를 꽉 움켜쥐는 것이 아니라, 살짝 걸쳐 놓는다는 느낌으로 잡아야 한다. 그 상태에서 팔꿈치를 옆구리 뒤쪽으로 내리찍는 느낌으로 당겨야 등 근육(광배근)을 온전히 활용할 수 있다.

Q 원 암(한 팔)으로 할 때와 투 암(양팔)으로 할 때의 운동 효과가 다른가요?

A 두 방식 모두 광배근 발달에 효과적이지만, 세부적인 자극 지점과 가동 범위에서 차이가 있다. 투 암 방식은 고중량을 다루며 등 전체의 크기를 키우기에 유리하고, 원 암 방식은 팔의 가동 범위를 더 넓게 확보할 수 있어 광배근을 더 길게 늘려주는 신장성 수축을 유도하기에 좋다. 다만, 원 암으로 수행할 때는 광배근의 수축 결을 따라 몸통이 자연스럽게 회전할 수 있는데, 이때 인위적으로 몸을 과하게 비틀며 당기지 않도록 주의해야 한다.

CHAPTER 03

가슴 운동

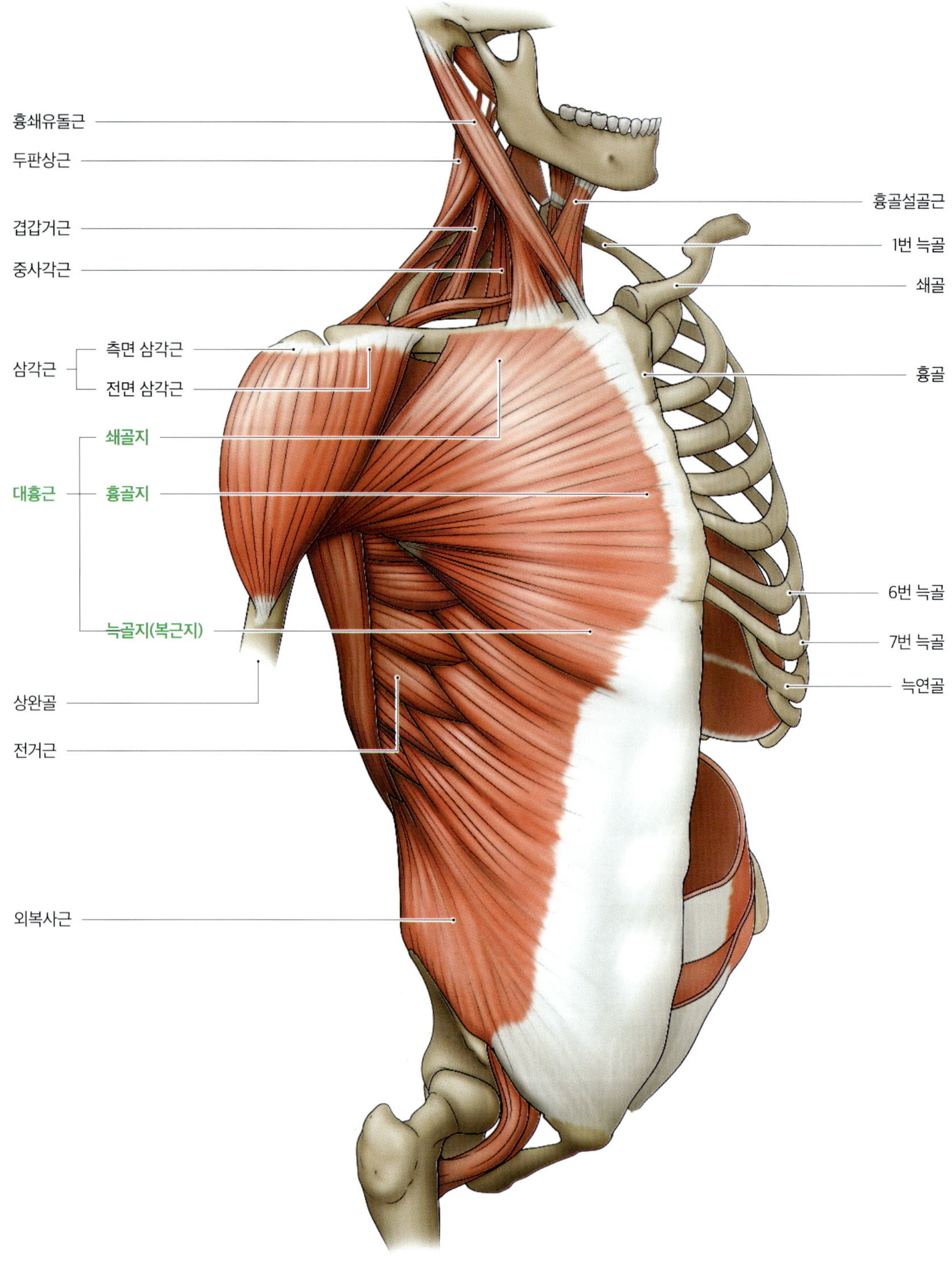

흉쇄유돌근
두판상근
겹갑거근
중사각근
삼각근
측면 삼각근
전면 삼각근
쇄골지
대흉근
흉골지
늑골지(복근지)
상완골
전거근
외복사근
흉골설골근
1번 늑골
쇄골
흉골
6번 늑골
7번 늑골
늑연골

상체 전내측

가슴의 해부학 구조와 운동 원리

대흉근의 구조와 기능 이해

대흉근은 상체에서 가장 큰 근육 중 하나로 가슴의 두께와 윤곽을 결정하며 상체 실루엣의 중심을 만든다. 또한 밀기 동작의 핵심 근육으로써 전면 삼각근 및 상완삼두근과의 협응을 통해 전반적인 상체 근력과 안정성을 끌어올리는 역할을 한다.

대흉근은 근육 결의 방향에 따라 크게 쇄골지(윗가슴), 흉골지(중간가슴), 늑골지(아랫가슴) 세 부위로 구성된다.

1. 쇄골지(윗가슴): 쇄골 내측 1/2 지점에 부착되어 있으며, 쇄골 바깥쪽에는 전면 삼각근이 나란히 부착되어 있다. 이는 대흉근 상부와 전면 삼각근이 기능적으로 긴밀히 연결되어 있음을 의미한다. 가령 인클라인 벤치 프레스 같은 상부 가슴 운동 시 전면 삼각근이 함께 동원되고, 숄더 프레스 같은 어깨 운동 시에도 상부 가슴이 보조근으로 참여하게 된다.
2. 흉골지(중간가슴): 흉골 중앙 부위에 부착되며 대흉근 중 가장 넓고 큰 부위이다. 일반적으로 플랫 벤치 프레스를 통해 집중적으로 단련한다.
3. 늑골지(아랫가슴): 복근지라고도 불리며 늑골(갈비뼈) 및 복직근 초에 부착되어 있다. 딥스를 통해 단련하며 가슴 하단의 라인을 형성한다.

이처럼 대흉근은 세 방향에서 시작하여 부채꼴 모양으로 모여 상완골(위팔뼈)의 대결절 능선에 공통으로 부착된다. 즉, 기시점은 다르지만 정지점은 동일하다.

대흉근의 정지부는 상완이두근 장두 건의 외측에 위치하며, 전면 삼각근이 그 위를 덮고 있는 구조다. 따라서 대흉근이 수축(단축성 수축)하면 필을 몸 안쪽으로 모으는 내전과 필(상완곰)을 안으로 돌리는 내회전 기능이 수행된다. 팔을 활짝 벌렸다가 모으는 포옹 동작이 대흉근의 전형적인 기능적 움직임이라 할 수 있다.

대흉근 운동의 기본 원리

운동 수행 시 대흉근은 팔을 안으로 모으는 내전과 안쪽으로 돌리는 내회전 기능을 수행한다. 따라서 동작 시 바벨을 잡고 팔꿈치를 수직으로 움직이면, 상완골(위팔뼈)이 자연스럽게 내전 및 내회전되면서 대흉근 운동이 자동으로 이루어진다. 팔에 별도의 힘을 주어 의식적으로 돌리지 않아도, 중량을 수직으로 내리고 올리는 과정에서 대흉근은 스스로 수축과 이완을 반복하는 것이다.

이때 중요한 것은 바벨을 잡은 팔과 어깨, 뒷목에 과도한 힘을 주지 않고 긴장을 풀어 관절을 편안하게 유지하는 것이다. 가슴(흉곽)을 들고 허리의 자연스러운 아치를 유지하는 아나토미 자세를 만든 상태에서 대흉근 중심의 움직임이 이루어져야 한다. 또한 팔, 어깨, 뒷목, 그리고 승모근의 개입은 최소화하여 몸을 이완시킨다. 운동 자세가 무너지지 않을 정도의 최소한의 긴장감만 유지하며 대흉근에 부하를 집중시키는 것이 핵심이다.

대흉근 운동 시 협응근 관리

모든 운동은 주동근, 협응근, 길항근의 복합적인 작용으로 이루어진다. 대흉근 운동 시 주동근은 대흉근이며, 전면 삼각근(어깨)과 상완삼두근이 협응근으로서 보조 역할을 수행한다. 반면, 대흉근의 길항근은 뒤편에 위치한 승모근과 능형근 등 등 근육이다.

운동 시 어깨 통증을 느끼는 경우는 협응근인 어깨나 길항근인 등 근육에 과도한 힘을 주어 버티기 때문이다. 따라서 가슴(흉곽)을 바르게 편 상태에서 협응근과 길항근은 불필요한 긴장을 배제하고 편안한 상태를 유지해야 한다. 운동 시 가장 먼저 힘이 들어가는 부위가 자극을 주도하므로, 수행 전 길항근과 협응근의 긴장을 부드럽게 이완시켜 주동근이 자연스럽게 부하를 전달받을 수 있는 환경을 조성해야 한다.

대흉근의 단축과 스트레칭 방법

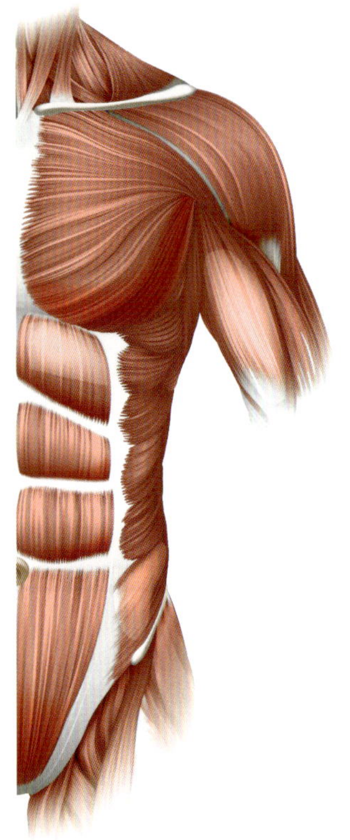

대흉근은 팔을 안으로 모으는 내전 동작 시 강하게 자극받는다. 그러나 현대인은 스마트폰이나 컴퓨터 사용으로 인해 팔을 앞쪽으로만 사용하는 생활 패턴을 보이며, 이로 인해 대흉근이 과하게 짧아지는 긴장성 단축이 발생하기 쉽다. 대흉근이 단축되면 견갑골이 전방으로 끌려가며 등 근육이 이완성 약화 상태에 놓이게 되고, 결과적으로 라운드 숄더(둥근 어깨)가 유발된다.

이러한 체형 불균형은 벤치 프레스 운동 시 어깨 통증의 주요 원인이 된다. 따라서 대흉근의 유연성을 확보하기 위한 스트레칭은 필수적이다. 라운드 숄더가 심하다면 등 쪽은 강화 훈련을, 앞쪽 대흉근은 운동 전 충분한 스트레칭을 병행해야 한다. 대흉근은 부채꼴 모양이므로 세 방향으로 나누어 실시한다.

- 쇄골지(윗가슴): 문틀의 아래쪽을 잡고 몸을 앞으로 밀어낸다.
- 흉골지(중간가슴): 팔을 어깨와 수평이 되게 문틀에 기대어 스트레칭한다.
- 늑골지(아랫가슴): 팔을 높게 들어 문틀 위쪽을 잡고 가슴을 앞으로 내민다.

무게 증가에 따른 자세 유지 방법

중량이 무거워질수록 자세를 유지하기 위한 지지성 긴장이 필요하다. 가슴을 들고 허리의 자연스러운 곡선을 유지하는 자세를 기반으로, 중량의 충격을 부드럽게 수용할 수 있을 정도의 힘만 배분해야 한다.

가장 중요한 점은 근육의 구조와 기능을 이해하고 자연스러운 움직임을 반복하는 것이다. 불필요한 협응근의 개입이나 길항근의 과도한 긴장은 주동근의 자극을 반감시킨다. 대흉근은 견갑골이 안정된 상태에서 팔을 수직 궤적으로 움직이는 기본에 충실할 때, 가장 효과적으로 발달한다.

플랫 벤치 프레스

Flat Bench Press

관련 근육	■ 대흉근 ■ 상완삼두근 ■ 전면 삼각근 ■ 전거근	연관 운동	■ 덤벨 풀오버(P.70) ■ 푸시업(P.68) ■ 체스트 프레스(P.66)	

플랫 벤치 프레스는 가슴 근육인 대흉근을 효과적으로 단련하는 수직 밀기 운동이다. 손목의 안정성과 팔꿈치의 각도를 적절한 조절이 중요하며, 바벨의 무게를 너무 버티려 하기보다 중량을 흡수하듯 받아내는 동작이 핵심이다. 협응근과 길항근의 개입을 줄이는 자세와 리듬을 통해 대흉근 자극을 극대화할 수 있으며, 이러한 해부학적 특성을 이해하고 적용할 때 운동 효율성과 부상 예방을 동시에 꾀할 수 있다.

WORKOUT TIP

바벨을 밀어낼 때는 대흉근의 힘을 사용해 수직으로 밀어 올린다는 감각을 유지하며, 손목의 불필요한 회전을 피하고 가장 안정적인 위치를 확보하는 것이 좋다. 운동 중 턱은 가슴 쪽으로 살짝 당기고, 목에 과도한 긴장이 가해지지 않도록 주의한다. 뒷목에 너무 힘이 들어가 긴장하면 승모근과 어깨가 위로 올라가는 거상 현상이 발생하며 동작 시 어깨나 팔꿈치가 불편해진다.

1

1. 벤치에 누워 두 발을 바닥에 안정적으로 고정한다.
2. 견갑골은 살짝 후인·하강시켜 고정하고, 명치를 들어 가슴을 살짝 올리는 자세를 취한다.
3. 바벨을 어깨너비보다 약간 넓게 잡고 들어야 하며, 팔꿈치는 편 상태가 되어야 한다.

Personal Training

플랫 벤치 프레스를 올바르게 수행하면 인클라인 벤치 프레스, 덤벨 플라이, 딥스 등 다른 가슴 운동도 제대로 수행할 수 있는 기반이 마련된다. 주동근은 대흉근이며, 전면 삼각근과 상완삼두근이 협응근으로 작용하고 승모근과 능형근 등 등 근육이 길항근 역할을 한다. 이 운동의 핵심은 협응근과 길항근의 불필요한 개입을 최소화하여 대흉근에 자극을 집중시키는 데 있다. 또한 손의 구조상 요골(엄지 쪽 뼈)보다 척골(새끼손가락 쪽 뼈) 방향이 하중 지지에 더 안정적이지만, 개인의 신체 특성에 맞는 최적의 그립 너비를 찾는 것이 우선이다.

벤치 프레스나 숄더 프레스를 수행할 때 상완삼두근 안쪽 힘줄 부위의 불편함이나 통증을 호소하는 경우가 종종 있다. 특히 외반주 체형을 가진 사람이라면 이러한 증상을 겪을 가능성이 크다.

외반주란 팔을 폈을 때 아래팔(요골과 척골)이 위팔(상완골)과 일직선을 이루지 못하고 몸 바깥쪽으로 과하게 휘어 있는 상태를 말한다. 이 경우 일반적인 정석 자세인 수직 궤적으로 바벨을 내리면, 삼두근 내측의 건(힘줄)이 팔꿈치 뼈 구조물과 마찰하거나 과도하게 신장되어 통증이 발생할 수 있다. 이를 예방하기 위해서는 팔꿈치를 내릴 때 수직 궤적에만 강박을 갖지 말고, 팔꿈치를 바벨보다 살짝 머리 방향으로 보내주는 느낌으로 내리는 것이 좋다. 이렇게 팔을 약간 더 내회전시킨 상태를 만들면 외반주 체형에서도 관절 각도가 해부학적으로 편안해지며 통증이 완화된다.

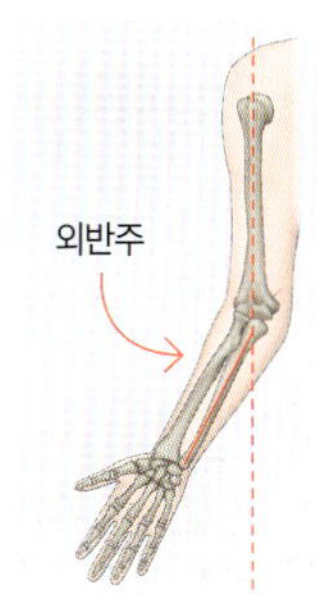

②

1. 바벨을 내릴 때는 수직 궤도를 유지하며 명치 부근까지 천천히 내린다. 이때 팔꿈치는 몸통 옆으로 수직을 이루며, 바벨의 무게를 흡수하듯이 부드럽게 받아낸다.
2. 밀어 올릴 때는 어깨와 팔의 힘은 최소화 하고 대흉근에 힘을 쓰면서 바벨을 다시 수직으로 밀어 올린다. 이때 팔꿈치를 완전히 펴서 관절을 잠그지 말고 거의 다 펴지기 직전까지만 밀어준다.

Q 벤치 프레스는 반드시 썸리스 그립으로 해야 하나요?

A 그립 선택에 정답은 없으나, 안전과 개인의 해부학적 특성을 최우선으로 고려해야 한다. 보통 엄지손가락으로 바벨을 감싸지 않는 썸리스 그립Thumbless Grip을 선호하기도 하지만, 외반주 유무나 손목의 유연성에 따라 엄지로 바벨을 감싸는 오버 그립이 더 적합할 수 있다. 일반적으로 아래팔은 요골과 척골이라는 두 개의 뼈로 구성되는데, 무게를 지탱할 때는 새끼손가락 쪽인 척골 방향으로 지지하는 것이 역학적으로 더 안정적이다. 썸리스 그립이 이 척골 지지에 유리하다고 느끼는 사람이 있는 반면, 바벨이 손에서 이탈할 것 같은 불안함을 느끼는 사람도 있다. 특히 외반주 체형은 썸리스 그립 사용 시 관절 각도가 부자연스러워져 불편함을 느낄 수 있으므로, 자신에게 가장 편안하면서도 바벨을 놓칠 위험이 없는 안정적인 그립을 선택하는 것이 중요하다.

Chest Press

관련 근육	■ 대흉근 흉골지(중간가슴) ■ 전면 삼각근 ■ 상완삼두근 ■ 전거근	연관 운동	■ 플랫 벤치 프레스(P.64) ■ 덤벨 풀오버(P.70)

체스트 프레스는 대흉근을 주동근으로 하여 상완삼두근과 전면 삼각근의 협응을 통해 중량을 전방으로 밀어내는 대표적인 가슴 운동이다. 프리 웨이트보다 궤적이 안정적이라 초보자도 안전하게 가슴 근육의 고립과 비대를 꾀할 수 있는 것이 특징이다.

WORKOUT TIP

체스트 프레스는 단순히 팔을 밀어내는 동작처럼 보일 수 있지만, 정확한 자세 유지와 근육 자극의 인지가 매우 중요하다. 손잡이를 잡았을 때 팔꿈치가 가슴 중심에서 과도하게 벌어지지 않도록 유의해야 하며, 밀어내는 동안 어깨가 으쓱 올라가지 않게 견갑골을 하강시켜 고정해야 한다. 이때 가슴(흉곽)을 바르게 펴서 열어주고, 허리의 자연스러운 아치를 유지하며 등 상부를 벤치에 단단히 밀착시켜야 어깨관절의 무리를 줄일 수 있다. 따라서 운동 중에는 과도한 무게보다는 정확한 자극 전달에 집중해야 한다.

(1)

1. 기구에 앉은 상태에서 양손으로 손잡이를 가볍게 잡고, 가슴을 수축시키며 팔을 수평 방향으로 밀어낸다.
2. 명치를 들고 허리를 펴서 견갑골을 등받이에 고정한 채 가슴을 내민다. 이때 손잡이가 가슴 중앙 혹은 약간 아래 높이에 위치하도록 의자 높이를 조절한다.

Personal Training

체스트 프레스는 주로 대흉근을 타깃으로 하는 프레스 운동이다. 대흉근은 세 부분으로 구성되어 있다.

• 쇄골지(윗가슴)는 쇄골에서 시작하여 상완골에 닿으며 주로 상부 가슴을 담당한다.
• 흉골지(중간가슴)는 흉골과 늑연골에서 시작하여 상완골에 닿으며 중간가슴 부위를 담당한다.
• 늑골지(아랫가슴)는 늑골에서 시작하며 상완골에 닿으며 하부 가슴의 움직임에 관여한다.

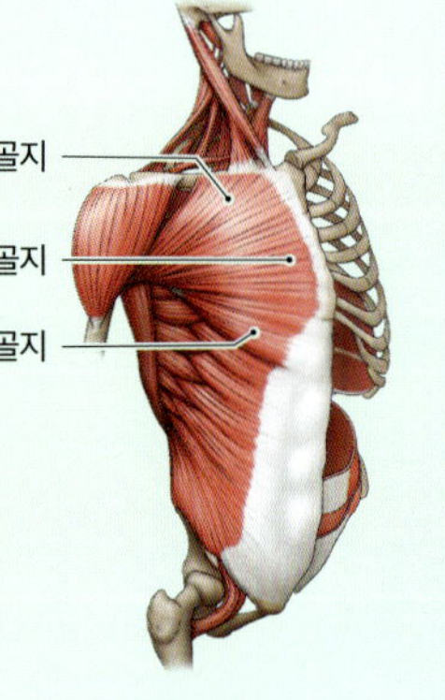

체스트 프레스는 이 중에서도 흉골지에 더욱 강한 자극을 주는 경향이 있다. 이는 손잡이를 몸통 수평선상에서 밀어내는 동작의 방향성과 관련이 있다. 상체 각도를 수직에 가깝게 유지한 상태에서 수평으로 밀어내기 때문에, 상대적으로 중간가슴이 더 강하게 작용하는 것이다. 또한 상완골을 내회전시키는 동작은 대흉근 전체를 활성화시키며, 상완삼두근과 전면 삼각근이 협응근으로 함께 작용한다.

어깨 부상이 있는 사람은 전통적인 바벨 벤치 프레스를 수행할 때 통증을 호소하거나 어깨가 불안정하게 느껴질 수 있다. 이는 견갑골의 움직임이 불안정하거나 고정되지 않은 상태에서 힘으로만 중량을 들려고 하기 때문이다. 이러한 경우에는 체스트 프레스나 덤벨 프레스로 대체하는 것이 더 안전하다. 머신을 사용할 때도 팔꿈치 각도를 과도하게 벌리거나, 어깨를 으쓱이며 동작을 수행하면 삼각근에 과부하가 걸려 부상 위험이 높아진다. 팔꿈치의 각도는 손잡이를 잡고 굽힐 때 직각이나 직각보다 살짝 좁게 잡는 것이 이상적이다.

특히 초보자의 경우 머신을 사용할 때 손목의 각도도 무너지지 않도록 신경 써야 한다. 손목이 꺾인 상태에서 중량을 들면 손목 부상을 입을 위험이 있기 때문이다.

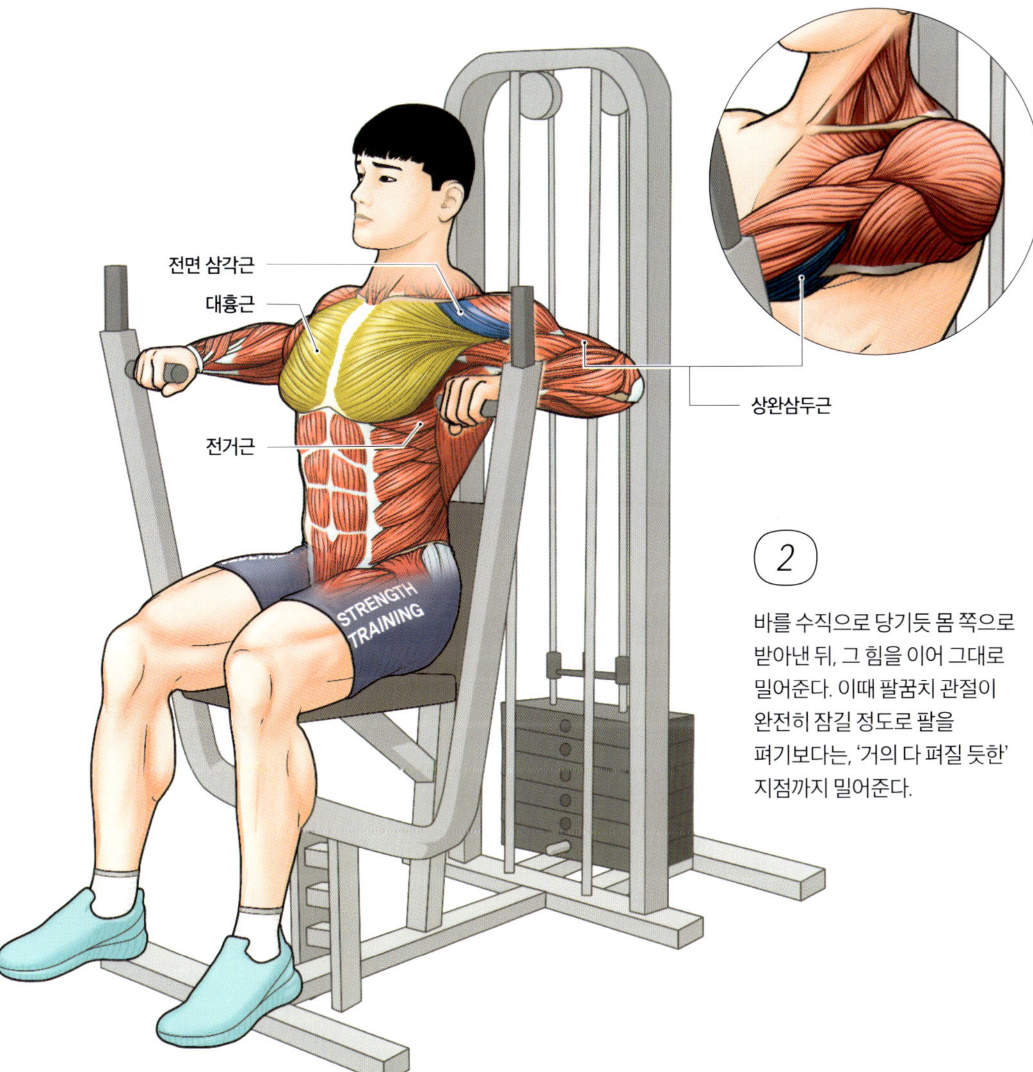

②

바를 수직으로 당기듯 몸 쪽으로 받아낸 뒤, 그 힘을 이어 그대로 밀어준다. 이때 팔꿈치 관절이 완전히 잠길 정도로 팔을 펴기보다는, '거의 다 펴질 듯한' 지점까지 밀어준다.

Q & A

Q 체스트 프레스는 벤치 프레스를 대체할 수 있나요?

A 대체 가능하다. 특히 상체 푸시 동작에서 대흉근 중심의 자극을 원할 경우 훌륭한 대안이 된다. 상황에 따라 벤치 프레스, 덤벨 프레스, 체스트 프레스를 다양하게 혼용하여 사용하는 것이 근성장에 도움이 된다.

Q 체스트 프레스는 상부 가슴보다 하부에 자극이 더 오는데 정상인가요?

A 체스트 프레스의 동작 특성상 팔이 수평선상에서 아래 방향으로 밀기 때문에 대흉근 늑골지에 더 큰 자극이 전달된다. 상부 대흉근 즉, 쇄골지의 자극을 원할 경우에는 인클라인 체스트 프레스를 추천한다.

푸시업

Push-up

관련 근육	■ 대흉근 ■ 상완삼두근 ■ 전면 삼각근 ■ 전거근	연관 운동	■ 플랫 벤치 프레스(P.64) ■ 체스트 프레스(P.66)

푸시업은 자신의 체중을 저항으로 활용하여 대흉근, 전면 삼각근, 상완삼두근을 중심으로 상체를 강화하는 가장 기초적이고 필수적인 맨몸 운동이다. 단순히 팔을 미는 것에 그치지 않고 코어 근육과 하체까지 단단히 긴장시켜 몸을 일직선으로 유지해야 하므로, 전신 안정성과 근지구력을 동시에 향상시킬 수 있는 훌륭한 복합 투 조인트 운동이다.

WORKOUT TIP 푸시업을 할 때 바닥까지 너무 깊게 내려가면 어깨에 부담이 될 수 있다. 특히 초보자는 가슴 자극을 느끼기도 전에 어깨 통증을 느끼는 경우가 많다. 손바닥으로 바닥을 밀어내는 느낌으로 가슴과 팔의 힘에 집중하고, 어깨가 말리지 않도록 견갑을 안정적으로 유지해야 한다.

1. 양손은 어깨보다 약간 넓게 벌려 바닥을 짚는다. 손목은 어깨 바로 아래에 위치해야 하며, 팔은 곧게 편다.
2. 발끝을 바닥에 고정한 채 몸 전체가 일직선을 이루도록 한다.

Personal Training

푸시업은 별도의 장비 없이도 손쉽게 시도할 수 있는 대표적인 전신 운동이다. 단순해 보이지만, 정확한 자세와 움직임을 익히면 웨이트 트레이닝 못지않은 자극을 줄 수 있다. 팔의 힘으로 동작한다는 느낌보다 '가슴을 바닥으로 내렸다가 밀어낸다'는 느낌으로 수행해야 한다.

 팔꿈치를 과도하게 벌리면 어깨 부담이 커지고, 견관절 부상 위험이 높아진다. 동작을 하는 도중 어깨가 찌릿하거나 불편함이 느껴진다면 자세를 점검하거나 각도를 수정해야 한다. 또한 팔꿈치를 굽혔다가 펼 때 팔과 어깨에 너무 힘을 주지 않도록 주의해야 한다.

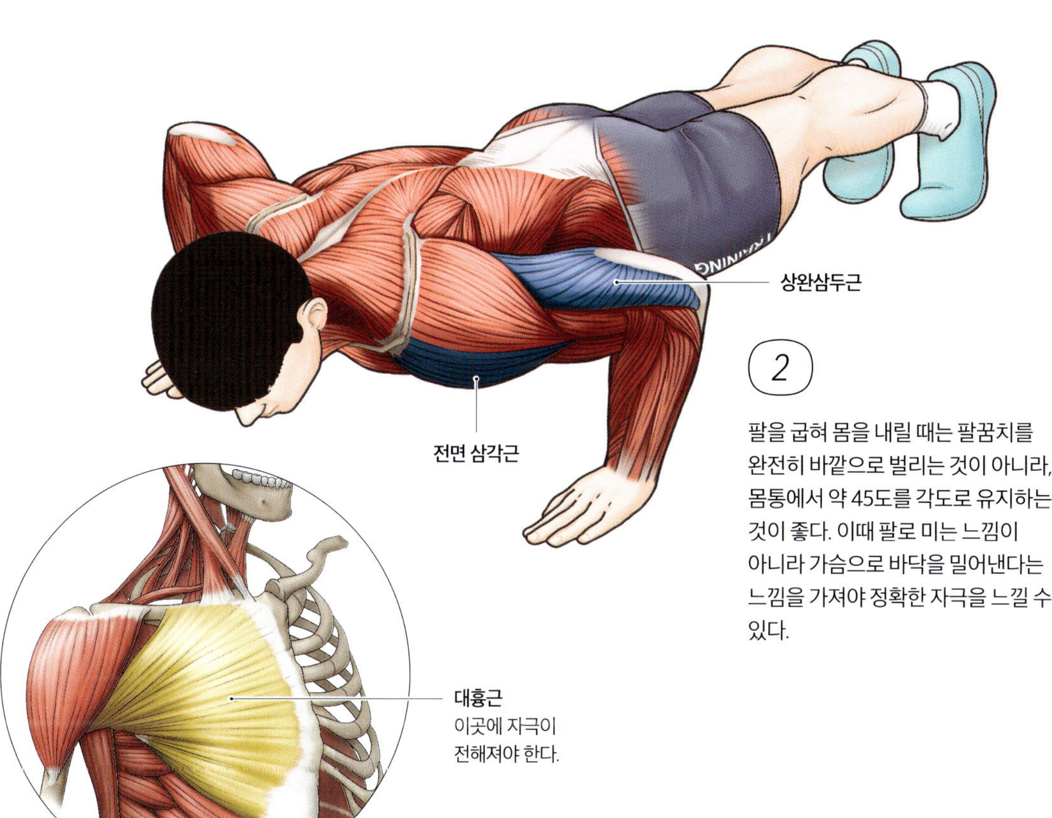

② 팔을 굽혀 몸을 내릴 때는 팔꿈치를 완전히 바깥으로 벌리는 것이 아니라, 몸통에서 약 45도를 각도로 유지하는 것이 좋다. 이때 팔로 미는 느낌이 아니라 가슴으로 바닥을 밀어낸다는 느낌을 가져야 정확한 자극을 느낄 수 있다.

Q & A

Q 푸시업을 할 때 팔에만 힘이 들어가는데 정상인가요?

A 팔에만 힘이 들어간다면 상완삼두근 위주로 운동하고 있을 가능성이 높다. 손을 어깨너비보다 약간 넓게 벌리고, 내려갈 때 팔꿈치가 뒤로 과하게 빠지지 않도록 주의하며 가슴 근육이 좌우로 길게 늘어나는 느낌에 집중해야 한다. 또한, 손바닥 전체로 지면을 강하게 밀어내며 가슴 안쪽까지 꽉 쥐어짜는 느낌으로 마무리하면 대흉근의 참여도를 훨씬 높일 수 있다.

Q 무릎을 굽히고 하는 무릎 푸시업은 효과가 없나요?

A 그렇지 않다. 일반적인 푸시업보다 부하량은 적지만, 상체 정렬과 코어 사용법을 익히기에 매우 좋다. 초보자는 무릎 푸시업을 통해 근력을 먼저 기른 뒤 일반 푸시업으로 넘어가는 것이 부상 예방과 정확한 자세 습득에 훨씬 도움이 된다.

덤벨 풀오버

Dumbbell Pullover

관련 근육	■대흉근 늑골지(아랫가슴) ■상완삼두근	연관 운동	■딥스(P.76)	
	■대원근 ■광배근			

덤벨 풀오버는 대흉근과 광배근을 동시에 활성화할 수 있는 복합 관절 운동으로, 상체 전체의 입체감을 기르는 데 효과적이다. 팔꿈치 각도와 덤벨의 이동 경로를 어떻게 조절하느냐에 따라 자극을 대흉근에 집중시킬 수도 있고, 광배근 쪽으로 무게중심을 옮길 수도 있어 목적에 따라 다양하게 활용할 수 있다. 루틴 구성에 따라 상체 운동의 워밍업 용도로, 혹은 마무리 운동으로도 효과적이다.

WORKOUT TIP

이 운동에서 가장 중요한 포인트는 상부 승모근, 목, 어깨관절, 그리고 등 전체에 힘을 주지 않고 이완된 상태를 유지하는 것이다. 긴장이 들어가면 견갑골의 움직임이 제한되고 어깨 통증이 발생할 수 있다. 호흡은 팔을 내릴 때 들이마시고, 들어 올릴 때 내쉬는 방식으로 실시하며, 항상 호흡의 흐름과 함께 리듬감 있게 운동을 이어간다.

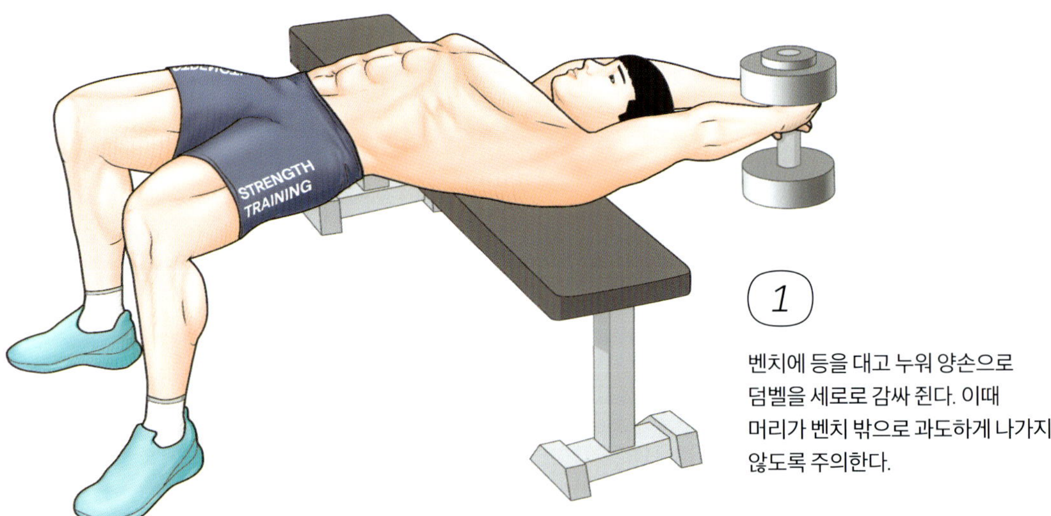

1

벤치에 등을 대고 누워 양손으로 덤벨을 세로로 감싸 쥔다. 이때 머리가 벤치 밖으로 과도하게 나가지 않도록 주의한다.

Personal Training

덤벨 풀오버는 팔을 뒤로 내릴 때 광배근과 대흉근 하부가 길게 신장되고, 들어 올릴 때는 대흉근이 수축하며 흉곽의 확장을 유도한다. 또한 팔이 신전되고 견갑골이 모이는 과정에서 전거근을 비롯한 견갑골 주변 근육들이 함께 작용하여 어깨관절의 안정화에 크게 기여한다. 올바른 자세로 수행할 경우 상완삼두근 또한 보조 근육으로 활용되며, 상체 전체의 유기적인 협응을 통해 근육과 관절의 기능을 향상시킨다. 특히 전거근의 활성화는 어깨관절의 움직임을 원활하게 만들어 주며, 프레스나 플라이 등의 운동 전 준비 운동으로도 효과적이다.

덤벨 풀오버는 자칫 잘못하면 어깨관절에 부담이 갈 수 있는 운동이므로, 초보자나 어깨 부상 경험이 있는 사람은 반드시 맨몸 또는 가벼운 무게로 먼저 근육의 움직임을 활성화한 뒤 중량을 높여야 한다. 특히 머리가 벤치 뒤로 과도하게 나가지 않도록 주의해야 하며, 팔을 머리 뒤로 과도하게 내리는 동작은 어깨의 전방 탈구를 유발할 수 있으므로 이 역시 주의해야 한다. 또한, 상체 특히 목과 어깨에 힘을 주고 경직된 상태에서 운동을 반복할 경우 근육의 자극은 줄어들고 부상의 위험만 높아진다. 항상 견갑골과 어깨가 자연스럽게 움직일 수 있도록 힘을 빼고 부드러운 움직임을 유지해야 한다.

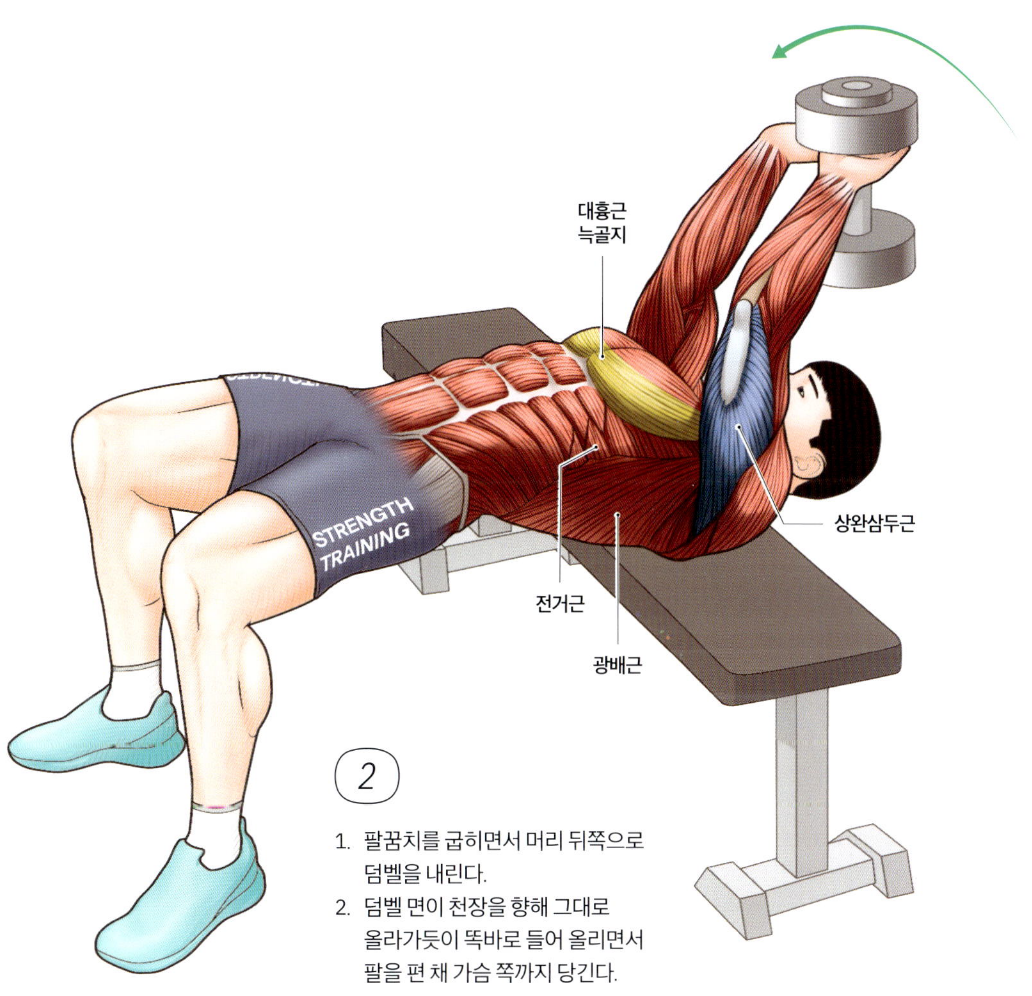

1. 팔꿈치를 굽히면서 머리 뒤쪽으로 덤벨을 내린다.
2. 덤벨 면이 천장을 향해 그대로 올라가듯이 똑바로 들어 올리면서 팔을 편 채 가슴 쪽까지 당긴다.

Q&A

Q 덤벨 풀오버는 광배근 운동인가요?

A 덤벨 풀오버는 광배근뿐만 아니라 대흉근에도 충분한 자극을 줄 수 있는 운동이다. 팔꿈치를 펴서 수직으로 뻗은 상태에서 수행하면 광배근 자극이 강해지고, 위의 방법처럼 팔꿈치를 약간 굽힌 채 수행하면 대흉근 하부까지 자극을 줄 수 있다.

Q 덤벨의 무게가 무거울수록 좋을까요?

A 이 운동은 가동 범위와 스트레칭 자극이 중요한 운동으로, 무리하게 무게를 늘리면 어깨 부상 위험만 높아진다. 가벼운 무게로 정확한 자세를 반복하는 것이 훨씬 더 효과적이다. 어떤 운동이든 가벼운 무게로 자세를 충분히 익힌 뒤, 차츰차츰 중량을 늘려가는 것이 바람직하다.

인클라인 바벨 프레스   Incline Barbell Press

관련 근육	■ 대흉근 쇄골지(윗가슴)
	■ 대흉근 흉골지·늑골지(중간가슴·아랫가슴)
	■ 전면 삼각근 ■ 전거근 ■ 상완삼두근

연관 운동	■ 인클라인 덤벨 프레스(P.74)

인클라인 바벨 벤치 프레스는 대흉근 중 쇄골지(윗가슴)를 중점적으로 자극하는 운동이다. 벤치의 각도를 높인 상태에서 수행하는 수직 밀기 동작으로, 주동근은 대흉근 쇄골지이며 보조근은 전면 삼각근과 상완삼두근이다. 운동의 핵심은 등장성 수축 원리에 따른 동작의 연속성, 부드러운 가슴 자극, 그리고 견갑골의 안정적인 움직임 속에서 확보되는 상체의 안정성이다.

WORKOUT TIP

운동은 '무게를 들어 올리는 것'보다 '내 몸이 무게를 받아들이는 과정' 자체가 더욱 중요하다. 무게를 억지로 밀어내기보다 가슴으로 부드럽게 받아주고 밀어내는 흐름을 만드는 데 집중해야 한다. 바벨을 내릴 때나 올릴 때 동작이 끊기지 않아야 하며, 특히 내리는 구간에서는 반동 없이 근육의 신장력을 활용해 조절한다. 바를 꽉 쥐기보다 달걀을 쥐듯이 가볍게 감싸는 느낌으로 잡는다. 손을 강하게 쥐면 전완근과 상완삼두근에 과도한 긴장이 들어가 가슴 자극을 방해한다.

1

1. 바벨을 어깨너비보다 약간 넓게 잡고, 손목은 중립 위치를 유지한다.
2. 명치를 살짝 들어 올리며 견갑골을 가볍게 고정한 상태로 가슴을 활짝 연다. 이때 허리를 과도하게 젖히지 않도록 주의하며, 팔과 어깨, 목의 불필요한 힘을 뺀다.

Personal Training

인클라인 바벨 프레스는 등장성 수축 원리에 기반한 대표적인 상체 프레스 운동이다. 등장성 수축이란 근육이 늘어나는 신장성 수축 구간과 짧아지는 단축성 수축 구간이 연속적으로 이어지는 형태를 말한다. 이때 가장 중요한 포인트는 신장성 수축 구간에서 흐름이 끊기지 않아야 한다는 점이다. 근육이 늘어날 때 긴장을 유지하고, 그 긴장감을 단축성 수축으로 자연스럽게 전환하는 방식이 가장 효과적이다.

어깨관절의 안정성을 유지하기 위해 견갑골을 적절히 위치시키되, 과도하게 후인하거나 하강시키는 '숄더 패킹'은 피하는 것이 좋다. 숄더 패킹은 파워리프팅 같은 최대 중량 중심의 운동에서는 유용할 수 있으나, 보디빌딩이나 근육 자극 중심의 운동에서는 오히려 견갑골의 자연스러운 움직임을 방해할 수 있기 때문이다.

많은 사람이 벤치 프레스를 수행할 때 가슴이 아닌 어깨나 팔, 승모근에 힘이 들어가는 이유는 동작 중간에 '끊김' 현상이 발생하기 때문이다. 바벨을 내린 지점에서 멈췄다가 다시 밀려고 하면, 가슴 근육의 긴장이 풀리면서 협응근이 그 역할을 대체하게 된다. 이는 결국 어깨 부상으로 이어질 수 있다.

특히 목에 힘을 주거나 가슴을 과도하게 젖히는 자세, 팔을 너무 넓게 벌리는 그립 등은 모두 어깨관절에 큰 부담을 준다. 따라서 동작 내내 불필요한 힘을 빼는 연습이 필요하다. 또한 벤치에 누울 때 발을 무릎보다 너무 뒤쪽으로 위치하면 척추기립근의 과도한 긴장을 유발할 수 있으므로 주의해야 한다.

1. 바벨을 내릴 때는 흉골 상부, 즉 쇄골 아래 위치로 부드럽게 내리며, 하강 구간은 천천히 끊김 없이 진행한다. 이때 바벨이 쇄골에 닿을 때까지 너무 깊이 내리지 않도록 주의한다.
2. 하강 후에는 곧바로 가슴 근육의 탄성을 이용해 바벨을 밀어 올린다. 바벨은 팔꿈치를 자연스럽게 펴면서 위로 밀어 올리되, 가슴의 긴장을 유지한 채 팔꿈치가 완전히 펴지기 직전까지만 밀어준다.

Q 숄더 패킹을 꼭 해야 가슴 운동이 안전한가요?

A 견갑골을 과도하게 모으는 숄더 패킹은 파워리프팅처럼 고중량을 다루는 운동에서는 도움이 될 수 있으나 근육 자극이 목표인 보디빌딩 관점에서는 오히려 견갑골의 자연스러운 움직임을 제한하게 된다. 가슴 근육의 자연스러운 수축과 이완을 유도하기 위해서는 견갑골에 과도한 긴장을 주지 않아야 하며 자연스러운 흐름 속에서 자극이 집중되도록 유도해야 한다.

Q 무게를 많이 들수록 가슴 근육이 더 커지나요?

A 중량이 중요한 것은 사실이지만, 근육에 전달되는 자극이 반드시 선행되어야 한다. 무거운 중량은 근력Power을 키우는 데는 유리할 수 있으나, 제대로 된 자극 없이 중량만 늘리면 어깨나 팔, 허리 등 다른 부위에 부담이 쏠려 가슴 근육이 원하는 만큼 발달하지 않는다. '자극이 우선, 중량은 그다음'이라는 원칙을 기억하는 것이 바람직하다.

인클라인 덤벨 프레스  Incline Dumbbell Press

관련 근육	■ 대흉근 쇄골지(윗가슴) ■ 전면 삼각근	연관 운동	■ 인클라인 바벨 프레스(P.72)
	■ 대흉근 흉골지·늑골지(중간가슴·아랫가슴)		■ 플랫 벤치 프레스(P.64)
	■ 상완삼두근 ■ 전거근		

인클라인 덤벨 프레스는 대흉근 쇄골지(윗가슴)를 집중적으로 자극하는 대표적인 프레스 운동이다. 벤치 각도와 팔의 궤적, 가슴의 정렬 상태가 자극 효율에 큰 영향을 미치며, 덤벨 특유의 독립적인 움직임 덕분에 좌우 근력 불균형을 보완하는 데도 효과적이다. 가슴 상부의 선명도를 높이고 싶다면, '선피로 훈련 원칙'에 따라 가슴 운동 루틴 중 가장 먼저 실시하는 것이 바람직하다.

WORKOUT TIP

덤벨은 움직임이 자유로운 만큼 좌우 균형을 잡는 것이 무엇보다 중요하다. 가슴 상부에 자극을 집중시키려면 가슴 근육으로 무게를 받아내고 밀어 올리는 자세를 유지해야 하며, 단순히 팔로 밀기보다 가슴 근육의 수축으로 밀어낸다는 의식적인 집중이 자극 효율을 높이는 데 효과적이다.

덤벨이 이동하는 궤적은 지면과 수직에 가깝게 유지해야 한다. 이때 상완(위팔)이 바닥과 수직을 이루거나 가슴 쪽으로 약간 기울어진 궤적을 따라 움직여야 어깨관절의 부담을 덜고 부상을 예방할 수 있다.

1

1. 인클라인 벤치에 엉덩이와 등을 밀착시키고 바르게 앉는다.
2. 양손에 덤벨을 쥐고 팔을 뻗어 가슴 위로 들어 올려 준비한다. 이때 손바닥은 전방을 향하게 하며, 상완(위팔)은 살짝 내회전시킨다.
3. 명치를 살짝 들어 올리고 견갑골을 벤치에 안정적으로 밀착시켜 가슴을 활짝 연다.

Personal Training

인클라인 덤벨 프레스는 인클라인 바벨 프레스와 운동 원리가 유사하지만, 바벨 대신 덤벨을 사용하여 가동 범위와 자극의 종류를 확장한 운동이다. 덤벨을 활용하면 양팔이 독립적으로 움직일 수 있어 근육의 불균형을 보완할 수 있으며, 무게를 통제하는 과정에서 코어와 주변 안정근이 함께 동원된다. 해부학적으로 벤치 각도를 너무 높게 설정하면 자극이 전면 삼각근으로 분산되고, 너무 낮으면 플랫 프레스와 차별점이 없어진다.

덤벨을 내릴 때 팔꿈치가 과도하게 벌어지거나 아래로 처지면 어깨에 부담이 가 부상 위험이 높아진다. 무게중심을 팔로 밀어내려 하지 말고, 대흉근 상부의 수축과 이완에 집중해야 한다. 어깨가 벤치에서 들리거나 허리가 과도하게 꺾이지 않도록 복부와 둔근의 긴장을 유지해야 한다.

1. 덤벨을 팔꿈치와 전완이 수직이 되는 지점까지 내린다.
2. 덤벨을 밀어 올릴 때는 상완이두근을 가슴에 붙인다는 느낌으로, 양손에 든 덤벨이 서로 가까워지도록 밀어 올린다. 이때 팔꿈치는 완전히 펴지 않으며, 덤벨이 가슴 위 정점에 도달하면 잠시 수축을 느낀다.
3. 다시 덤벨을 천천히 내렸다가 밀어 올리기를 반복한다.

Q & A

Q 덤벨을 가슴 가까이 내릴수록 효과가 좋지 않나요?

A 덤벨이 가슴 라인보다 낮아지면 어깨관절이 과도하게 개입하여 부상 위험이 커질 수 있다. 가슴 옆 라인에서 동작을 멈추고 밀어 올리는 것이 안전하며, 가슴 근육의 긴장을 유지하는 데도 효과적이다.

Q 어깨가 아픈데 왜 그런가요?

A 동작 수행 시 어깨가 아프다면 전면 삼각근이 과도하게 개입되고 있다는 뜻이다. 팔꿈치가 지나치게 벌어져 있거나 벤치 각도가 너무 높을 수 있으므로, 견갑골을 안정적으로 고정한 채 팔꿈치는 몸통에서 45도 정도만 벌리고 벤치 각도는 30~45도를 유지해야 한다.

딥스

Chest Dips

관련 근육	■ 대흉근 늑골지(아랫가슴) ■ 전면 삼각근 ■ 상완삼두근 ■ 대흉근 쇄골지·흉골지 (윗가슴·중간가슴) ■ 전거근	연관 운동	■ 덤벨 풀오버(P. 70)

딥스는 대흉근 하부와 전면 삼각근, 상완삼두근을 동시에 자극할 수 있는 투 조인트 운동이다. 간단한 기구만으로도 효과적인 가슴 운동 루틴을 구성할 수 있는 것이 장점이다. 상체 각도와 팔꿈치 각도, 호흡 패턴을 정확히 지키면 어깨 부상 없이 깊고 안정적인 자극을 줄 수 있으며, 몸 전체의 균형과 코어 및 안정근도 함께 강화된다.

WORKOUT TIP

딥스를 수행하기 전 가장 중요한 것은 '몸의 힘을 빼는 감각'이다. 팔과 어깨에 불필요한 긴장이 들어가면 주동근인 대흉근으로 자극이 전달되지 않고 협응근, 특히 상완삼두근이나 어깨, 승모근 쪽으로 분산된다. 딥스를 시작할 때는 바를 꽉 잡고 팔꿈치를 완전히 펴는 것보다, 살짝 굽힌 상태에서 바에 몸을 '살포시 얹는다'는 감각으로 접근해야 한다.

바닥을 손바닥으로 민다는 느낌으로 동작을 수행하면 대흉근 하부에 자극이 잘 전달된다. 호흡도 매우 중요한데, 하강할 때 숨을 들이마시고, 상승할 때 숨을 내쉬는 리듬을 유지해야 한다. 이 호흡의 흐름이 자연스러울수록 동작 또한 부드러워지고, 주동근에 전달되는 자극이 더 정밀해진다.

(1)

1. 바를 어깨너비보다 약간 넓게 잡고, 팔꿈치는 살짝 굽힌 상태에서 몸을 띄운다. 엉덩이는 뒤로 살짝 빼고 아나토미 자세를 유지한다.
2. 무릎은 살짝 구부려 발끝을 뒤쪽으로 모으고, 상체는 앞으로 기울이되 명치를 가볍게 올려야 한다.

Personal Training

딥스는 해부학적으로 대흉근 전체가 참여하지만, 특히 대흉근 하부를 중심으로 강한 자극을 전달하는 운동이다. 이와 함께 상완삼두근, 전면 삼각근, 전거근이 협응하여 움직인다. 상체를 앞으로 기울이면 대흉근 하부가 충분히 이완되면서 체중이 가슴 근육으로 효율적으로 전달된다. 이 운동의 핵심은 대흉근의 기능인 수평 내전을 바탕으로 손목과 팔꿈치의 각도를 자연스럽게 조절하는 데 있다. 팔꿈치를 몸통에 지나치게 붙이거나 과도하게 벌리는 것이 아니라, 상완골(위팔뼈)이 살짝 내회전된 상태를 유지하며 궤적을 따라 움직여야 한다. 이를 통해 관절의 부담은 줄이고 가슴 근육으로의 자극 전달력을 극대화할 수 있다.

딥스는 체중을 활용한 고강도 운동인 만큼, 자세가 흐트러지면 어깨 통증이나 부상을 유발하기 쉽다. 특히 팔꿈치를 완전히 펴서 관절을 잠그거나, 어깨를 긴장시킨 채 동작을 시작하면 상완삼두근과 견관절에 과도한 부하가 걸린다. 또한 상체를 너무 숙이거나, 반대로 몸이 지나치게 수직으로 서 있으면 자극이 어깨로 빠지거나 협응근 개입이 커져 주동근 자극이 약해진다. 팔꿈치 각도는 억지로 조절하기보다는 내회전 상태에서 자연스럽게 움직이는 것이 바람직하다. 더불어, 동작 중에 호흡을 멈추거나 지나치게 힘을 주는 패턴도 주의해야 한다. 호흡이 흐트러지는 순간 몸의 정렬이 무너지고, 자극 전달이 어려워진다.

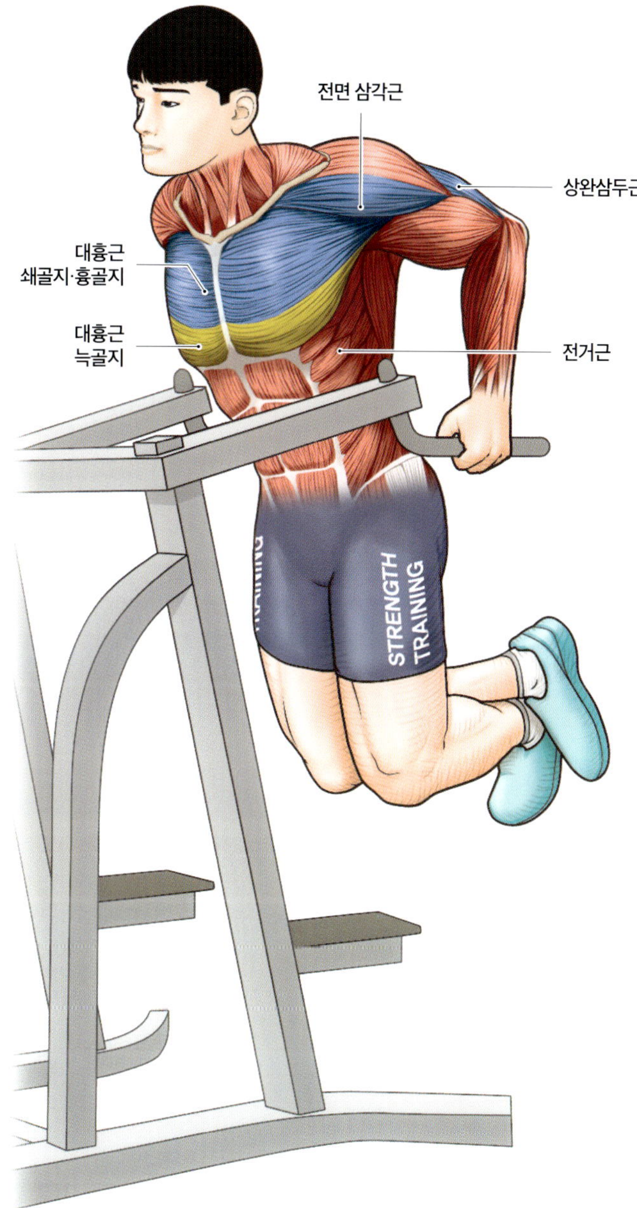

(2)

1. 팔꿈치는 몸통과 약 45도 각도를 유지하며 자연스럽게 굽힌다. 대흉근 하부가 충분히 이완되는 지점까지 내려가되, 어깨에 통증이 느껴지지 않는 가동 범위 내에서 동작을 멈춘다.
2. 올라올 때는 손바닥으로 바닥을 밀듯이 가슴 근육의 힘으로 밀어 올리며, 팔꿈치는 완전히 펴지지 않도록 주의한다.

Q & A

Q 딥스는 어깨에 무조건 나쁜 운동인가요?

A 어깨 통증은 대개 동작을 잘못 수행하거나 관절에 과도한 부하를 줄 때 발생한다. 올바른 자세와 호흡, 근육의 이완과 수축 원칙이 전제된다면 대흉근을 비롯해 전면 삼각근, 상완삼두근을 포함한 상체 전반을 발달시키는 데 매우 효과적인 운동이다.

Q 팔꿈치는 몸통에 붙여야 하나요, 아니면 바깥으로 벌려야 하나요?

A 결론적으로 팔꿈치는 바깥으로 약간 벌어지는 것이 맞다. 이는 해부학적으로 상완골(위팔뼈)이 살짝 내회전됨을 의미한다. 대흉근은 팔을 안으로 모으는 내전 기능이 있으므로, 이 기능에 맞게 손목과 팔꿈치 각도를 내회전된 상태로 유지하는 것이 이상적이다. 이때 팔꿈치가 몸통과 약 45도 정도 벌어진 상태가 가장 자연스럽고 안전하다.

케이블 크로스오버

Cable Crossover

관련 근육	■ 대흉근 ■ 전면 삼각근 ■ 상완이두근	연관 운동	■ 덤벨 플라이(P.80) ■ 리버스 펙 덱 플라이(P.102)

케이블 크로스오버는 대흉근을 고립하여 이완과 수축의 움직임을 정밀하게 조절할 수 있는 원 조인트 운동이다. 무게보다는 자극의 정확성이 중요하며, 손으로 당기기보다는 가슴으로 조이는 감각에 집중해야 효과를 극대화할 수 있다. 궤적의 변화에 따라 상부, 중부, 하부 대흉근을 모두 자극할 수 있다는 점에서 활용도가 높다.

WORKOUT TIP

케이블 크로스오버 수행 시 손을 아래 방향으로 모으면 대흉근 하부가, 수평으로 모으면 대흉근 흉골지(중간가슴)가, 그리고 아래에서 위로 들어 올리듯 모으면 대흉근 쇄골지(윗가슴)가 자극된다. 케이블의 궤적을 조정함으로써 하나의 운동으로 가슴 근육의 다양한 부위를 공략할 수 있다.

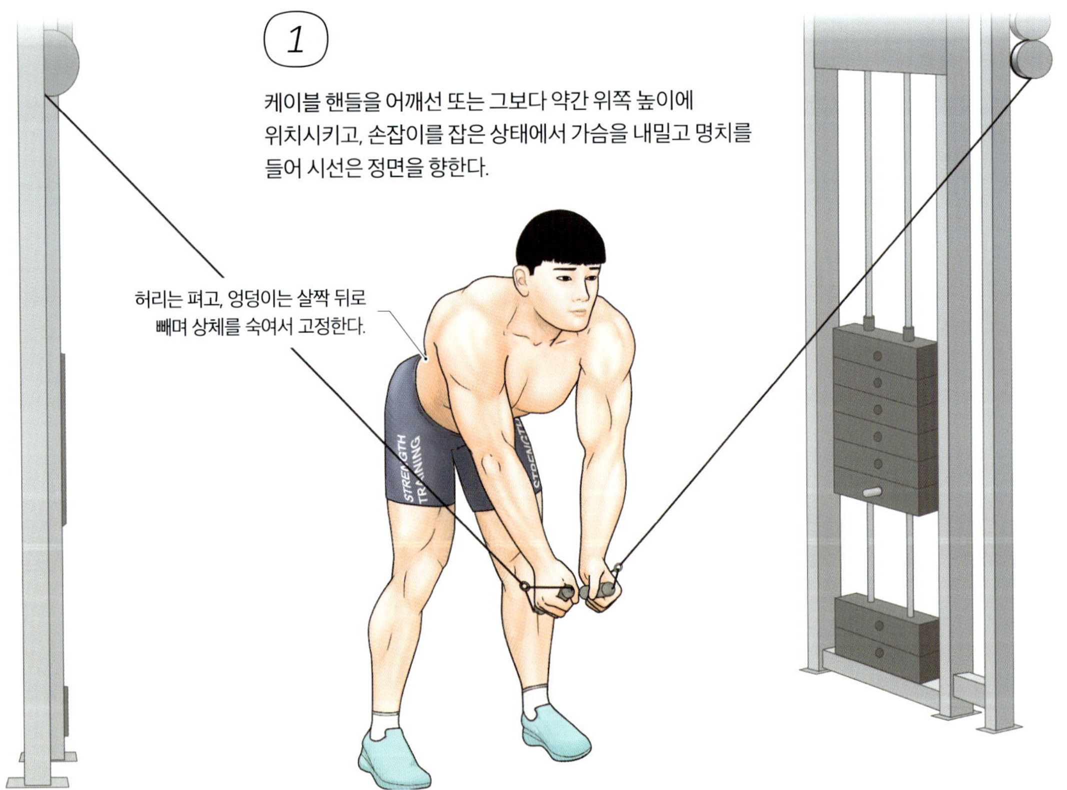

Personal Training

케이블 크로스오버는 투 조인트 운동으로 수행해도 무방하지만, 프레스류를 이미 투 조인트 운동으로 진행했으므로 원 조인트 운동으로 수행하기를 권한다. 이 운동의 핵심은 '이완을 통한 자극 유도'이다. 대흉근은 흉골에서 상완골 전면부까지 연결되어 있는데, 팔을 벌리며 케이블을 늘리면 이 근육이 길게 이완된다. 많은 이가 이 동작에서 '모으는' 느낌에만 집중하는데, 사실은 '늘어나는 과정'이 더 중요하다. 단축성 수축(모을 때)보다 신장성 수축(벌릴 때) 시 저항을 더 깊이 느낄 수 있어야 한다.

초보자는 흔히 팔꿈치를 과도하게 접거나, 몸을 뒤로 젖히면서 당기거나, 어깨를 먼저 움직이는 실수를 하기도 한다. 이런 경우 어깨 통증이 발생하거나 승모근의 개입으로 인해 주동근 자극이 떨어지고, 부상 위험이 높아진다. 따라서 처음에는 상체의 긴장을 풀고 견갑골을 안정화하는 데 집중한 후, '팔이 아니라 가슴으로 움직인다'는 감각을 익혀야 한다.

②

팔을 옆으로 벌릴 때는 케이블이 대흉근을 천천히 이완시키는 느낌으로 넓게 벌리고, 모을 때는 케이블을 잡은 두 손을 지그시 당기면서 가슴 중앙까지 모은다. 이때 상완이두근을 가슴 옆면에 최대한 붙이는 느낌이 들어야 한다. 마치 독수리가 날갯짓하듯 부드럽고 강하게 수행한다.

Q & A

Q 동작 시 몸의 반동을 이용해도 되나요?

A 케이블 크로스오버는 시작 지점에서 체중을 실어 약간의 도움을 받을 수는 있지만, 본격적인 수축 단계에서는 가슴 근육의 힘만으로 케이블을 모아야 한다. 운동이 진행되는 순간에는 협응근의 개입을 최소화해야 하며, 과도한 반동을 주어서는 안 된다.

Q 자극 부위를 다르게 전달하고 싶으면 어떻게 하나요?

A 케이블을 모을 때의 궤적을 조절하면 자극 부위를 바꿀 수 있다. 케이블을 잡은 손을 위에서 아래 방향으로 모으면 대흉근 하부를, 수평으로 모으면 대흉근 중부를 자극한다. 또한 아래에서 위로 들어 올리듯 모으면 대흉근 쇄골지(윗가슴)를 집중적으로 자극할 수 있다.

덤벨 플라이

Dumbbell Fly

관련 근육	■ 대흉근 ■ 전면 삼각근 ■ 상완이두근	연관 운동	■ 리버스 펙 덱 플라이(P.102) ■ 케이블 크로스오버(P.78)	

원 조인트 운동과 투 조인트 운동의 차이는 동작 시 작용하는 관절 수에 따라 근육 동원량이 달라진다는 점이다. 관절이 많아질수록 더 많은 근육이 동원되어 무거운 중량을 다룰 수 있다. 반면, 단관절 운동은 다룰 수 있는 중량은 낮지만 특정 근육의 고립과 자극에 특화되어 있다. 따라서 덤벨 플라이는 운동 강도(중량)보다는 근육의 자극과 고립 감각에 집중해야 하며, 자세와 움직임 하나하나를 세심하게 통제해야 효과를 극대화할 수 있다.

WORKOUT TIP

덤벨 플라이에서 가장 중요한 포인트는 팔이나 손에 힘을 빼고 대흉근의 수축과 이완만으로 동작을 이끄는 것이다. 손은 단지 덤벨을 지지하는 도구 역할을 할 뿐이며, 전면 삼각근이나 상완이두근이 과도하게 개입되지 않도록 주의한다. 팔을 내릴 때는 견갑골이 자연스럽게 모이고, 다시 덤벨을 모을 때는 견갑골이 벌어지는 움직임이 동반되는 것이 이상적이다. 손목의 각도와 팔꿈치의 굽힘을 자연스럽게 유지하여 상완이두근이나 어깨관절에 과도한 부하가 가해지지 않도록 조절해야 한다.

1

평평한 플랫 벤치에 누운 후 덤벨을 안정적으로 양손에 쥔다. 손바닥은 서로 마주 보게 하고, 덤벨은 가슴 중앙의 수직 선상에 위치시킨다. 이때 덤벨이 어깨 쪽으로 쏠리지 않도록 가슴과 수직이 되는 위치를 유지해야 한다.

Personal Training

덤벨 플라이는 어깨관절의 개입을 최소화하고, 대흉근의 이완과 수축을 강조해야 하는 운동이다. 하지만 전면 삼각근이 과도하게 개입되면 통증을 유발할 수 있으므로, 올바른 자세와 가슴 근육의 움직임 감각을 익히는 것이 매우 중요하다.

동작 시작 시 덤벨이 얼굴 위로 오지 않도록 주의해야 한다. 덤벨의 궤적은 항상 가슴과 수직 선상에서 이루어져야 하며, 위나 아래로 벗어나는 움직임은 어깨 부상의 원인이 될 수 있다. 운동 중 정확한 궤적을 확인하려면, 팔을 벌려 덤벨을 내렸을 때 곁눈질로 덤벨이 자신의 눈보다 아래에 위치하는지 점검하는 것이 좋다. 즉, 고개를 돌려 옆을 보았을 때 덤벨이 어깨선보다 위로 올라가서는 안 된다. 팔을 내릴 때 가슴이 활짝 펴지며 견갑골이 자연스럽게 모이고(후인), 다시 덤벨을 올릴 때는 대흉근이 수축하며 견갑골이 부드럽게 벌어지는(전인) 흐름이 이상적이다.

1. 팔을 옆으로 벌리며 덤벨을 천천히 내린다. 이때 팔꿈치는 완전히 펴지 않고 살짝 굽힌 상태를 유지한다. 손목을 약간 안쪽으로 말아 쥐면 팔꿈치가 자연스럽게 굽혀지며 관절의 부담을 줄일 수 있다. 고무줄이 서서히 늘어나는 느낌으로 대흉근을 충분히 이완시킨다.
2. 덤벨을 올릴 때는 굵은 나무를 안듯이 동작하며, 팔이 아닌 상완이두근을 가슴 옆면에 최대한 붙이는 느낌으로 대흉근을 강하게 수축시킨다.

Q&A

Q 덤벨 플라이와 덤벨 프레스는 같은 운동 아닌가요?

A 같은 대흉근 운동이지만 역학적인 차이가 크다. 프레스는 어깨와 팔꿈치 두 관절을 사용하는 투 조인트 운동으로, 중량을 밀어내는 힘에 중점을 둔다. 반면 덤벨 플라이는 어깨관절만을 사용하는 원 조인트 운동이다. 미는 힘보다는 두 팔을 벌려 안는 느낌으로 대흉근의 신장성 수축과 고립에 집중하여 근육의 결을 만드는 데 효과적이다.

Q 덤벨 플라이 수행 시 호흡은 어떻게 해야 할까요?

A 덤벨을 내릴 때(이완 시) 숨을 깊게 들이마시고, 다시 모을 때(수축 시) 내쉰다. 호흡을 통해 가슴이 열리고 닫히는 리듬을 일정하게 유지하면 동작의 안정성이 높아지고 근육의 이완을 극대화할 수 있다.

CHAPTER 04

어깨 운동

어깨의 해부학 구조와 운동 원리

어깨 근육은 흔히 삼각근이라고 하며, 크게 앞 어깨(전면 삼각근), 옆 어깨(측면 삼각근), 뒤 어깨(후면 삼각근)로 구성되어 있다. 어깨를 이해하려면 먼저 견관절(어깨관절)부터 살펴보아야 한다. 견관절은 크게 쇄골(빗장뼈), 견갑골(어깨뼈)의 견봉, 상완골(위팔뼈)로 이루어져 있다. 먼저 앞 어깨는 쇄골에, 옆 어깨는 견봉에, 뒤 어깨는 견갑골 골극에 부착되어 있으며, 이 세 근육은 모두 상완골의 삼각근조면까지 이어져 있다. 이들 근육의 움직임은 주로 팔을 쓸 때 사용되는데, 쉽게 말해 앞 어깨는 팔을 앞으로 들고, 옆 어깨는 옆으로, 뒤 어깨는 뒤로 든다고 생각하면 된다. 이를 해부학적으로는 상완골의 굴곡(굽힘), 외전(벌림), 신전(폄)이라고 한다.

쇄골을 살펴보면 쇄골 안쪽 시작 지점에는 대흉근 쇄골지(윗가슴)가, 바깥쪽에는 앞 어깨가 나란히 붙어 있다. 이는 곧 팔을 앞으로 들 때 앞 어깨와 대흉근 쇄골지가 항상 같이 쓰인다는 것을 의미한다. 옆 어깨는 견봉에 부착되어 있는데, 견봉 위쪽에는 상부 승모근이 같이 부착되어 있어 옆 어깨 운동을 할 때 상부 승모근이 함께 움직이게 된다. 또한 뒤 어깨는 견갑골 골극에 부착되어 팔을 뒤로 드는 동작을 할 때 견갑골이 뒤로 모이는데, 이때 역시 중부 승모근이 같이 운동된다.

삼각근과 해부학적 자세

이처럼 어깨 근육을 대표하는 삼각근은 팔을 앞, 옆, 뒤로 드는 다양한 움직임을 주도한다. 삼각근의 상세 기능은 다음과 같다.

- 전면 삼각근: 팔의 굴곡(앞으로 드는 동작)에 관여.
- 측면 삼각근: 팔의 외전(옆으로 드는 동작)에 관여.
- 후면 삼각근: 팔의 신전(뒤로 뻗는 동작)에 관여.

'해부학적 자세Anatomical Position'는 사람이 정자세로 서서 손바닥이 앞을 향한 상태를 말한다. 병원에서 가슴 부위 엑스레이X-ray 촬영을 할 때나, 허리를 펴고 바르게 서 있는 모습이 바로 해부학적 자세이다.

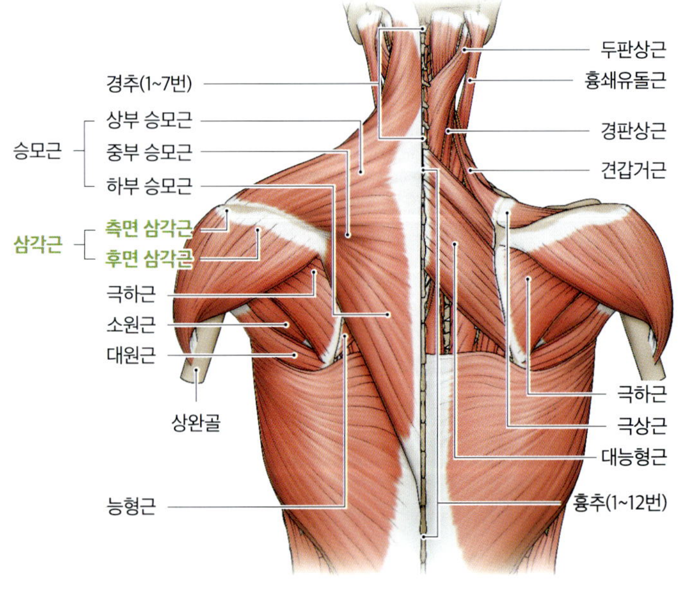

상체 후면

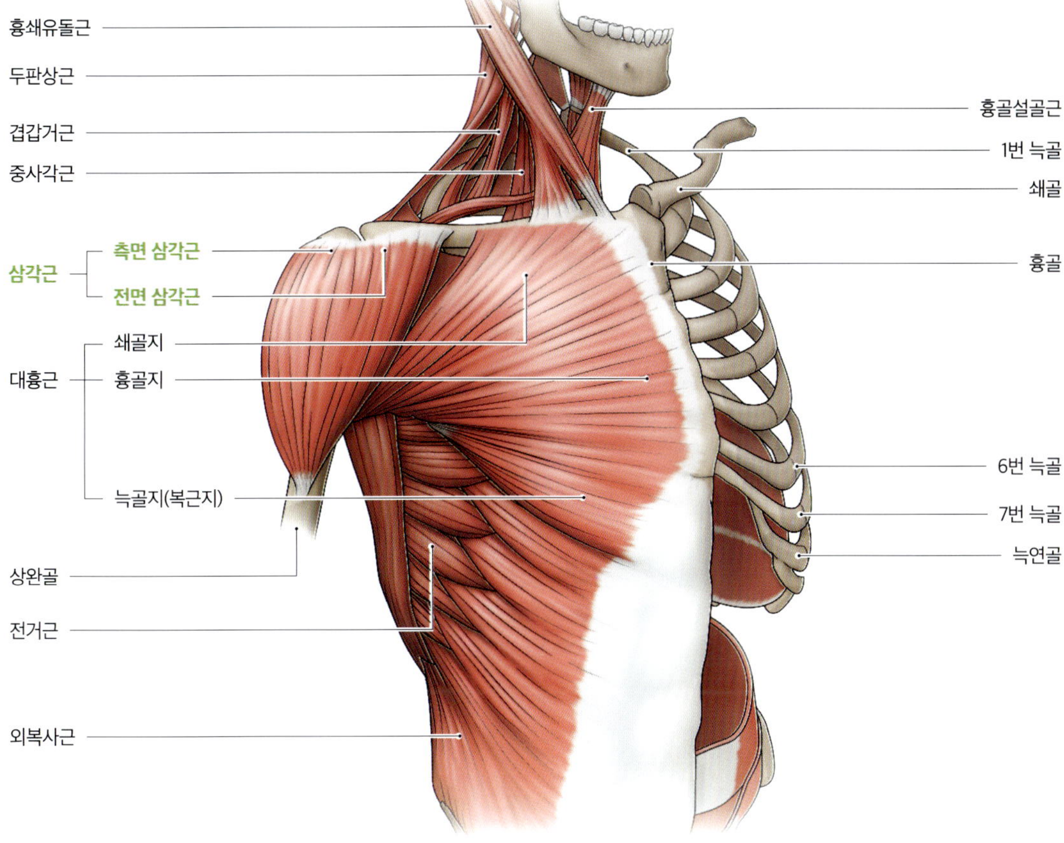

상체 정면

이 자세에서 팔이 몸통 중심을 벗어나 움직이면 삼각근이 작용하게 된다. 컴퓨터 자판을 치거나, 밥을 먹거나, 컵을 들어 올릴 때도 모두 팔이 해부학적 기준 자세에서 벗어나 있기 때문에 일상에서도 늘 삼각근이 사용된다. 즉, 삼각근은 우리가 의식하지 못하는 순간에도 지속적으로 동원되는 매우 중요한 근육이다.

회전근개의 구조와 역할

이처럼 어깨의 복잡한 움직임을 조절하는 중요한 근육이 있는데 바로 회전근개다. 회전근개는 다음 네 가지 근육으로 구성되어 있다.

- 극상근
- 극하근
- 소원근
- 견갑하근

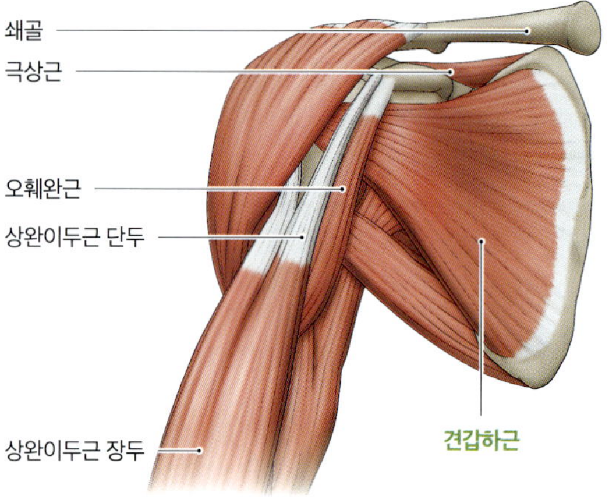

정면에서 본 회전근개

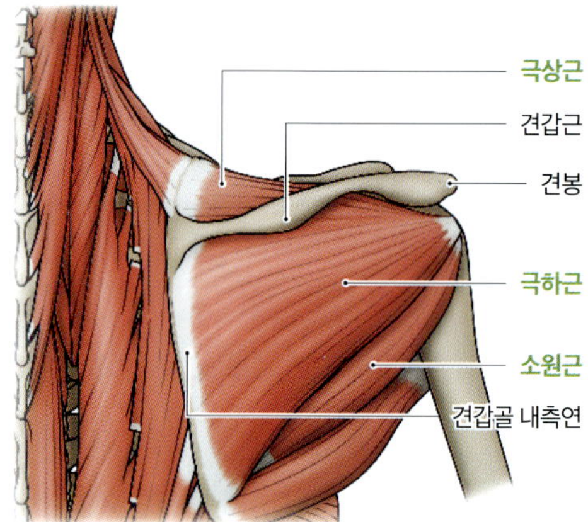

후면에서 본 회전근개

이 네 가지 근육은 견갑골에서 시작되어 상완골에 부착되며, 팔을 들거나 회전할 때 관절의 안정성을 유지하는 핵심적인 역할을 한다. 흔히 팔을 들어 올릴 때는 극상근, 극하근, 소원근이 작용하며, 팔을 내릴 때는 견갑하근이 작용한다. 이 중 하나라도 손상되면 특정 각도에서 어깨 통증이 발생하며 움직임이 제한된다. 대표적인 질환이 '어깨 충돌 증후군'이다. 회전근개가 견봉 아래에서 반복적으로 마찰되며 염증 또는 파열이 발생하는 증상이다.

어깨관절 구조와 부상 위험성

어깨는 일상생활에서 가장 많이 사용되는 관절 중 하나이며, 운동 중 부상이 빈번하게 발생하는 부위이다. 어깨의 구조적 특성을 이해하기 위해 고관절(엉덩이 관절)과 견관절(어깨관절)을 비교해 보면, 어깨의 불안정성이 얼마나 큰지 쉽게 알 수 있다. 고관절은 골반에 대퇴골

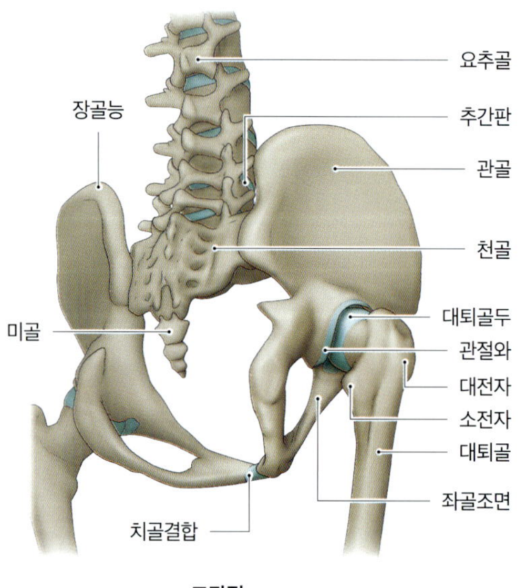

고관절

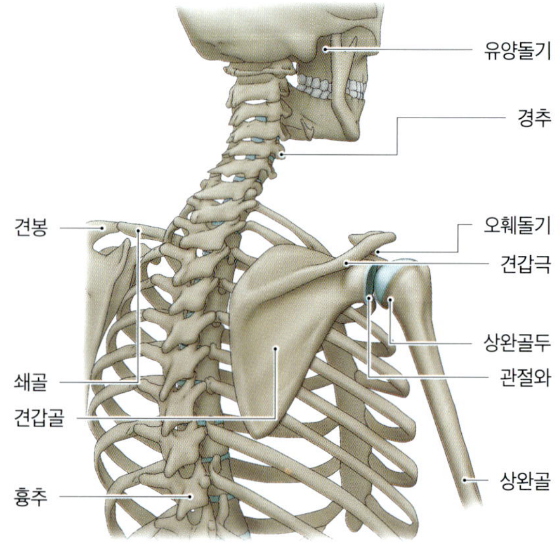

견관절

이 깊숙이 박히는 구조로, 관절와가 넓고 깊기 때문에 대퇴 골두가 안정적으로 고정된다. 그 결과 고관절은 안정성이 높고 탈구가 잘 발생하지 않는다. 반면, 견관절은 쇄골, 견갑골의 견봉, 상완골로 구성되어 있으며, 관절와가 얕고 작아 상완골의 골두가 깊이 들어가지 않고 바깥으로 노출된 형태다. 이로 인해 어깨는 다양한 방향으로 자유로운 움직임이 가능하지만, 구조적으로 매우 불안정하여 어깨 탈구를 비롯해 여러 가지 부상이 자주 발생한다. 실제로 어깨 탈구는 잘못된 자세나 습관적인 움직임에 의해서도 쉽게 관절 위치가 이탈할 수 있으며, 이를 '습관성 탈구'라고 부른다. 팔을 돌릴 때 빠지는 듯한 느낌이 들거나, 반복적인 어깨 통증을 호소하는 경우 대부분 이러한 불안정성과 관련이 있다.

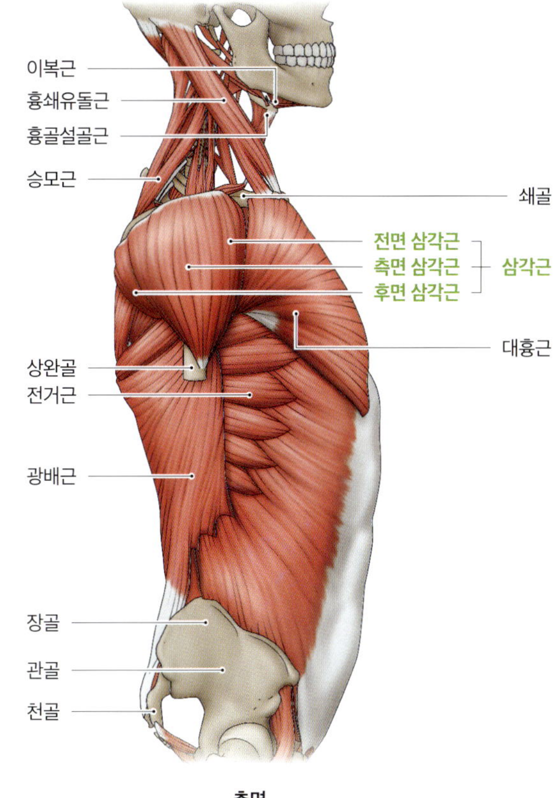

측면

어깨 통증의 원인과 회전 동작의 중요성

어깨 통증은 삼각근 자체의 문제보다는 그 주변을 지나는 힘줄(건)의 손상으로 발생하는 경우가 많다. 팔을 들거나 내릴 때 관절은 단순히 직선으로만 움직이지 않고 항상 회전이 동반된다. 팔을 들 때는 외회전이, 내릴 때는 내회전이 자연스럽게 일어나야 하는데, 이 회전 메커니즘이 제대로 작동하지 않으면 관절 내부 구조물 간의 충돌이 발생하여 염증이나 통증이 유발된다.

이를 방지하기 위해서는 평소 해부학적 자세를 인지하며 어깨를 사용하는 습관을 길러야 한다. 몸에 과도한 긴장을 주지 않고 부드럽게 움직이며, 회전근개와 견갑골의 기능을 정상화하기 위한 보강 운동을 반드시 병행해야 한다.

회전근개의 손상은 문과 경첩의 관계에 비유할 수 있다. 문이 경첩에서 이탈하거나 경첩이 망가지면 문이 제대로 열리지 않는 것처럼, 회전근개가 손상되면 어깨 역시 일정 각도에서 통증이 발생하고 움직임이 제한된다. 삼각근이라는 '문' 자체는 멀쩡하더라도, '경첩'에 해당하는 회전근개가 제 기능을 못하면 그 문은 결코 제대로 작동할 수 없음을 명심해야 한다.

바벨 프론트 레이즈

Barbell Front Raise

관련 근육	■ 전면 삼각근 ■ 대흉근 쇄골지(윗가슴)	연관 운동	■ 덤벨 프론트 레이즈(P.92)	
	■ 상완이두근 ■ 하부 승모근		■ 업라이트 로우(P.98)	

바벨 프론트 레이즈는 전면 삼각근을 고립하여 자극하는 수직 거상 운동으로, 바벨을 어깨 높이까지 반동 없이 들어 올려야 한다. 해부학적으로는 상완골의 굴곡(굽힘)을 통해 전면 삼각근이 주동근 역할을 수행한다. 견고한 코어 고정과 손목의 안정성 유지가 이 운동의 핵심이다.

WORKOUT TIP

바벨 프론트 레이즈를 수행할 때는 반동을 주지 않고 천천히 바를 들어 올려야 전면 삼각근에 자극이 집중된다. 무게에 의존하기보다는 움직임에 집중하는 것이 중요하다. 바벨은 항상 수평을 유지한 채 들어 올려야 하며, 손잡이 간격은 어깨너비보다 살짝 좁게 잡는 것이 전면 삼각근에 더 강한 자극을 줄 수 있다.

(1)

1. 바벨을 어깨너비 정도로 잡고 시선은 정면을 바라보며 선다.
2. 손잡이 간격을 어깨너비보다 살짝 좁게 잡는다.

Personal Training

바벨 프론트 레이즈는 상완골의 움직임에 맞춰 견갑골이 자연스럽게 상방회전하는 리듬을 익히는 것이 우선이다. 이 과정에서 전면 삼각근은 어깨관절의 굴곡(굽힘)을 주도하는 주동근으로 작용하며 강한 수축을 유도한다. 이때 바벨을 이마보다 높게 들어 올리면 수축력은 떨어지고 하부 승모근이 과도하게 개입되어 자극이 분산된다. 따라서 어깨 높이까지만 정확하게 들어 올리는 것이 전면 삼각근에 자극을 집중시키는 핵심이다. 또한 허리를 과도하게 젖히거나 반동을 주는 것을 피해야 하며, 복부에 힘을 주어 코어를 단단히 고정한 상태에서 안정적으로 수행해야 한다.

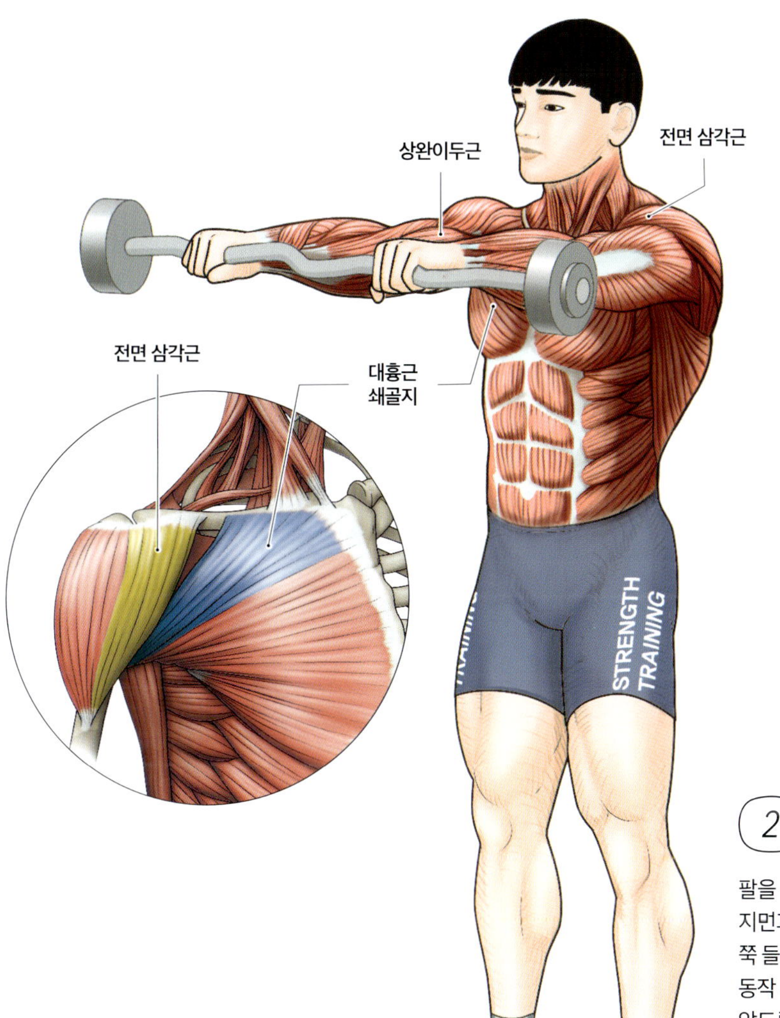

(2)

팔을 곧게 편 상태에서 바를 들어
지면과 수평이 되도록 어깨 높이까지
쭉 들어 올리고, 다시 천천히 내린다.
동작 시 팔꿈치가 과도하게 굽혀지지
않도록 주의하며, 중력에 저항하듯
천천히 이완하는 것이 중요하다.

Q 덤벨 프론트 레이즈와 바벨 프론트 레이즈의
차이점은 무엇인가요?

A 덤벨로 프론트 레이즈를 할 경우 양손이 독립적으
로 움직이기 때문에 좌우 근력의 불균형을 보완하
고 가동 범위를 더 자유롭게 가져갈 수 있다. 반면
바벨은 양팔을 동시에 사용하므로 동작의 안정성
이 높고 대칭적인 자극을 주는 데 유리하다. 특히
근력이 부족한 초보자나 좌우 균형이 맞지 않는 경
우, 바벨보다는 덤벨 프론트 레이즈를 통해 개별적
인 근육 통제력을 먼저 기르는 것이 좋다.

Q 바벨이 흔들려서 어깨가 불안한데 괜찮을까요?

A 바벨의 중량이 너무 무겁거나 전면 삼각근 주위의
안정화 근육이 부족하면 발생할 수 있는 현상이다.
이를 해결하려면 적당한 중량을 선택하여 어깨너
비보다 약간 좁게 잡고, 엉덩이를 살짝 뒤로 뺀 채
상체를 앞으로 아주 살짝 기울여 무게중심이 발 앞
쪽에 실리도록 자세를 잡아야 한다. 또한, 아랫배
에 힘을 주어 코어를 단단히 고정하고 몸의 반동을
최소화하는 것이 어깨의 안정성을 확보하는 핵심
이다.

시티드 프론트 프레스

Seated Front Press

관련 근육	■ 삼각근 ■ 상완삼두근 ■ 대흉근 쇄골지(윗가슴)	연관 운동	■ 덤벨 숄더 프레스(P.96) ■ 바벨 프론트 레이즈(P.88)

시티드 프론트 프레스는 주관절(팔꿈치) 굴곡 및 견관절 수직 밀기 동작을 수행하는 대표적인 운동이다. 전면 삼각근을 중심으로, 대흉근 쇄골지, 상완삼두근 및 하부 승모근, 상완근이 복합적으로 작용한다. 관절 가동 시 회전근개의 안정성을 유지하는 것이 중요하며, 특히 팔을 올릴 때는 견갑상완 리듬을 고려한 자연스러운 움직임을 만들어야 한다.

WORKOUT TIP

프레스 운동을 수행할 때는 무게를 단순히 '든다'는 느낌이 아니라, 정확한 궤적과 각도를 유지하며 '밀어낸다'는 감각으로 접근해야 한다. 이때 팔꿈치와 손목, 어깨로 이어지는 수직 정렬을 맞추는 것이 핵심이다. 팔꿈치가 과도하게 바깥으로 벌어지지 않도록 주의하며, 전완이 지면과 수직을 이룬 상태에서 몸통과 평행한 선상을 따라 움직이도록 유도한다. 또한 상체 전체가 등받이에 견고하게 밀착되도록 하며, 승모근의 과한 개입을 막기 위해 견갑골을 아래로 눌러 내린다는 느낌으로 고정한다. 이러한 안정적인 자세는 어깨 근육에 자극을 집중시키고 부상 위험을 낮춰준다.

1

1. 상체가 머신의 등받이에 안정적으로 밀착되도록 한다. 이때 승모근이 으쓱하며 들리지 않도록 견갑골을 아래로 가볍게 눌러 내린다는 느낌을 유지하며, 어깨 주변의 불필요한 긴장을 제거한다.
2. 팔꿈치를 견고하게 지지한 상태에서, 팔의 안쪽 뼈인 척골 부위에 무게 하중이 정확히 실리도록 손잡이를 잡는다.
3. 어깨와 손목이 지면과 수직 선상에 놓이도록 정렬한 뒤, 바를 곧게 위로 밀어 올린다. 이때 팔꿈치가 뒤로 빠지거나 앞으로 쏠리지 않도록 궤적을 일정하게 유지한다.

Personal Training

동작 수행 시 바벨을 위로 밀어 올린 정점에서 전면 삼각근이 최대치로 수축된다. 반대로 바벨을 내리는 하강 동작에서는 팔꿈치를 아주 살짝 뒤로 당겨야 어깨관절 내 공간이 충분히 확보되어, 이두근 건의 마찰이나 어깨 충돌 증후군을 예방할 수 있다. 만약 팔꿈치가 몸 바깥쪽으로 굽은 외반주 체형이라면, 동작 중 삼두근 장두의 건(힘줄)이 과도하게 긴장될 수 있다. 이러한 경우에는 바벨을 내릴 때 팔꿈치를 수직 선상보다 아주 미세하게 뒤로 보내며 하강하면, 관절의 부담을 줄이고 안전하게 운동을 지속할 수 있다.

프레스 류의 운동에서 흔히 하는 실수는 다음과 같다.

- 팔을 비틀어 들거나 손목이 꺾인 상태로 반복 수행.
- 어깨가 말린 채 상체가 과도하게 굽은 자세를 유지.
- 팔꿈치가 바깥으로 벌어진 상태에서 동작 수행.

이러한 자세는 어깨관절의 충돌을 유발하고, 상완삼두근 또는 상완이두근의 건(힘줄)에 자극을 줄 수 있다. 특히 팔꿈치가 외반주인 사람은 동작 시 통증이 발생하기 쉬우므로, 바벨을 밀 때는 외회전을 유지하고, 내릴 때는 팔꿈치를 내회전하면서 바벨보다 뒤로 살짝 빼며 움직인다.

또한, 밀어 올릴 때에는 승모근이 개입되지 않도록 주의하고, 손목과 팔꿈치의 정렬이 무너지지 않도록 한다. 자세에 불안정함이 느껴질 경우 동작을 멈추고, 정렬 상태를 점검한 뒤 다시 수행해야 한다.

(2)

바벨을 밀어 올린 후에는 팔꿈치를 굽히면서 무게를 버티는 게 아니라, 가슴 쪽으로 흡수하며 바벨을 받아주듯이 턱까지 천천히 내린다. 이때 전면 삼각근과 대흉근 쇄골지, 상완삼두근의 이완이 일어나는 것이 느껴져야 한다.

Q & A

Q 프레스 머신을 사용할 때 어깨 앞쪽 위주로 자극이 오는데, 정상적인 현상인가요?

A 정확하게 운동하고 있는 것이 맞다. 모든 형태의 솔더 프레스는 일차적으로 전면 삼각근을 발달시키는 운동이기 때문이다. 바벨 프론트 프레스, 비하인드 넥 프레스, 덤벨 프레스 등 모든 프레스류 동작은 전면 삼각근과 대흉근 쇄골지를 주동근으로 사용하므로 어깨 앞쪽이 가장 먼저 지치고 자극이 오는 것이 지극히 정상이다.

Q 프레스 동작 중에 팔꿈치가 바깥으로 벌어지는데, 그대로 진행해도 괜찮은가요?

A 팔꿈치가 몸 바깥쪽으로 굽은 외반주 체형인 경우, 팔꿈치를 억지로 몸 안쪽으로 붙이려 하면 오히려 삼두근 건(힘줄)의 긴장이 증가하여 통증을 유발할 수 있다. 이럴 때는 팔꿈치 각도를 바 위치에 맞춰 자연스럽게 조정하거나, 바벨을 내릴 때 팔꿈치를 수직 선상보다 아주 살짝 뒤로 보내야 관절에 가해지는 부담이 줄어들면서 훨씬 편안하고 안전한 궤적을 찾을 수 있다.

덤벨 프론트 레이즈

Dumbbell Front Raise

관련 근육	■ 전면 삼각근 ■ 대흉근 쇄골지(윗가슴) ■ 상완이두근 ■ 하부 승모근	연관 운동	■ 바벨 프론트 레이즈(P.88) ■ 덤벨 숄더 프레스(P.96)	

덤벨 프론트 레이즈는 견관절 굴곡의 대표적인 운동이다. 전면 삼각근을 중심으로 대흉근 쇄골지, 상완이두근, 하부 승모근이 복합적으로 작용한다. 해부학적으로는 견갑상완 리듬을 고려한 상지 전방 리프팅 동작에 해당하며, 어깨 전면의 근지구력과 자극 인지력을 높이는 데 필수적인 운동이다.

WORKOUT TIP

덤벨을 들어 올릴 때는 전면 삼각근이 주동근으로 작용하고, 내릴 때는 대흉근과 하부 승모근이 버티는 구조로 움직여야 한다. 내려올 때도 단순히 힘을 빼는 것이 아니라, 마치 케이블을 당겨 내리듯 근육의 긴장을 유지하며 제어해야 한다. 올라갈 때와 내려올 때의 속도를 일정하게 유지하는 것 역시 중요하다. 이는 근육이 지속적으로 수축하고 있다는 의미이기도 하다.

1

팔을 앞으로 모은 상태에서 덤벨을 양손에 들고 선다. 엉덩이를 살짝 뒤로 빼고 상체를 약간 앞으로 기울인 자세에서 시작한다.

Personal Training

프론트 레이즈는 사이드 레터럴 레이즈나 페이스 풀보다 비교적 동작이 쉽다고 느낄 수 있다. 이는 전면 삼각근과 가슴 근육(특히 대흉근 쇄골지)이 함께 작용하여 상대적으로 더 무거운 중량을 다룰 수 있기 때문이다.

프론트 레이즈에서는 전면 삼각근이 주동근이지만, 대흉근 쇄골지와 하부 승모근도 협응근으로 작용한다. 덤벨을 내릴 때는 대흉근과 광배근이, 올릴 때는 삼각근이 주동근이 되며, 승모근은 반대 방향에서 버텨주는 보조 역할을 수행한다. 레이즈 동작 시에는 겨드랑이 밑 광배근 부위를 고정시킨 상태에서 팔을 앞으로 고무줄을 당기듯 밀어내야 한다. 이때 광배근과 대흉근의 긴장을 유지하면 어깨관절이 안정화되어 타깃 근육에 더 강한 자극을 전달할 수 있다.

프론트 레이즈에서 가장 흔히 하는 실수는 허리나 엉덩이의 반동을 이용해 중량을 '던지듯' 들어 올리는 것이다. 이는 전면 삼각근에 전달되어야 할 자극을 분산시킬 뿐만 아니라, 어깨관절에 불필요한 스트레스를 주어 부상을 유발할 수 있다. 또한 팔을 너무 높게 올리거나, 동작 중 손목이 꺾이는 것도 대표적인 오류 중 하나이다. 손목은 항상 중립 상태를 유지해야 하며, 팔꿈치는 완전히 펴서 잠그지 않고 살짝 구부린 상태를 유지해야 한다. 내릴 때 무게를 버티지 않고 힘을 풀어버리는 것도 운동 효과를 반감시키는 주요 원인이다.

특히, 어깨 앞쪽이 집히는 느낌이 드는 경우, 팔의 궤적이나 손목 각도를 수정하고, 상체가 과도하게 굽지 않도록 한다. 덤벨을 손가락 바깥쪽에 걸어 잡는 방식으로 파지법을 바꾸는 것도 도움이 될 수 있다.

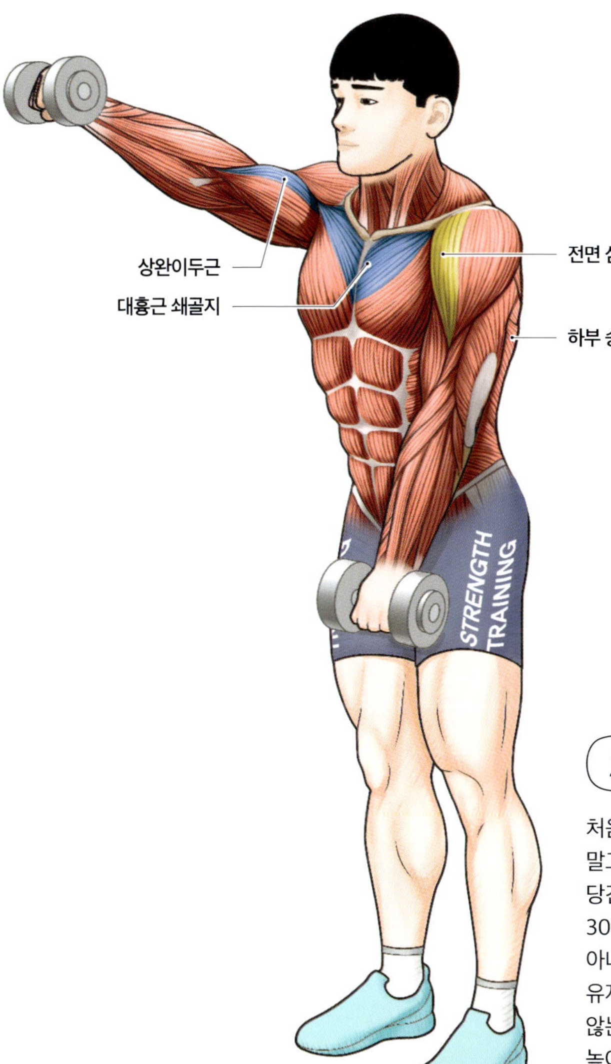

②

처음부터 급격히 들어 올리려 하지 말고, 고무줄을 늘리듯 천천히 당긴다는 느낌으로 실시한다. 처음 30도 정도까지는 덤벨을 드는 것이 아니라, 앞으로 밀어낸다는 느낌을 유지하며 반동이나 긴장을 주지 않는다. 그 이후 지점부터 얼굴 높이까지 팔을 곧게 들어 올리고, 다시 천천히 내린다.

Q&A

Q 덤벨 프론트 레이즈를 빨리하면 자극이 더 강해지나요?

A 동작을 빨리하면 반동을 유발해 정확한 수축을 방해한다. 구간별로 수축과 이완을 명확히 구분하는 것이 가장 중요하며, 속도를 일정하게 유지해야 자극에 더 효과적이다.

Q 어깨 앞쪽이 집히는 느낌이 드는데 계속해도 될까요?

A 집히는 느낌이 드는 경우는 어깨관절에서 마찰이 발생했거나 자세 불균형때문일 가능성이 높다. 이 때는 팔을 너무 내회전하지 말고 오히려 외회전해서 동작을 수행하면 어깨관절이 편해진다.

사이드 레터럴 레이즈

Side Lateral Raise

관련 근육	■ 측면 삼각근 ■ 상부 승모근	연관 운동	■ 업라이트 로우(P.98) ■ 케이블 시티드 리어 레터럴 레이즈(P.106)

사이드 레터럴 레이즈는 견관절(어깨관절) 외전을 통해 측면 삼각근을 강화하는 대표적인 운동이다. 해부학적으로는 측면 삼각근이 주동근으로 작용하며, 동작 초기에는 극상근이 견관절의 안정성과 가동 범위의 시작을 보조한다. 동작 수행 시에는 어깨 충돌 증후군에 각별히 주의해야 한다.

팔을 옆으로 들어 올릴 때 상완골이 외회전하면 전면 삼각근의 개입이 늘어난다. 이를 피하기 위해 측면 삼각근을 고립시키려 과도하게 내회전한 상태로 팔을 높이 들어 올리면, 상완골두와 견봉 사이의 공간이 좁아져 충돌이 발생하고 통증이나 염증이 생길 수 있다. 따라서 동작 전후 견갑골의 안정화, 승모근의 과도한 개입 차단, 상완골의 자연스러운 회전 궤적 유지가 무엇보다 중요하다.

WORKOUT TIP

많은 이가 어깨 근육을 자극하기 위해 특정 부위에 인위적으로 힘을 주는 실수를 범하곤 한다. 하지만 진정한 근육 자극은 의도적으로 힘을 쥐어짜지 않아도 해당 주동근이 동작에 따라 자연스럽게 수축하며 일어나야 한다. 무리하게 자극을 유도하면 오히려 회전근개 손상이나 견갑골의 기능 이상을 초래할 수 있다.

특히 승모근을 과도하게 개입시키는 경우가 많은데, 이는 팔을 드는 순간 승모근을 먼저 수축시켜 어깨 전체를 들기 때문이다. 이러한 방식은 삼각근을 중심으로 부드럽게 수축시키는 흐름에 방해가 된다. 팔이 먼저 들어 올려지고, 그 움직임에 따라 승모근이 자연스럽게 반응하는 것이 올바른 자세이다.

①

1. 명치를 살짝 들어 올리고, 허리의 긴장을 푼다.
2. 손아귀에 너무 힘을 주지 않은 상태로 덤벨을 가볍게 잡는다.

CAUTION

사이드 레터럴 레이즈는 단순히 팔을 들어 올리는 것이 아니라, 측면으로 멀리 뻗어 나가는 느낌으로 진행해야 한다. 팔을 들어 올릴 때 손목을 살짝 내회전하면 측면 삼각근의 고립도를 높일 수 있으나, 견관절이나 회전근개의 상태가 좋지 않다면 무리하게 내회전 동작을 고집하기보다 중립 또는 약간의 외회전 상태를 유지하는 것이 안전하다.

사이드 레터럴 레이즈는 삼각근의 측면, 특히 중간 섬유를 자극하는 대표적인 원 조인트 운동이다. 하지만 잘못된 자세는 어깨 충돌이나 회전근개 손상 같은 부상 위험을 높인다. 이는 대부분 해부학적 구조를 무시한 자세에서 기인한다. 어깨 구조를 이해하면 충돌이 발생하는 원인을 명확히 알 수 있다.

우리 몸은 척추에서 나온 갈비뼈가 흉골과 연결되고, 그 위에 견갑골이 얹혀 있는 구조다. 견갑골은 등 뒤에 평평하게 붙어 있는 듯 보이지만, 실제로는 앞쪽으로 약 30도가량 기울어진 견갑면을 형성하고 있다. 따라서 팔을 정확히 옆(180도)으로 벌려 들어 올리는 동작은 상완골두와 견봉 사이의 공간을 좁혀 회전근개가 집히는 원인이 된다.

이러한 해부학적 구조를 보완하려면 팔을 '완전한 옆'이 아닌, 견갑골의 각도에 맞춰 약 20~30도 정도 약간 앞을 향한 Y자 형태로 들어야 한다. 그래야만 견봉 아래 공간이 충분히 확보되어 충돌 없이 안전하게 가동 범위를 가져갈 수 있다. 또한 수행 시 스트랩을 활용해 전완과 손의 개입을 최소화하면 측면 삼각근에 자극을 더욱 집중할 수 있다. 근육은 인위적인 힘이 아닌, 해부학적으로 설계된 올바른 정렬과 움직임을 따를 때 가장 안전하고 효과적으로 발달한다.

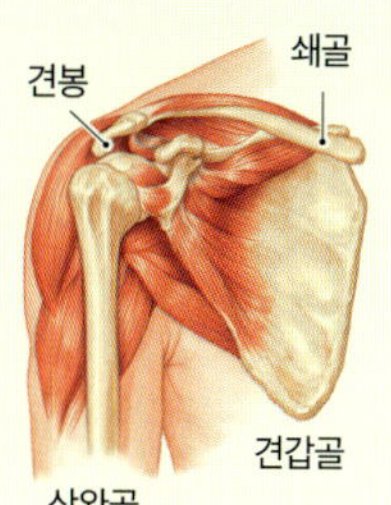

견관절(어깨관절) 구조

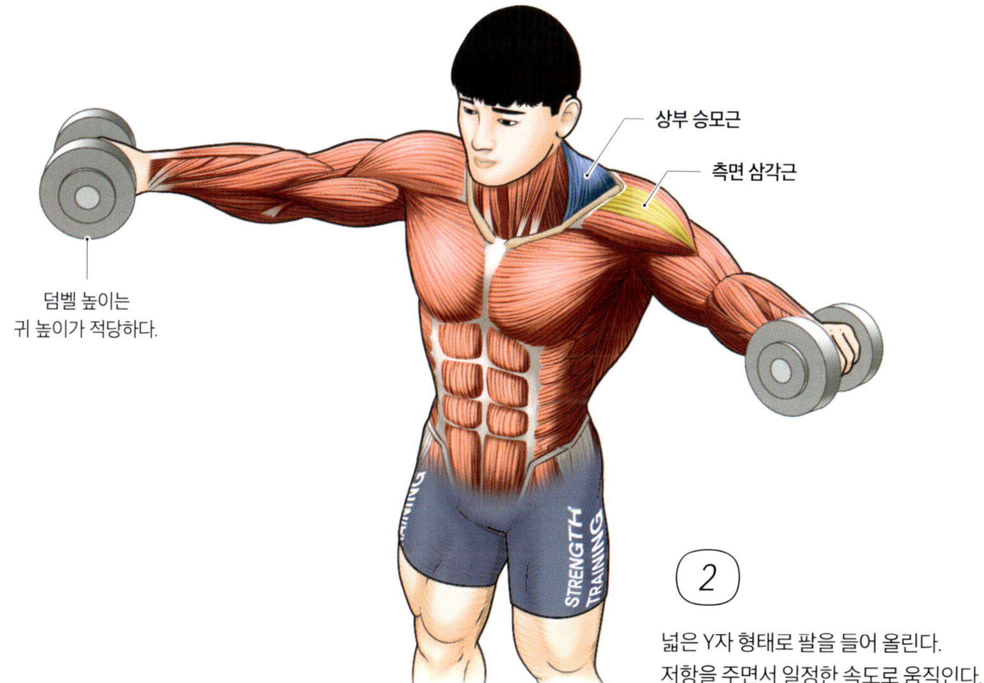

넓은 Y자 형태로 팔을 들어 올린다.
저항을 주면서 일정한 속도로 움직인다.

Q&A

Q 사이드 레터럴 레이즈를 할 때 어깨가 자꾸 집히는 느낌이 나는데 왜 그런가요?

A 우리 몸의 견갑골은 등 뒤에 평평하게 붙어 있지 않고 앞쪽으로 약 30도 정도 기울어져 있기 때문이다. 따라서 팔을 몸과 완전히 일직선이 되도록 양옆으로 들어 올리면 견봉 아래 공간이 좁아져 충돌이 발생하기 쉽다. 이를 방지하려면 팔을 완전한 옆이 아닌, 전방으로 약 20~30도 정도 비스듬히 보낸 Y자 모양으로 들어 올리는 것이 해부학적으로 훨씬 자연스럽고 안전하다.

Q 어깨 측면이 아닌 승모근에 자극이 많이 오는데 왜 그럴까요?

A 팔을 들어 올리는 과정에서 측면 삼각근보다 승모근이 먼저 수축하며 어깨 전체를 위로 끌어올리기 때문이다. 이를 해결하려면 견갑골을 하강시켜 안정적으로 고정하고, 승모근의 과도한 긴장을 풀어야 한다. 처음부터 덤벨을 높이 들려 하기보다, 측면 삼각근이 주동근으로서 부드럽게 움직임을 주도할 수 있도록 동작의 가동 범위와 속도를 세밀하게 조절하는 것이 중요하다.

덤벨 숄더 프레스

Dumbbell Shoulder Press

관련 근육 ■ 삼각근 ■ 상완삼두근 ■ 상부 승모근	연관 운동 ■ 시티드 프론트 프레스(P.90) ■ 사이드 레터럴 레이즈(P.94) ■ 업라이트 로우(P.98)	

덤벨 숄더 프레스는 어깨의 전면 삼각근을 주동근으로 사용하는 수직 프레스 운동이다. 손목과 전완의 정렬을 수직으로 유지하며 전면 삼각근에 자극을 집중시키는 것이 핵심이다. 만약 손목이 꺾이거나 어깨에 통증이 발생할 경우, 팔꿈치의 위치를 약간 앞으로 조정하면 관절의 부담을 줄일 수 있다. 부드럽고 안정적인 움직임을 통해 타깃 근육에 자극을 정확히 전달하는 것이 무엇보다 중요하다.

WORKOUT TIP

팔꿈치 각도는 직각보다 약간 좁게 유지해야 하며, 팔꿈치가 너무 벌어져 어깨와 수평을 이루면 어깨관절에 큰 부담을 줄 수 있다. 덤벨의 무게 중심을 항상 어깨 쪽으로 느끼면서, 손목에 무리가 가지 않도록 각도를 조절해야 한다. 덤벨의 수직 궤적을 유지하기 위해 손목을 억지로 고정하려 하기보다, 자연스러운 각도를 유지한 채 팔꿈치를 살짝 앞으로 보내는 방식으로 조정하는 것이 좋다. 만약 손목에 불편함이 느껴진다면 덤벨을 쥔 손바닥이 서로 마주 보는 방향(뉴트럴 그립)으로 살짝 비틀어 잡는 것도 효과적이다.

덤벨을 내릴 때는 충격을 흡수하듯 부드럽게 저항을 받아내며 곧바로 다음 동작으로 연결한다. 이때 상완삼두근에 과도한 힘을 주지 않고, 어깨 근육의 수축과 이완에 집중하는 것이 핵심이다.

① 벤치에 앉아 양손에 덤벨을 들고 자세를 잡는다.

Personal Training

바벨 숄더 프레스를 수행할 때도 기본 구조는 동일하다. 양손에 든 덤벨을 하나로 연결하면 바벨이 되는 셈이므로, 덤벨 숄더 프레스와 같은 원리를 따른다. 쇄골 부근에서 머리 위까지 바벨을 수직으로 들어 올리고, 다시 바가 귀 높이와 수평이 될 때까지 내리는 동작을 반복한다.

운동 중 팔을 과도하게 벌리거나 손목을 젖히면 부상의 위험이 있으므로, 가능한 손목이 편한 위치에서 덤벨을 잡고, 팔이 수직에 가깝도록 유지하며 밀어 올리는 연습을 반복하는 것이 좋다. 각자의 신체 특성에 따라 덤벨을 드는 각도나 손목의 위치를 조절하는 유연한 접근이 필요하다. 특정한 자세나 정렬을 고집하기보다는, 자극이 타깃 근육에 전달되는 방향을 찾아가는 것이 효과적이다.

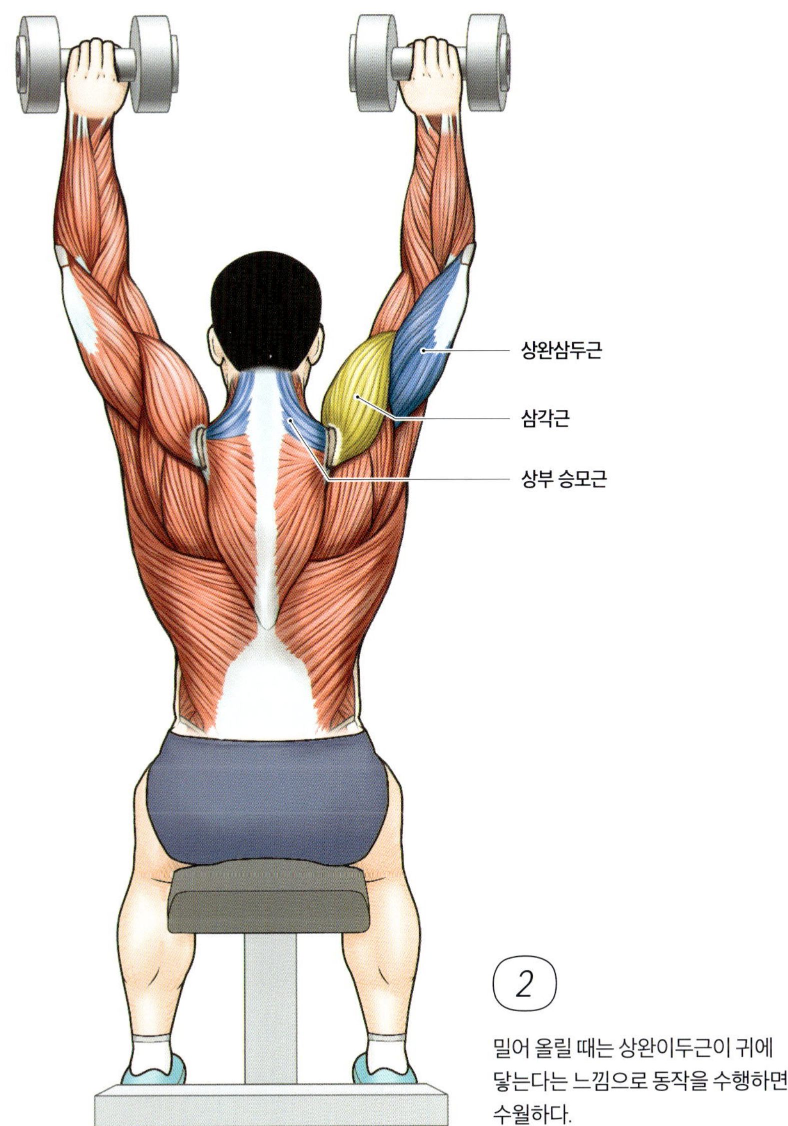

(2)

밀어 올릴 때는 상완이두근이 귀에 닿는다는 느낌으로 동작을 수행하면 수월하다.

Q & A

Q 손목이 꺾이는 느낌이 나는데 어떻게 해야 하나요?

A 덤벨의 각도를 완전히 옆으로 들지 말고 대각선 방향으로 잡는 방식으로 바꾸면 통증을 줄일 수 있다. 견갑골과 팔의 움직임이 원활하지 않다면 억지로 정면 방향을 고집하기보다는, 본인의 관절 가동성에 맞추어 조절하는 것이 바람직하다.

Q 덤벨이 귀 밑으로 내려가면 어떻게 되나요?

A 삼각근은 어깨가 상완골과 수평을 이룰 때 수축력이 극대화되고 그보다 내려가면 수축력이 떨어진다. 팔꿈치가 직각을 이루도록 해야 타깃 근육을 발달시킬 수 있다.

업라이트 로우

Upright Row

관련 근육	■ 삼각근(전면·측면) ■ 하부 승모근	연관 운동	■ 바벨 프론트 레이즈(P.88) ■ 덤벨 프론트 레이즈(P.92)	

업라이트 로우는 어깨 전면과 측면, 하부 승모근을 강화하는 수직 당기기 운동이다. 손이 아닌 팔꿈치로 바벨을 들어 올린다는 느낌으로 수행해야 하며, 하강 시 저항을 통해 신장성 수축을 유도해 삼각근을 발달시킨다.

WORKOUT TIP

업라이트 로우는 상지 근육의 협응과 견관절의 움직임을 기반으로 하는 수직 당기기 운동이다. 견갑골은 구조적으로 앞쪽을 향해 약 30도 정도 기울어져 있으므로, 바벨을 들어 올릴 때 EZ바가 몸에 너무 밀착되지 않도록 적당한 간격을 두어야 한다. 또한 동작 과정에서 상완골이 과도하게 내회전되지 않도록 주의해야 어깨 충돌을 방지할 수 있다.

① 양발을 어깨너비 정도로 벌리고 똑바로 서서 EZ바를 가볍게 잡는다.

CAUTION

업라이트 로우를 수행할 때 바벨을 너무 좁게 잡으면 손목 관절이 과하게 비틀릴 수 있으므로, 어깨너비보다 약간 좁은 정도가 적당하다. 팔꿈치를 들어 올릴 때는 팔꿈치가 항상 손목보다 낮은 위치에 있어야 측면 삼각근과 승모근에 자극이 효과적으로 전달된다. 하지만 바벨을 턱 끝까지 너무 높이 끌어 올리면 어깨 충돌 증후군을 유발할 수 있다. 이는 근육의 자극이 아니라 관절의 손상과 통증으로 이어지므로 주의해야 한다. 따라서 관절의 부담을 최소화하려면 팔꿈치가 어깨선과 수평을 이루는 지점까지만 들어 올리는 것이 가장 바람직하다.

대부분 업라이트 로우를 수행할 때 팔을 내회전한 상태로 EZ바를 턱 부근까지 들어 올리는 경우가 많은데, 외회전시키면 눈높이까지 올릴 수 있다. 만약 이마저도 어렵다면 손을 EZ바에 걸친다고 생각하고, 팔꿈치를 굽히면서 턱 아래까지 당기는 부분 동작을 반복한다. 대신 EZ바를 내릴 때에 힘을 빼지 말고 팔을 완전히 펴지 않은 채 내려야 한다. 이렇게 하면 업라이트 로우와 프론트 레이즈 중간 정도의 운동 효과를 가져가게 된다.

업라이트 로우는 EZ바를 끌어 올릴 때 승모근이 견갑골의 상승과 상방회전을 유도하면서 큰 수축을 일으킨다. 팔꿈치를 반드시 손목보다 낮은 위치에 두되, 승모근의 긴장을 풀고 편안하게 당기다가 팔꿈치가 일직선이 되었을 때 상완골을 돌리면 자연스럽게 외회전이 된다.

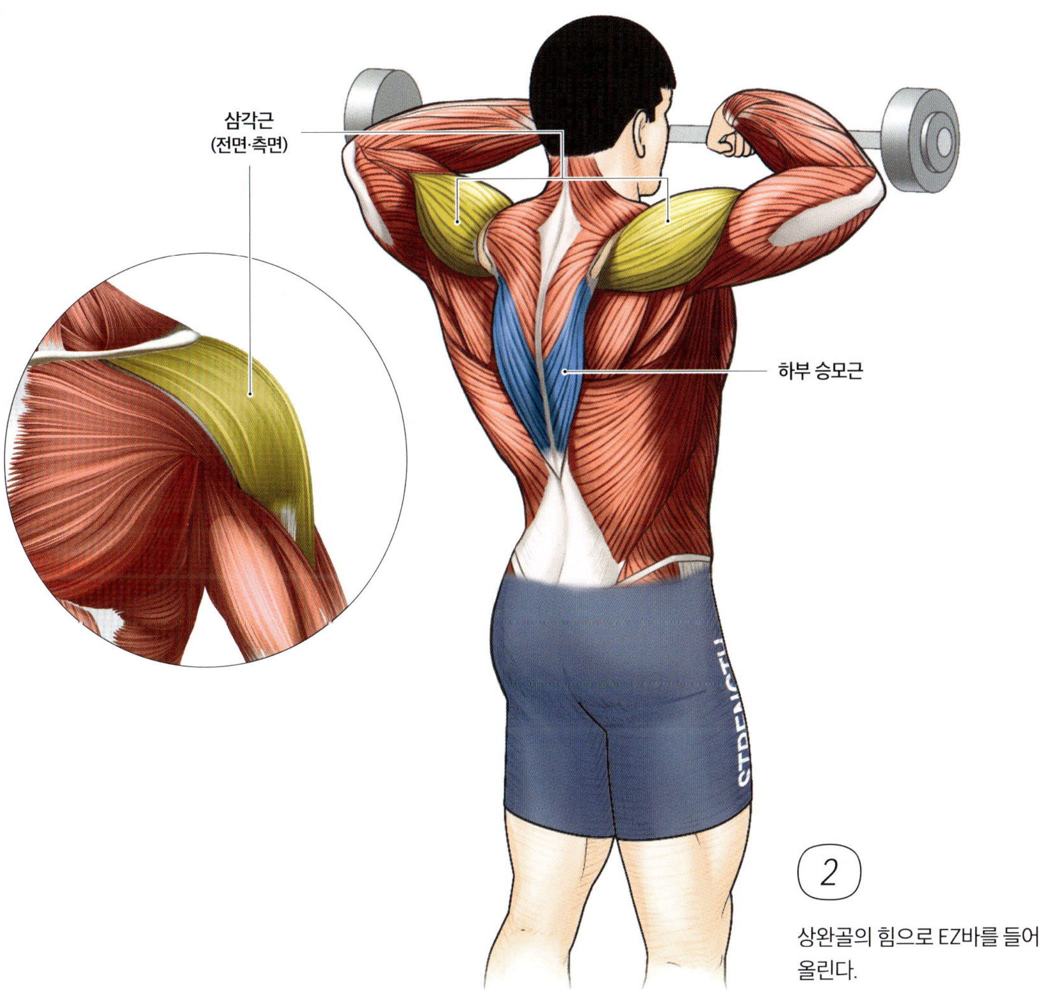

②
상완골의 힘으로 EZ바를 들어 올린다.

Q 반드시 바벨이 눈에 닿을 때까지 올려야 하나요?

A 무조건 눈높이까지 들어 올리라는 것이 아니라 가능한 높이까지 올리라는 것이다. 이때 팔을 외회전 해야 어깨 충돌 없이 EZ바를 들어 올릴 수 있는데, 그럼에도 불구하고 어깨 충돌 현상으로 불편하다면 턱밑까지 올리는 부분 동작을 반복한다.

Q 어깨보다 팔꿈치가 올라가지 않는데 자세가 잘못된 건가요?

A 팔꿈치가 자꾸 떨어진다면 중량이 무거워서일 가능성이 높다. 중량을 낮추고 어깨와 팔꿈치 관절을 충분히 풀어준 뒤 동작을 수행하는 것이 좋다.

페이스 풀

Face pull

관련 근육	■ 후면 삼각근 ■ 중부 승모근	연관 운동	■ 벤트 오버 레이즈(P.104)
			■ 케이블 시티드 리어 레터럴 레이즈(P.106)
			■ 리어스 펙 덱 플라이(P.102)

페이스 풀Face Pull은 단어 뜻 그대로 케이블을 얼굴 쪽으로 당기는 동작을 의미한다. 케이블을 얼굴 방향으로 끌어당기며 후면 삼각근과 승모근을 강화하는 데 탁월한 운동으로, 속도보다는 천천히 정확한 자세를 유지하며 수행하는 것이 핵심이다.

WORKOUT TIP

바를 당길 때 승모근의 긴장을 풀고 어깨가 위로 솟구치지 않도록 자세를 안정적으로 고정한다. 상체는 고정된 상태를 유지하며, 팔꿈치를 뒤로 보냈다가 다시 펴준다는 느낌으로 한다. 만약 견갑골에 힘을 주면서 서로 모았다 푸는 느낌으로 하면 후면 삼각근에 자극이 오지 않고 승모근에만 쏠릴 수 있다.

1

케이블 머신에 앉은 다음 엉덩이를 뒤로 살짝 빼고, 상체를 견고하게 고정 시킨다. 바는 눈높이에 위치하도록 조절한다.

Personal Training

페이스 풀은 초보자도 후면 삼각근의 자극을 비교적 쉽게 느낄 수 있어 입문하기에 좋은 운동이다. 처음에는 가벼운 무게로 시작하여 정확한 동작과 근육의 수축감을 충분히 익힌 후, 점진적으로 중량을 높이는 것이 바람직하다. 바를 당길 때는 손아귀의 힘을 억제하고, 팔꿈치를 뒤로 보낸다는 느낌으로 당겨야 후면 삼각근에 자극을 집중할 수 있다.

케이블을 당길 때는 팔꿈치가 먼저 출발해야 한다. 견갑골을 먼저 뒤로 당기면 승모근이 주도적으로 수축하여 후면 삼각근에 자극이 덜 하게 되니 주의하자. 또한 어깨가 솟구치지 않도록 주의해야 한다. 어깨가 긴장하면 부상 위험이 커지니 반드시 어깨를 내리고 동작을 수행해야 한다.

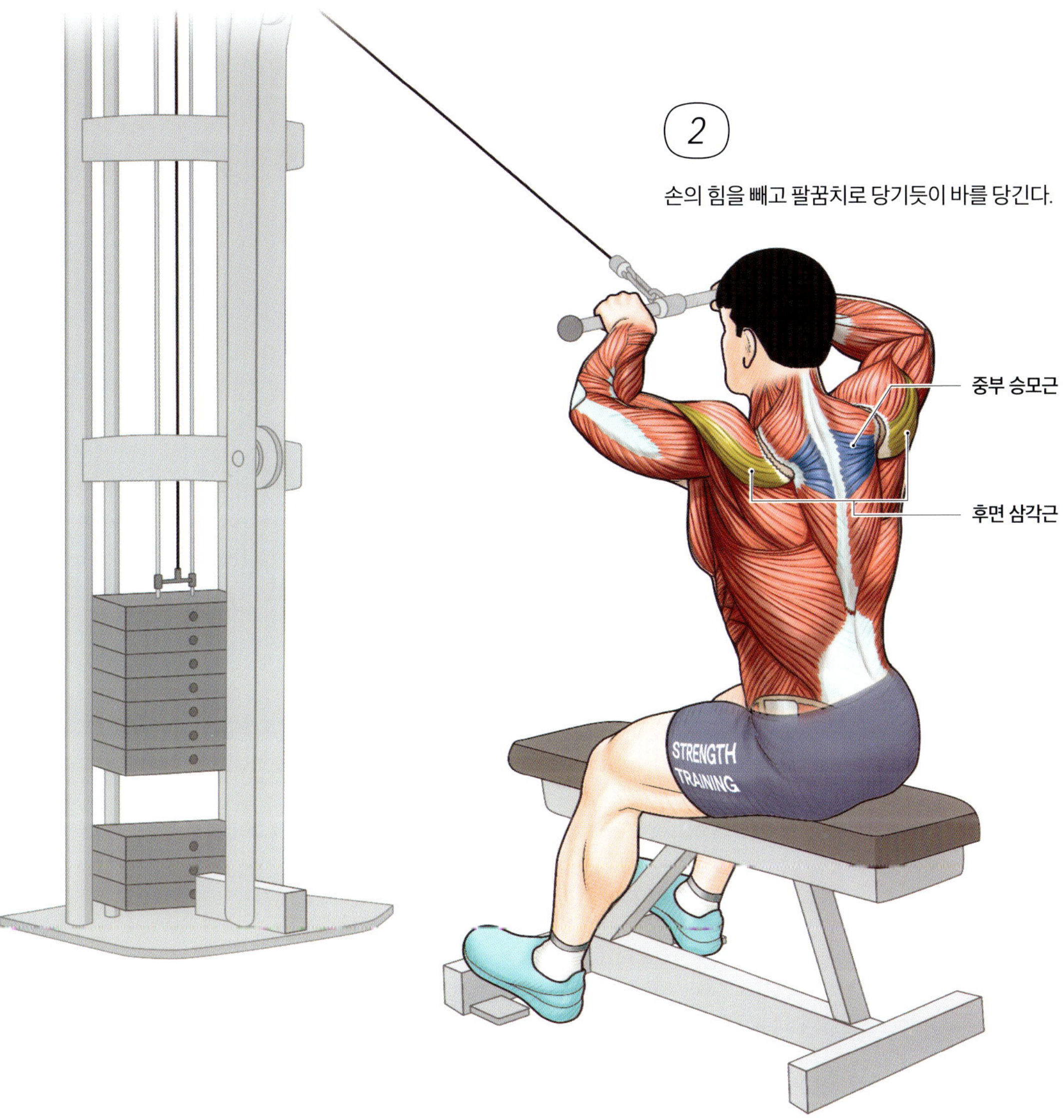

Q&A

Q 페이스 풀은 무게를 얼마나 무겁게 설정해야 하나요?

A 페이스 풀은 고중량보다 정확한 자세와 근육의 수축감을 인지하는 것이 훨씬 중요하다. 처음에는 가벼운 무게로 시작하여, 팔꿈치를 벌려 당겼을 때 후면 삼각근과 견갑 주변 근육이 수축되는 느낌이 명확히 드는 중량을 선택하는 것이 적절하다. 만약 상체가 흔들리거나 반동을 써야만 당겨진다면 중량이 너무 무겁다는 신호이므로, 즉시 무게를 낮추어 고립에 집중하도록 하자.

Q 로프를 얼굴 어느 지점까지 당기는 것이 가장 효과적인가요?

A 로프를 눈과 코 사이 높이로 당기는 것이 가장 이상적이다. 이때 단순히 손을 얼굴로 가져오기보다, 팔꿈치가 손보다 뒤로 먼저 빠지며 어깨 후면을 수축시키는 동작에 집중해야 한다. 만약 로프를 머리 위쪽으로 너무 높게 당기면 상부 승모근의 개입이 과도해지고, 반대로 너무 낮게 당기면 자극이 아래로 분산되어 후면 삼각근의 고립도가 떨어질 수 있다.

리버스 펙 덱 플라이

Reverse Pec Deck Fly

관련 근육 ■ 후면 삼각근 ■ 중부 승모근	연관 운동 ■ 페이스 풀(P.100)
	■ 케이블 시티드 리어 레터럴 레이즈(P.106)
	■ 벤트 오버 레이즈(P.104)

리버스 펙 덱 플라이는 어깨 후면을 집중적으로 공략하는 머신 운동으로, 팔을 양옆으로 펼치며 후면 삼각근을 수축시키는 것이 핵심이다. 이때 팔의 힘이 아닌 어깨 후면의 저항으로 동작을 수행해야 정확한 자극을 전달할 수 있다. 특히 팔꿈치가 아래로 처지거나 뒤로 과하게 빠지지 않도록 견고하게 고정하는 것이 중요하다.

WORKOUT TIP

리버스 펙 덱 플라이는 안정적인 자세에서 후면 삼각근을 고립시키기에 매우 효과적인 운동이다. 하지만 자칫 승모근에 자극이 쏠릴 수 있으므로, 페이스 풀과 마찬가지로 목의 긴장을 풀고 새끼손가락 쪽을 바깥 방향으로 멀리 밀어내듯 원을 그리며 수행하는 것이 중요하다.

CAUTION

손잡이를 팔의 힘으로 무리하게 벌리려 하면, 후면 삼각근이 아닌 상완삼두근이나 전완근 등 팔 근육에 자극을 뺏기게 된다. 또한 동작 중 어깨가 으쓱하며 들리지 않도록 지그시 눌러 고정한 상태에서 진행해야 한다. 견갑골이 팔과 함께 움직이지 않도록 최대한 통제해야 목 주변부나 승모근으로 힘이 분산되는 것을 막을 수 있다.

리버스 펙 덱 플라이는 사이드 레터럴 레이즈보다 자세 잡기는 용이하지만, 그럼에도 정확한 동작을 숙지하고 수행하는 것이 중요하다. 처음부터 무거운 중량을 고집하기보다 가벼운 무게로 정확한 가동 범위를 인지하는 과정이 선행되어야 한다. 동작 시 승모근의 개입을 완전히 배제할 수는 없으나, 제어력을 잃으면 자칫 중부 승모근 위주의 운동으로 변질될 수 있다.

따라서 페이스 풀과 마찬가지로 목의 긴장을 최대한 풀고, 팔꿈치를 편 상태에서 새끼손가락을 바깥으로 멀리 보내듯 팔이 몸과 수평을 이루는 지점까지 벌려준다. 이때 동작의 정점에서 어깨가 뒤로 활짝 열리는 느낌과 함께 후면 삼각근이 최대치로 수축되는 것을 느껴야 한다.

1. 손잡이를 잡고 새끼손가락으로 큰 원을 그리는 느낌으로 팔을 벌린다. 즉 손잡이를 잡고 뒤로 당기는 것이 아니라 옆으로 밀면서 팔을 최대한 벌려야 한다.
2. 몸과 팔이 최대한 일직선상에 놓일 때까지 벌린다. 견관절 힘으로 움직이도록 팔꿈치를 펴서 고정시킨다.

Q&A

Q 리버스 펙 덱 플라이는 어깨 운동인가요, 등 운동인가요?

A 일차적으로 후면 삼각근을 고립하여 발달시키는 어깨 운동이다. 하지만 동작 과정에서 중부 승모근과 능형근 등이 보조적으로 개입하기 때문에, 입체감 있는 어깨 뒤편부터 견갑골 주변의 탄탄한 라인까지 상체 후면의 전체적인 완성도를 높이는 데 매우 효과적인 운동이다.

Q 덤벨을 사용하는 벤트 오버 레이즈와 비교했을 때, 어떤 운동이 더 효과적인가요?

A 두 운동은 각각의 확실한 장점이 있다. 리버스 펙 덱 플라이는 궤적이 고정되어 있어 초보자도 자세를 유지하며 후면 삼각근에 자극을 집중하기에 유리하다. 반면, 덤벨을 이용한 벤트 오버 레이즈는 가동 범위를 자유롭게 조절할 수 있고, 자극의 방향을 다양화하여 근육을 더 세밀하게 발달시킬 수 있다. 따라서 머신으로 기초적인 근육 인지력을 키운 뒤 덤벨 운동을 병행하면 어깨 후면 발달에 시너지 효과를 낼 수 있다.

벤트 오버 레이즈

Bent-over Raise

관련 근육	▪후면 삼각근 ▪중부 승모근	연관 운동	▪ 페이스 풀(P.100)
			▪ 케이블 시티드 리어 레터럴 레이즈(P.106)

벤트 오버 레이즈는 후면 삼각근, 즉 어깨 뒷면을 집중적으로 발달시키는 대표적인 프리웨이트 운동이다. 단순히 손으로 덤벨을 들어 올리는 것이 아니라, 팔꿈치를 바깥으로 멀리 보낸다는 느낌으로 무게를 들어 올리는 감각을 익히는 것이 핵심이다. 마치 새가 날갯짓을 하듯 큰 원을 그리는 동작을 연상하면 이해가 쉽다. 만약 상체를 숙여 자세를 유지하는 것이 어렵다면, 인클라인 벤치에 가슴을 기대고 수행하는 것도 자극을 느끼는 데 큰 도움이 된다.

덤벨을 단순히 팔로 들어 올리거나 양옆으로 흔드는 것이 아니라, 중력의 반대 방향(위쪽)으로 밀어 올린다는 의식을 가지고 동작을 수행해야 한다. 이때 팔의 근력보다는 후면 삼각근이 수축되는 감각에 집중하며 저항을 느껴야 한다. 견갑골은 과도하게 움직이지 않도록 안정적으로 고정하되, 동작의 정점에서 후면 삼각근이 완전히 수축되는 지점을 정확히 인지하는 것이 핵심이다.

1

덤벨을 양손에 든 다음 상체를 45도 이상 숙인다. 양팔은 자연스럽게 늘어뜨린다.

팔이 흔들리거나 오직 팔의 힘만으로 덤벨을 들어 올리면 동작의 방향성을 잃게 되고, 결과적으로 후면 삼각근이 제대로 수축되지 않는다. 또한 승모근이나 목 주변부에 과도한 힘이 들어가지 않도록 상체는 안정적인 이완 상태를 유지해야 한다. 덤벨을 내릴 때 역시 무게에 끌려가듯 급하게 내리지 말고, 저항을 느끼며 천천히 내려야 동작의 마지막 순간까지 근육에 자극을 전달할 수 있다.

입체적이고 멋진 어깨를 완성하려면 반드시 후면 삼각근이 발달해야 한다. 전면과 측면 삼각근이 발달했더라도 후면 근육이 받쳐주지 못하면 전체적인 어깨 라인이 빈약해 보이기 때문이다. 하지만 후면 삼각근은 다른 부위에 비해 자극을 느끼기 어렵고, 자칫 승모근의 개입이 커질 수 있어 무엇보다 바른 자세가 중요하다.

벤트 오버 레이즈를 수행할 때 덤벨을 지나치게 강하게 쥐면 전완근이 과도하게 개입되고, 삼두근으로 자극이 분산될 수 있다. 따라서 손아귀의 힘을 줄이고 팔꿈치가 동작을 리드하도록 유도해야 한다. 그럼에도 자극이 느껴지지 않는다면 팔꿈치의 움직임에만 집중하여 후면 삼각근의 수축감을 먼저 익히는 연습이 필요하다.

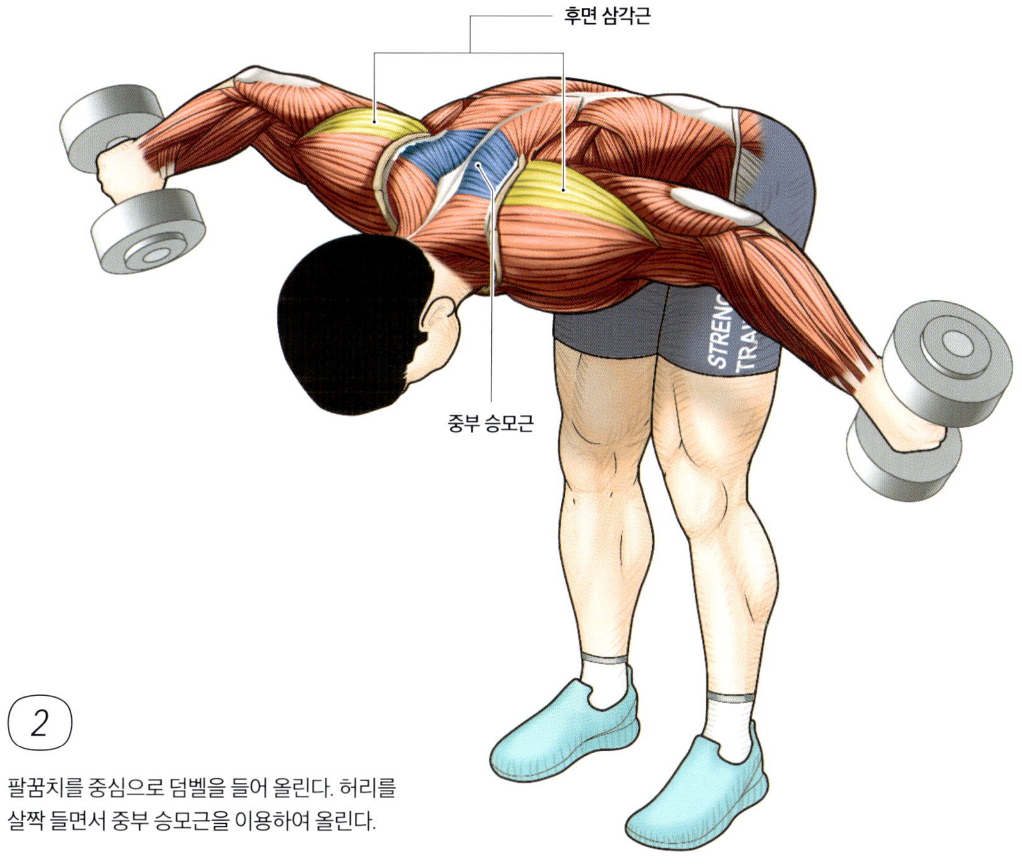

(2)

팔꿈치를 중심으로 덤벨을 들어 올린다. 허리를
살짝 들면서 중부 승모근을 이용하여 올린다.

Q 후면 삼각근의 자극이 잘 느껴지지 않을 때, 가장 먼저 점검하고 교정해야 할 포인트는 무엇인가요?

A 가장 먼저 팔꿈치의 높이와 팔을 벌리는 각도를 점검해야 한다. 팔을 벌릴 때 팔꿈치가 아래로 처지거나 덤벨을 수직 위로만 던지듯 들면, 자극이 등 근육이나 승모근으로 분산된다. 후면 삼각근의 근섬유 방향에 맞춰, 팔을 몸통 기준으로 약 30~45도 정도 비스듬히 앞쪽으로 보내며 들어 올려야 견갑골의 간섭 없이 후면 삼각근을 정밀하게 타깃팅할 수 있다.

케이블 시티드 리어 레터럴 레이즈

Cable Seated Rear lateral Raise

관련 근육	■ 후면 삼각근 ■ 중부 승모근	연관 운동	■ 페이스 풀(P.100) ■ 리버스 펙 덱 플라이(P.102)

케이블 시티드 리어 레터럴 레이즈는 후면 삼각근을 정교하게 고립하여 자극하는 운동이다. 앉은 자세에서 상체를 숙여 수행하므로 반동을 최소화할 수 있으며, 어깨 후면에 자극을 집중하기에 매우 유리하다. 특히 케이블 특성상 동작의 전 구간에서 일정한 저항이 유지되기 때문에, 덤벨보다 근육의 긴장감을 명확히 느낄 수 있어 어깨의 균형 잡힌 발달과 관절 안정성 향상에 효과적이다.

WORKOUT TIP

이 운동의 핵심은 팔이 아닌 어깨 즉 후면 삼각근이 주도적으로 움직인다는 감각을 익히는 데 있다. 손이나 팔의 힘만으로 케이블을 당기려 하는 순간, 자극은 즉시 등이나 팔 근육으로 변질된다. 시작 자세에서는 가슴을 허벅지 쪽으로 살짝 숙여 상체를 안정시키고, 견갑골(날개뼈)이 과하게 모이지 않도록 중립 상태를 유지해야 한다.

동작 중에는 팔꿈치를 손보다 약간 높게 유지하며, 팔을 단순히 들어 올리기보다 뒤로 넓게 벌려준다는 이미지를 갖는 것이 중요하다. 가동 범위의 정점에서 잠시 멈춰 후면 삼각근의 정점 수축을 느끼고, 돌아올 때는 케이블의 장력을 끝까지 유지하며 천천히 조절해야 한다. 중량은 생각보다 가볍게 설정하는 것이 오히려 근육의 정확한 자극으로 이어진다.

1. 벤치에 앉은 상태에서 상체를 적절히 숙인다.
2. 케이블 머신의 하단에 손잡이를 세팅한 뒤, 오른쪽 케이블은 왼손으로, 왼쪽 케이블은 오른손으로 교차하여 잡는다(X자 형태).
3. 양발은 살짝 앞으로 내밀어 지지함으로써, 동작 중 몸이 앞으로 쏠리지 않도록 견고하게 균형을 잡는다.

CAUTION 동작 시 견갑골(날개뼈)이 과도하게 뒤로 접히지 않도록 주의하며, 팔꿈치를 멀리 던진다는 느낌으로 어깨 후면의 고립에 집중해야 한다. 케이블 특유의 지속적인 저항을 활용하되, 상체가 앞으로 숙여진 각도를 일정하게 유지하여 승모근이나 허리의 개입을 최소화하는 것이 중요하다.

후면 삼각근의 자극이 잘 느껴지지 않는다면 팔에 힘을 주어 들어 올리고 있는 것이니, 반드시 견갑골을 이용하여 끌어올리는 느낌을 인지해야 한다. 케이블을 당겼을 때 손잡이가 귀 높이까지 오도록 당겨준다. 움직임은 가슴을 활짝 여는 느낌을 느껴야 동작을 정확하게 수행할 수 있다. 또한 동작 시 옆에서 봤을 때 손잡이와 팔꿈치가 어깨선보다 뒤로 빠지거나 팔을 무리하게 굽히면 자극이 분산되므로 자세를 지속적으로 고정해야 한다.

(2)

상체를 살짝 들면서 케이블 잡은 양팔을 옆으로 들어 올린다. 이때 견갑골을 모은다는 느낌으로 후면 삼각근을 수축하며 마지막 지점에서 승모근도 같이 수축해야 한다.

Q&A

Q 운동할 때 승모근이 자꾸 개입되는데 어떻게 해야 하나요?

A 팔을 위로 드는 느낌이 아니라, 옆으로 벌린다는 느낌을 갖고 동작을 수행해야 한다. 어깨가 들리지 않게 귀에서 멀어진다는 느낌으로 내려가야 승모근 개입이 줄어든다. 견갑골을 먼저 움직이는 것이 아니라 팔꿈치를 먼저 들어야 한다.

Q 덤벨로 했을 때와 차이가 있나요?

A 케이블은 끝까지 일정한 저항이 걸려 있어 후면 삼각근을 끝까지 자극할 수 있다는 장점이 있다. 덤벨은 중간 구간에서 무게가 가장 많이 느껴지고, 케이블은 전체 가동 범위 내내 자극이 유지된다는 점이 다르다.

비하인드 넥 프레스

Behind the Neck Press

관련 근육 ■삼각근(전면·측면) ■상완삼두근	연관 운동 ■시티드 프론트 프레스(P. 90) ■덤벨 숄더 프레스(P. 96)

비하인드 넥 프레스는 어깨 강화 운동하면 흔히 떠오르는 운동이다. 백 프레스라고도 불리며 운동 명칭 그대로 바벨을 목 뒤로 넘기면 되기 때문에 단순해 보인다. 하지만 자칫하면 어깨관절에 부담이 생길 수 있어서 올바른 자세와 힘 조절이 필요한 운동이다. 때문에 초보자나 라운드 숄더 체형, 견관절의 움직임이 좋지 않은 사람들은 스미스 머신으로 자세를 먼저 익혀 어깨 가동성과 안정성을 확보해야 한다.

WORKOUT TIP

비하인드 넥 프레스는 어깨를 이용해 수직 방향으로 밀어내는 프레스 운동이다. 따라서 바벨을 들어 올릴 때도 중요하지만 내릴 때 자극도 중요하다. 밀어 올릴 때는 경추를 중립으로 유지하고 바벨을 정수리 위로 올리며, 내릴 때는 바벨을 빠르게 떨어뜨리지 말고 후면 삼각근이 늘어나는 구간을 컨트롤한다.

1 벤치에 앉아 바벨을 잡는다. 명치는 살짝 위로 들어 올리고 척추를 곧게 정렬한다.

CAUTION

어깨를 내회전시킨 상태로 바벨을 내리면 어깨관절 내 연부 조직이 끼이는 어깨 집힘 현상, 즉 어깨 충돌 증후군을 유발할 수 있으므로 각별히 주의해야 한다. 또한 동작 중 머리나 허리를 뒤로 과하게 젖히지 않아야 하며, 명치를 위로 들어 올린다는 느낌으로 상체를 곧게 세워야 한다. 이때 발은 상체보다 앞쪽에 위치시켜 자세의 안정감을 확보한다. 만약 발이 몸 뒤쪽으로 가면 허리가 과하게 꺾이는 과신전 상태가 되어 척추기립근에 무리한 부하가 걸릴 수 있으므로, 반드시 발을 몸 앞쪽에 두어 척추의 중립을 유지해야 한다.

비하인드 넥 프레스는 어깨 가동성을 평가한 후 제한적으로 적용하는 것이 원칙이다. 견관절의 가동 범위가 충분하고 상체 안정성이 확보된 중·상급자에게는 전·측면 삼각근의 자극을 극대화하는 훌륭한 선택지가 될 수 있다. 동작을 수행할 때는 단순히 '무게를 들어 올리는 운동'이 아니라, '어깨관절의 위치를 고정한 채 바벨을 궤적에 따라 이동시키는 운동'이라는 인식을 가지는 것이 좋다.

특히 바벨을 내릴 때 온몸의 근력을 동원해 억지로 버티려 하기보다, 수직으로 떨어지는 무게를 몸으로 흡수하듯 부드럽게 받아낸다는 느낌으로 동작해야 한다. 이는 미는 동작보다 저항을 느끼며 내리는 동작, 즉 신장성 수축이 중심이 되는 운동이기 때문이다. 바벨을 하강시킬 때 고개를 살짝 숙여 경추의 부담을 줄이고 부드럽게 받아내야 한다는 것을 꼭 기억하자.

바벨을 들어 올릴 때 팔꿈치를 완전히 폈다가 내릴 때는 팔꿈치가 직각이나 직각보다 살짝 좁게 될 때까지 내린다. 이때 머리를 앞으로 살짝 숙여 바벨이 내려올 공간을 만든다.

Q 비하인드 넥 프레스는 위험하다고 하던데, 초보자가 해도 괜찮은 운동인가요?

Q & A

A 비하인드 넥 프레스는 어깨의 유연성이 충분하고 견갑골의 안정성이 확보된 사람에게는 충분한 자극을 줄 수 있다. 하지만 승모근이나 삼각근의 유연성이 부족한 상태에서 무리하게 동작을 수행하면 어깨 뒤쪽에 통증이 생길 수 있다. 초보자는 프론트 프레스 같은 대체 운동으로 충분히 어깨를 키울 수 있으니, 무리하게 비하인드로 시작할 필요는 없다.

CHAPTER 05

팔 운동

팔의 해부학 구조_상완이두근

팔 운동은 대부분 어깨 운동이나 상체 운동을 하면 자연스럽게 키워지므로 소홀한 경우가 많다. 하지만 팔은 단순히 중량을 늘리기 위해 무작정 힘을 들이는 데 필요한 신체 기관에 머무르지 않는다. 또한 단순히 굵어지는 데만 만족할 것이 아니라면 심미적으로 아름답고 건강한 팔을 만들기 위한 팔 운동이 따로 있으므로, 팔의 구조와 기능을 잘 이해하여 팔 운동을 시작해 보자.

상완이두근의 구조

상완이두근은 상완 전면에 위치한 대표적인 이두근으로, 어깨에서 팔꿈치까지 이어지는 근육이다. 어깨와 팔꿈치 두 개의 관절을 지나므로 상완이두근 운동을 할 경우 두 개의 관절을 모두 움직이는 투 조인트 운동을 해야 한다. 상완이두근은 단순히 팔을 굽히는 근육이 아니라 팔 움직임의 정확도와 힘의 효율을 결정하는 핵심 근육이다.

상완이두근 장두는 대결절에서, 단두는 오구돌기에서 시작하는데 주 기능은 팔꿈치 굴곡과 회외이며, 어깨관절의 굴곡에도 일부 관여한다. 전완이 회외된 상태에서 굴곡할 때 가장 강한 수축을 보이며, 회내된 상태에서는 상완근이 더 큰 역할을 한다.

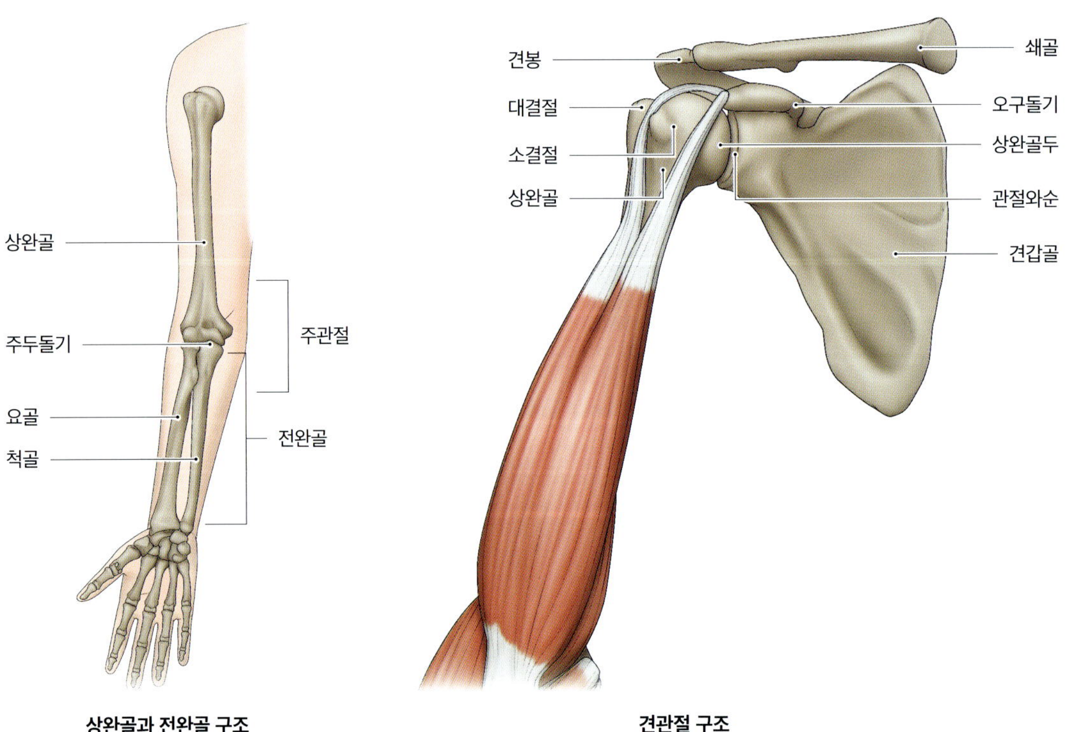

상완골과 전완골 구조   견관절 구조

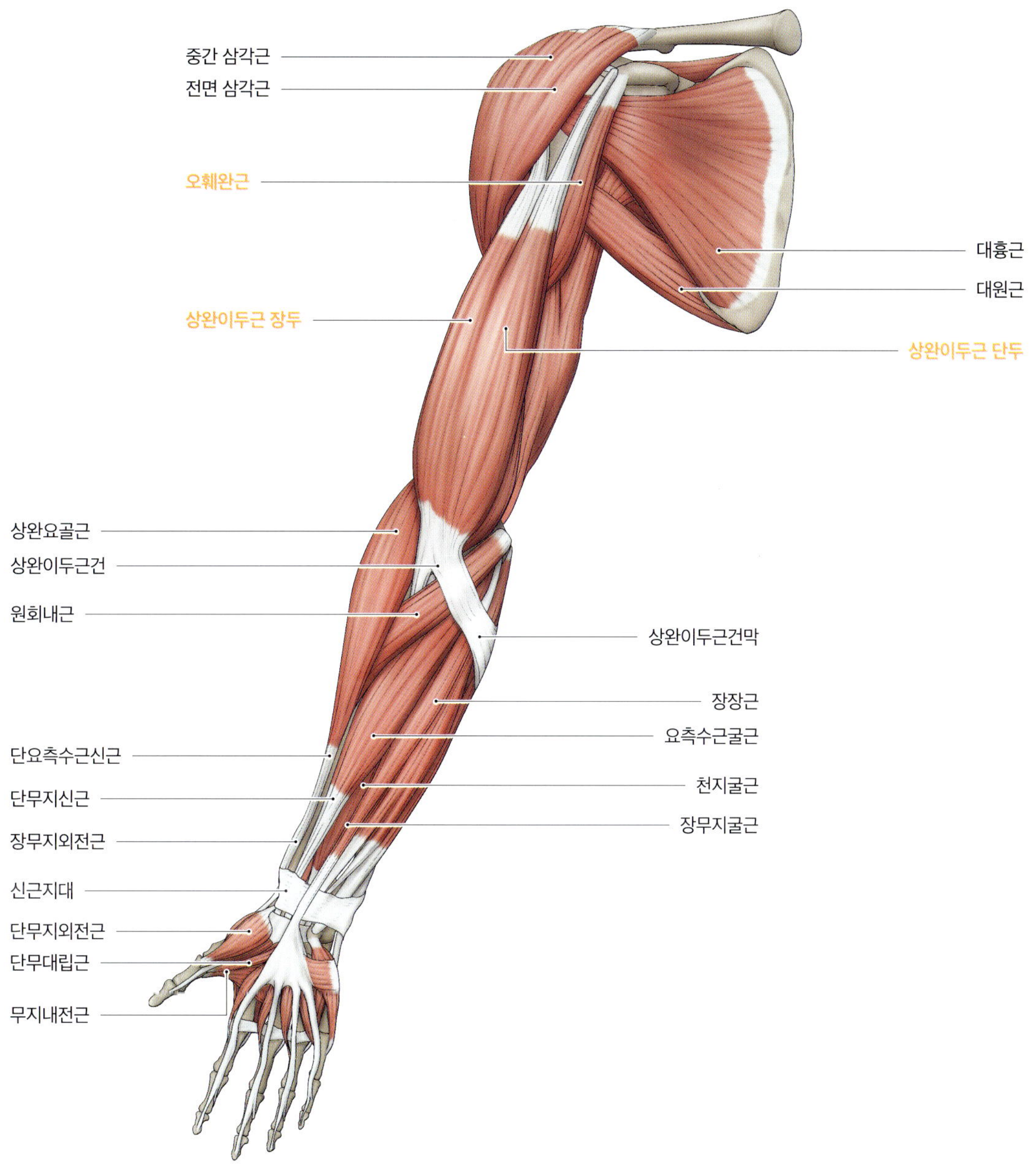

이두근 구조

반면 척골에서 상완골까지 이어지는 상완근과 상완골에서 견갑골의 오구돌기까지 이어지는 오훼완근은 원 조인트 근육이다. 실제로 팔 앞쪽은 상완이두근 장두와 단두, 상완근, 오훼완근 네 갈래 근육으로 이루어져 있는데, 이렇게 투 조인트 근육과 원 조인트 근육이 함께 있을 경우 당연히 투 조인트 운동을 해야 한다.

상완이두근 운동의 기본 원리

상완이두근을 효과적으로 발달시키기 위한 기본 원리는 근육의 해부학적 기능과 점진적으로 강화하는 훈련의 반복(점진적 과부하)을 토대로 한다. 이두근의 해부학적 작용이 팔꿈치 굴곡과 전완 회외이므로, 운동 동작에서도 이러한 움직임을 최대한 활용해야 한다. 예를 들어 덤벨 컬을 할 때 아래팔을 회외하며 들어 올리면 상완이두근의 두 가지 기능을 동시에 활성화하여 강한 수축을 유도할 수 있다.

또한 근육의 길이-장력 원리를 고려하여 다양한 각도에서의 운동을 병행하는 것이 바람직하다. 팔이 몸 뒤로 향한 상태에서 실시하는 인클라인 덤벨 컬(혹은 해머 컬)은 견관절이 신전된 자세에서 상완이두근, 특히 장두(긴갈래)를 충분히 신장시킨 다음 수축시키므로 근육의 신장 상태에서의 부하를 높일 수 있고, 반대로 상완을 고정한 프리처 컬은 근육이 최대한 짧아진 상태에서 최대 수축을 이끌어내 이두근의 다른 측면을 자극한다. 이러한 다양한 자극을 통해 근섬유의 전 범위에 걸쳐 고르게 부하를 줄 수 있다. 마지막으로 점진적 과부하 원칙을 적용하여 시간 경과에 따라 중량, 반복 횟수 등을 서서히 증가시킴으로써 꾸준한 근력 및 근비대 향상을 도모해야 한다.

상완이두근 운동 시 협응근 관리

상완이두근을 운동할 때는 함께 작용하는 협응근들의 역할을 이해하고 적절히 관리해야 한다. 상완근은 상완이두근 아래 깊숙이 위치한 근육으로서 전완 회전과 관계없이 팔꿈치 굴곡만을 담당하며, 상완요골근은 아래팔의 중립 위치에서 팔꿈치 굴곡을 돕는 근육이다. 협응근 관리란 목표 근육인 이두근에 집중하면서도 이러한 보조 근육들을 적절히 강화하고 그 개입을 조절하는 균형 잡힌 접근을 의미한다.

예를 들어, 로프를 활용하여 얼굴 방향으로 당기는 페이스 풀을 수행할 때, 손등이 위나 바깥을 향하는 그립을 유지하면 상완이두근의 회외 기능이 제한된다. 이 과정에서 부하의 상당 부분은 상완근과 상완요골근으로 이동하게 되는데, 특히 상완근은 요골이 아닌 척골에 부착되어 있어 전완의 회전(뒤집기)에 관여하지 않고 오직 팔꿈치 굴곡에만 집중하기 때문이다. 이런 방식으로 페이스 풀 동작에서 전완의 회외를 제한하면, 평소 이두근이 대부분 담당하던 팔꿈치 굴곡 부하를 상완근과 상완요골근이 더 많이 분담하게 되어 해당 협응근들을 별도로 발달시키는 효과가 있다.

반대로, 순수한 이두근의 고립을 원할 경우 손바닥이 위로 향한 회외 그립과 안정된 팔꿈치 자세를 유지하여 상완요골근이나 전면 삼각근 등의 개입을 최소화하는 것이 좋다. 이처럼 주동근과 협응근의 기여도를 필요에 따라 조절함으로써 상완이두근을 더욱 효과적으로 자극하고 전반적인 상지 근육의 균형 있는 발달을 도모할 수 있다.

상완이두근 운동 시 주의점

상완이두근은 팔꿈치를 굽히고 아래팔을 뒤집어 손바닥이 위로 향하게 하는 운동에 핵심적
인 역할을 한다. 이 근육을 웨이트 트레이닝으로 단련할 때에는 정확한 자세와 안전에 유의
해야 한다. 잘못된 자세로 몸의 반동을 이용하거나 어깨 등 다른 부위의 힘을 빌리면 상완이
두근에 가해져야 할 자극이 분산되고 부상의 위험이 높아진다. 따라서 운동 중에는 팔꿈치를
몸 옆에 고정하여 어깨 관여를 줄이고, 오로지 팔꿈치 굴곡 움직임만으로 이두근을 수축시키
는 것이 바람직하다. 또한 전체 동작 범위를 활용하면서 속도를 조절하여 천천히 들어 올리
고 내림으로써 근육에 충분한 긴장 시간을 확보해야 한다. 너무 빠른 반동이나 불완전한 가
동 범위는 근육에 충분한 자극을 주지 못하고 부상으로 이어질 수 있다.

결국 팔 운동의 핵심은 단순히 무거운 무게를 들어 올리는 것이 아니라, 상완이두근과 상완
근, 상완요골근의 해부학적 기능을 정확히 이해하고 타깃에 맞는 정교한 궤적을 그려내는 데
있다. 투 조인트 근육의 특성을 고려한 다양한 각도 변화와 철저한 고립 훈련이 병행될 때, 비
로소 부상의 위험 없이 입체적이고 강력한 팔의 곡선을 완성할 수 있다. 이러한 기능적 기초
위에서 꾸준한 점진적 과부하를 적용한다면, 누구나 심미성과 수행 능력을 동시에 갖춘 완벽
한 팔 근육을 얻게 될 것이다.

스탠딩 바벨 컬

Standing Barbell Curl

관련 근육	■상완이두근 ■오훼완근 ■상완근 ■전완근	연관 운동	■얼터네이트 덤벨 컬(P.120) ■프리처 컬(P.118)

스탠딩 바벨 컬은 상완이두근을 주 타깃으로 하는 대표적인 팔 운동으로, 팔꿈치 굴곡을 통해 근육 수축을 유도한다. 이두근은 장두와 단두로 구성되어 있으며, 어깨관절과 팔꿈치 관절을 동시에 지나므로 투 조인트 운동으로 동작을 수행해야 한다. 따라서 바벨 컬은 단순히 팔꿈치만 움직이는 동작처럼 보이지만, 실제로는 어깨의 위치와 견갑골의 안정성이 근육 자극에 큰 영향을 미친다.

WORKOUT TIP

스탠딩 바벨 컬에서 가장 중요한 포인트는 팔꿈치의 위치 고정과 어깨관절의 개입을 최소화하는 것이다. 팔꿈치는 몸통 옆에 자연스럽게 붙인 상태를 유지하고, 상완이 앞쪽으로 이동하지 않도록 한다. 상완이 전방으로 이동하면 이두근의 역할이 줄어들고 전면 삼각근이 개입하게 되어 자극이 분산된다.

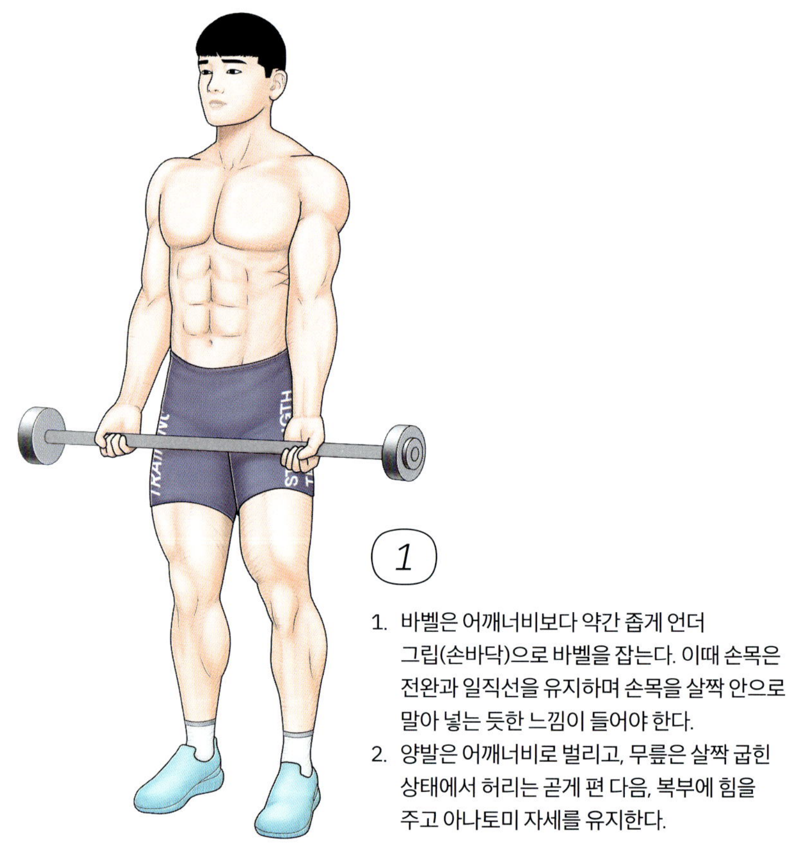

1. 바벨은 어깨너비보다 약간 좁게 언더그립(손바닥)으로 바벨을 잡는다. 이때 손목은 전완과 일직선을 유지하며 손목을 살짝 안으로 말아 넣는 듯한 느낌이 들어야 한다.
2. 양발은 어깨너비로 벌리고, 무릎은 살짝 굽힌 상태에서 허리는 곧게 편 다음, 복부에 힘을 주고 아나토미 자세를 유지한다.

CAUTION

스탠딩 바벨 컬에서 가장 흔한 실수는 반동을 사용하는 것이다. 허리를 과도하게 젖히거나 엉덩이를 밀어 올려 바벨을 튕기듯 들어 올리면, 이두근 대신 허리와 둔근의 힘을 사용하게 된다. 이는 운동 효과를 떨어뜨릴 뿐만 아니라 요추 과신전으로 인한 허리 부상의 위험을 높인다. 두 번째로는 견관절에 있는 대흉근, 상완이두근, 회전근개 등 여러 근육 중 하나가 부상당한 경우이다. 사실 삼각근 자체에는 부상이 잘 생기지 않으므로, 만약 이두근 운동 시 어깨 통증이 있다면 대흉근이나 상완이두근 또는 회전근개가 손상된 것이니 무리하지 않도록 한다.

스탠딩 바벨 컬을 전신 안정성과 팔의 협응을 배우는 기초 동작으로 접근하는 것이 좋다. 초보자는 먼저 가벼운 무게로 코어를 고정한 상태에서 팔꿈치만 움직이는 감각을 익혀야 한다. 필요하다면 벽에 등을 붙인 상태에서 연습하는 것도 효과적이다.
중급자 이상은 그립의 너비 변화를 통해 자극의 차이를 느껴보자. 어깨너비보다 약간 넓은 그립은 단두 자극을, 좁은 그립은 상대적으로 장두를 자극한다. 또한 속도 조절(예: 2초 상승, 3초 하강)을 통해 이두근의 긴장 시간을 늘려 근육의 질적인 성장을 유도할 수 있다.

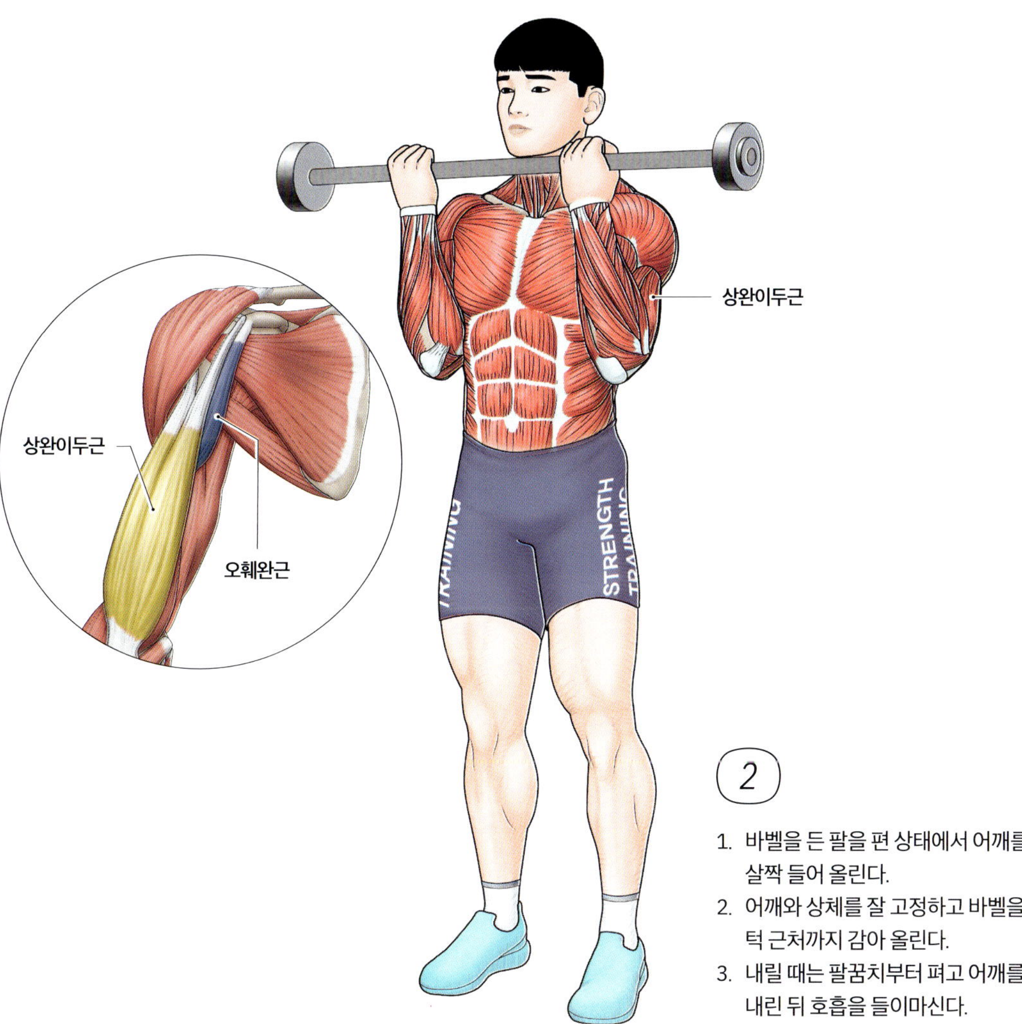

1. 바벨을 든 팔을 편 상태에서 어깨를 살짝 들어 올린다.
2. 어깨와 상체를 잘 고정하고 바벨을 턱 근처까지 감아 올린다.
3. 내릴 때는 팔꿈치부터 펴고 어깨를 내린 뒤 호흡을 들이마신다.

Q & A

Q 팔꿈치가 자꾸 움직이는데 괜찮나요?

A 투 조인트 운동이기 때문에 견관절이 쓰여 어깨가 살짝 개입되는데, 이때 어깨를 너무 많이 움직이며 들면 전면 삼각근에 자극이 많이 가므로 어깨는 살짝만 움직이도록 한다. 그렇다고 해서 팔꿈치를 옆구리에 붙이고 완전히 고정할 필요는 없다.

Q 전완이 먼저 아프고, 이두에 자극이 오지 않는데 왜 그럴까요?

A 그립을 너무 좁게 잡거나 동작 시 손목을 움직이며 꺾으면 전완에 부하가 생긴다. 어깨너비 정도로 잡고 손목을 일직선으로 유지해야 한다.

프리처 컬

Preacher Curl

관련 근육	■ 상완이두근 ■ 전완근	연관 운동	■ 스탠딩 바벨 컬(P.116) ■ 케이블 컬(P.122)

프리처 컬은 상완이두근을 주 타깃으로 하는 여러 컬 동작 중에서도, 특히 단두를 효과적으로 고립시키는 대표적인 고립Isolation 운동이다. 이 운동은 프리처 벤치에 상완을 고정한 채 오로지 팔꿈치 굴곡만을 수행하므로, 신체의 반동이나 어깨의 개입을 구조적으로 차단할 수 있다는 점이 가장 큰 특징이다.

WORKOUT TIP

프리처 컬의 핵심은 상완 고정과 팔꿈치 중심 회전이다. 상완이 프리처 패드에 밀착된 상태에서 팔꿈치가 패드의 아래쪽 가장자리에 너무 걸리지 않도록 위치를 잡는 것이 중요하다. 팔꿈치가 패드 끝에 과도하게 닿으면 관절 압박이 증가하고, 가동 범위가 제한된다. 또한 바벨 또는 EZ바를 들어 올릴 때는 손목을 꺾지 말고 중립에 가깝게 유지하며, 들어 올린다는 느낌보다는 팔꿈치를 접어 이두근을 수축시킨다는 감각에 집중해야 한다. 최고 수축 지점에서 1초간 정지하여 근육의 긴장을 유지해야 하며, 내릴 때는 올릴 때보다 속도를 절반 이상 느리게 하여 이두근에 지속적으로 긴장을 준다.

1

상완을 벤치 경사면에 밀착시키고 EZ바 또는 스트레이트 바를 잡는다. 양 어깨는 정면에 위치하며, 전완이 안쪽으로 돌아가지 않도록 회외시킨 상태에서 어깨보다 살짝 좁게 언더 그립으로 잡는다.

CAUTION

무게를 과도하게 사용할 경우 관절에 직접적인 스트레스가 가해질 수 있으니 주의해야 한다. 또한 어깨가 말린 상태에서 프리처 컬을 수행하면, 이두근 장두 기시부에 불필요한 긴장이 생길 수 있다. 따라서 동작 전 가슴을 열고 견갑골을 가볍게 안정화한 상태를 만드는 것이 중요하다.

프리처 컬은 바벨 또는 덤벨을 사용한다. 바벨과 덤벨 모두 운동 방법은 같다. 본인의 손목 상태와 그립감 등을 고려해서 선택하면 된다. 프리처 컬은 상완이두근 단두를 더 많이 자극하는데, 이는 팔 안쪽 볼륨감을 만드는 데 톡톡한 역할을 한다. 바를 잡을 때는 팔 자체가 살짝 바깥으로 회외된 상태여야 하며, 바를 턱 밑으로 감아서 말아 올리는 느낌으로 당겨야 한다. 이때 수직에서 회전을 크게 걸고 팔꿈치가 프리처 패드에서 살짝 떨어진 상태에서 당겨야 한다. 그래야 수축감을 극대화할 수 있다. 바를 내릴 때도 어깨나 몸이 바에 딸려가는 것이 아니라 몸은 뒤로 오는 느낌으로 버텨야 한다. 덤벨로 동작을 수행할 때도 마찬가지다.

(2)

1. 바를 턱 안쪽으로 말아 올리듯이 감아 당긴다. 이때 팔꿈치를 프리처 패드 경사면에서 살짝 떼면 이두근의 수축감을 더 느낄 수 있다.
2. 내릴 때는 어깨가 바에 딸려가지 않도록 버티고 긴장감을 느끼며 천천히 내린다.

Q&A

Q 이두근이 짧은데 프리처 컬을 하면 팔꿈치 근처까지 근육을 꽉 채울 수 있나요?

A 흔히 '이두근이 짧다'고 느끼는 것은 근육 하부의 건(힘줄)이 길게 타고난 경우이다. 안타깝게도 타고난 힘줄을 근육으로 바꿀 수는 없지만, 프리처 컬은 이두근의 하부 지점까지 강한 텐션을 전달하기에 유리한 운동이다. 특히 단두를 두껍게 만들어 팔 안쪽의 전체적인 볼륨을 키우면, 상대적으로 비어 보이던 부분이 시각적으로 보완되는 효과를 얻을 수 있다.

Q 덤벨로도 프리처 컬 할 수 있나요?

A 한쪽씩 팔을 번갈아 가며 하거나 동시에 할 수도 있다. 하지만 초보자는 균형 잡는 것이 어려울 수 있으니 스탠딩 바벨 컬 보다는 프리처 컬로 하는 것이 효과적이다.

얼터네이트 덤벨 컬

Alternate Dumbbell Curl

관련 근육	■ 상완이두근 ■ 상완근 ■ 오훼완근 ■ 전완근	연관 운동	■ 스탠딩 바벨 컬(P. 116) ■ 해머 컬(P. 124)

얼터네이트 덤벨 컬은 좌우 팔을 번갈아 수행하는 운동으로, 상완이두근을 주 타깃으로 하면서 좌우 근력 불균형을 교정하여 근신경 협응을 높이는 데 효과적이다. 바벨 컬과 달리, 손목을 바깥으로 돌리는 회외 동작을 적극적으로 추가할 수 있다는 점이 얼터네이트 덤벨 컬만의 특징이다. 덤벨을 들어 올리며 손바닥을 위로 회전시키면, 전완의 회외근과 이두근의 회외 기능이 동시에 활성화되어 이두근 수축 감각이 뚜렷해진다.

WORKOUT TIP

얼터네이트 덤벨 컬은 어깨(견관절)가 먼저 이동하고 거의 동시에 덤벨을 말아 올리는 느낌으로 들어 올려야 한다. 덤벨을 들어 올릴 때, 초반에는 중립 그립으로 시작해 중간 지점부터 손바닥을 위로 돌리며 회외를 완성하는 것이 이상적이다. 이는 이두근의 기능을 해부학적으로 가장 충실히 반영한 수행 방식이다.

1

허리와 가슴을 펴고 아나토미 자세로 덤벨을 잡는다. 덤벨이 허벅지에 닿지 않을 정도로 살짝 떨어뜨려야 하며, 양발은 너비가 좁게 선 상태로 둔다.

CAUTION

얼터네이트 덤벨 컬 역시 프리처 컬과 마찬가지로 어깨가 틀어지지 않도록 주의해야 한다. 또한 손목은 전완과 일직선을 유지하여 부상을 예방해야 하며, 지나치게 무거운 중량을 사용할 경우 손목이나 다른 부위의 보상 작용이 발생할 수 있으므로 적정한 무게로 수행하는 것이 바람직하다.

얼터네이트 덤벨 컬은 상완이두근 중에서도 특히 장두를 겨냥하는 운동이다. 장두는 어깨 위쪽까지 길게 연결되어 있어, 손바닥을 위로 회전시킬 때 개입도가 극대화되는 투 조인트 운동의 성격을 띤다. 많은 이가 이 동작을 수행할 때 지나치게 서두르는 경향이 있다. 가령 한 팔을 내림과 동시에 반대쪽 팔을 곧바로 들어 올리는 식이다. 이런 방식은 동작을 급하게 만들어 템포를 무너뜨린다. 따라서 한 팔을 완전히 이완해 정지 상태를 만든 다음 무게중심을 반대편으로 옮겨 다음 동작을 수행해야 한다.

②

1. 한쪽 견관절을 먼저 쓰면서 팔을 살짝 뒤로 보냈다가 앞으로 보낸다. 동시에 어깨를 고정한 뒤 팔꿈치를 굽히면서 감아 올린다.
2. 천천히 팔을 내리며 반대쪽도 동일하게 반복한다.

Q 얼터네이트 덤벨 컬에서 팔을 꼭 감아 올려야 하나요?

A 상완이두근은 단순히 팔꿈치를 굽히는 근육이 아니라, 전완을 바깥쪽으로 돌리는 회외 기능을 함께 담당한다. 덤벨을 들어 올리며 손바닥을 위로 돌리는 과정에서 이두근 장두의 수축이 증가한다. 다만 팔을 과도하게 비틀면 전완 근육과 팔꿈치 건에 부담이 커질 수 있으므로, 통증이 없는 범위에서 자연스럽게 회외되는 지점까지만 수행하는 것이 바람직하다.

Q 얼터네이트 덤벨 컬을 할 때 몸이 조금씩 흔들려도 괜찮을까요?

A 가벼운 균형 조절은 가능하지만, 의도적인 반동이나 몸통 회전은 피해야 한다. 얼터네이트 방식은 한 팔씩 수행하므로 코어가 자세를 안정화하려는 반응이 나타날 수 있다. 이는 정상적인 현상이므로 크게 걱정할 필요가 없다. 그러나 상체를 돌리거나 허리를 젖혀 덤벨을 들어 올릴 경우, 운동 효과를 떨어뜨릴 뿐만 아니라 부상 위험을 높이므로, 몸통은 고정하고 팔꿈치 굴곡에만 집중하는 것이 바람직하다.

케이블 컬

Cable Curl

관련 근육　■ 상완이두근 ■ 전완근	연관 운동　■ 프리처 컬(P.118)	

케이블 컬은 케이블 머신을 이용해 팔꿈치를 굽히는 동작으로, 상완이두근에 끊임없는 저항을 전달하며 자극하는 운동이다. 덤벨이나 바벨과 달리 동작의 시작부터 끝까지 긴장이 유지되어 근육의 수축 감각을 극대화하기에 유리하다. 반동을 제어하며 정교한 컨트롤에 집중할 수 있어, 초보자부터 숙련자까지 이두근 고립 및 마무리 운동으로 활용도가 매우 높다.

케이블 컬은 입식과 좌식 중 운동 목적에 맞춰 선택할 수 있다. 다만, 서서 동작을 수행할 경우 팔을 지지할 별도의 구조물이 없으므로, 숙련도가 낮은 초보자는 팔꿈치의 고립 상태를 유지하거나 신체 중심을 제어하는 데 어려움을 겪을 수 있다. 이 경우 벤치나 덤벨을 두고 앉아 팔꿈치를 무릎 안쪽에 견고히 밀착시킨 좌식 자세를 선택함으로써, 불필요한 반동을 억제하고 상완이두근의 순수한 고립 수축을 유도하는 것이 효율적이다.

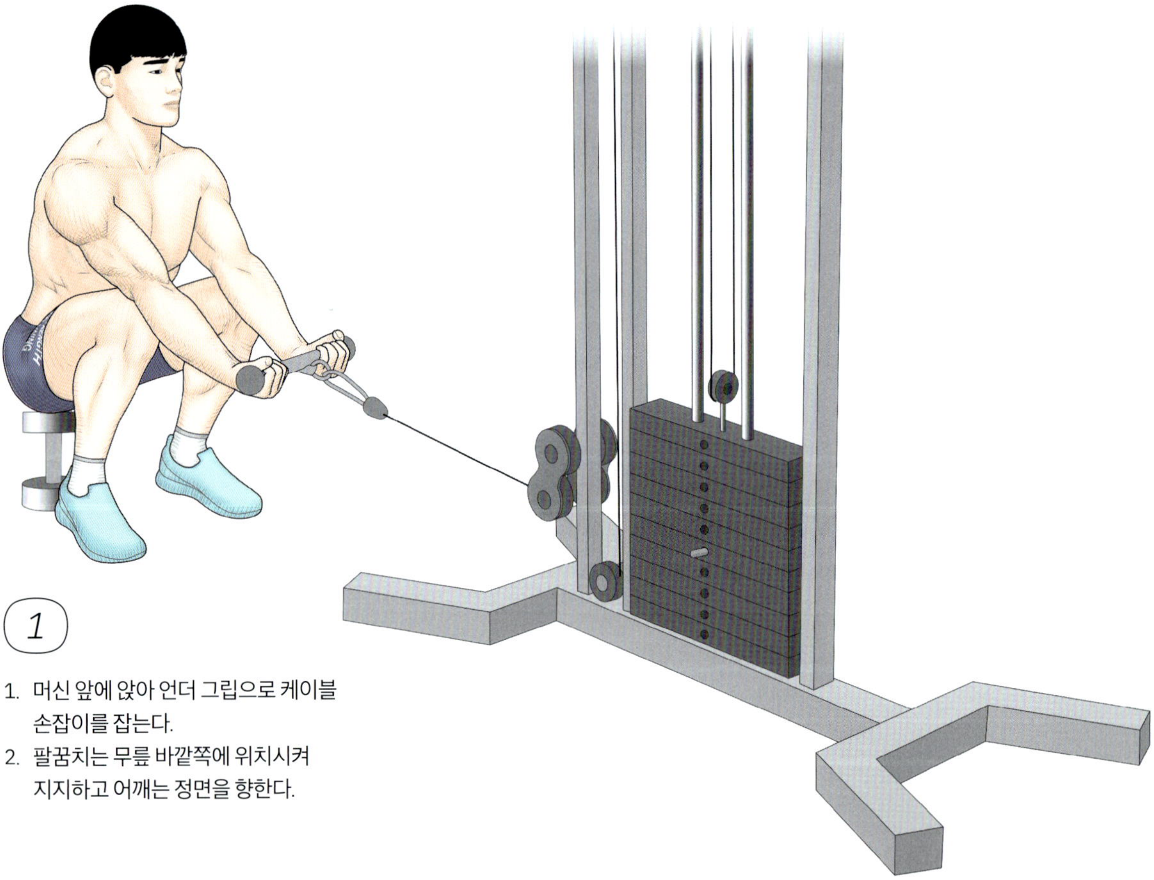

①

1. 머신 앞에 앉아 언더 그립으로 케이블 손잡이를 잡는다.
2. 팔꿈치는 무릎 바깥쪽에 위치시켜 지지하고 어깨는 정면을 향한다.

케이블 컬 수행 시 상체를 뒤로 젖히거나 반동을 사용하면 이두근 자극이 분산되므로 코어를 고정하고 팔꿈치를 몸 옆에 두어야 한다. 손목을 과도하게 꺾으면 전완에 부담이 커지므로 손목은 중립에 가깝게 유지하는 것이 좋다. 또한 중량 욕심을 내기보다 전 구간 장력을 느낄 수 있는 무게로 천천히 컨트롤하며 수행한다.

케이블 컬은 이두근을 집중적으로 타격하는 대표적인 고립Isolation 운동이다. 상완이두근은 어깨관절을 가로질러 부착되어 있으므로, 어깨를 뒤로 살짝 젖혀 장두를 충분히 신장시킨 상태에서 컬을 수행하면 근육에 전달되는 자극이 극대화된다. 이때 전완근(특히 요골근)의 과도한 개입을 막기 위해서는 양손 그립의 간격을 어깨너비 정도로 유지하는 것이 바람직하다. 만약 한 손으로 수행하는 원 암One-arm 방식을 택한다면, 중량을 높이거나 반복 횟수를 채우는 과정에서 반대쪽 손을 보조로 활용할 수 있다. 즉, 수축 시에는 반대쪽 손으로 가볍게 도움을 주고, 이완 시에는 오직 해당 근육의 힘으로만 버티며 놓아주는 기술을 통해 운동 효과를 극대화할 수 있다.

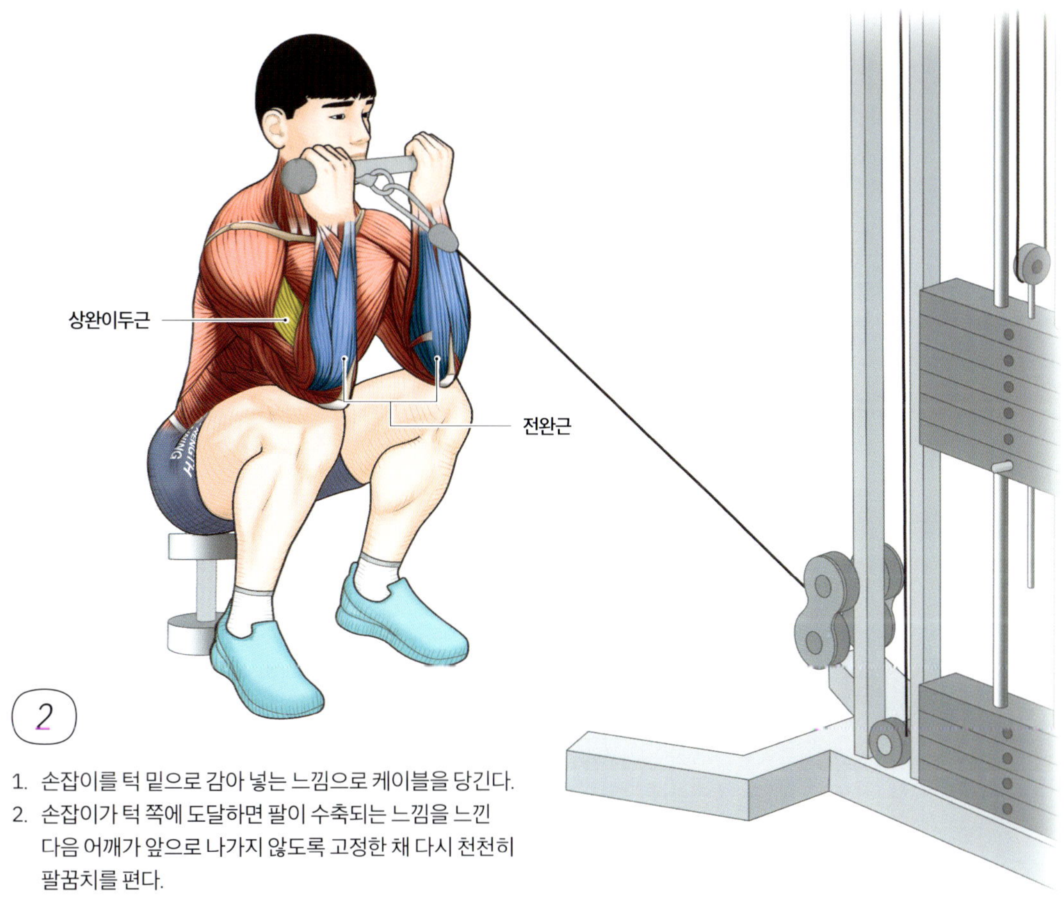

1. 손잡이를 턱 밑으로 감아 넣는 느낌으로 케이블을 당긴다.
2. 손잡이가 턱 쪽에 도달하면 팔이 수축되는 느낌을 느낀 다음 어깨가 앞으로 나가지 않도록 고정한 채 다시 천천히 팔꿈치를 편다.

Q & A

Q 케이블 컬은 덤벨·바벨 컬과 비교했을 때 어떤 차이점이 있나요?

A 케이블 컬은 머신 특유의 기계적 저항 덕분에 동작의 전 구간에서 상완이두근에 일정한 긴장감을 유지할 수 있다. 따라서 근육의 수축 감각을 익히기에 훨씬 유리하다. 반면, 덤벨이나 바벨을 이용한 프리 웨이트는 중력의 영향을 직접적으로 받기 때문에, 가동 범위 내 팔의 각도에 따라 자극의 강도가 달라지는 '불균형한 자극 구간'이 발생한다는 차이가 있다.

Q 케이블 컬을 할 때 어떤 그립을 선택하는 것이 효과적인가요?

A 사용자의 운동 목적에 따라 그립을 선택하는 것이 중요하다. 스트레이트 바Straight Bar는 손바닥이 완전히 위를 향하는 회외 상태를 유지하여 이두근 전체의 강한 수축을 이끌어내는 데 유리하다. 반면, 로프Rope는 동작 정점에서 손목을 바깥쪽으로 더 회전시킬 수 있어, 이두근의 수축을 극대화하는 데 매우 효과적이다. 따라서 근육의 전체적인 부피를 키우려면 바를, 선명도를 높이려면 로프를 추천한다.

해머 컬

Hammer Curl

관련 근육	■ 상완근 ■ 전완근	연관 운동	■ 얼테네이트 덤벨 컬(P.120)

해머 컬은 벤치에 기대어 중립 그립으로 덤벨을 들어 올리는 운동이다. 덤벨을 내릴 때의 모습이 마치 망치질을 하는 동작과 비슷한 것이 특징이다. 이 운동은 이두근의 장두와 상완근을 깊고 강하게 자극한다. 팔꿈치를 고정한 채 반동 없이 움직이면 팔의 바깥쪽 부위와 굵기를 효과적으로 키울 수 있다.

WORKOUT TIP

인클라인 벤치에 앉아 해머 컬을 하면 팔이 완전히 늘어진 상태에서 시작하게 되므로 가동 범위가 훨씬 길다. 중량을 가볍게 시작해 자연스러운 자세를 찾은 다음 자극이 느껴지면 점차 적당한 중량으로 늘려도 좋다. 팔꿈치는 고정하고 그립을 끝까지 유지해야 한다.

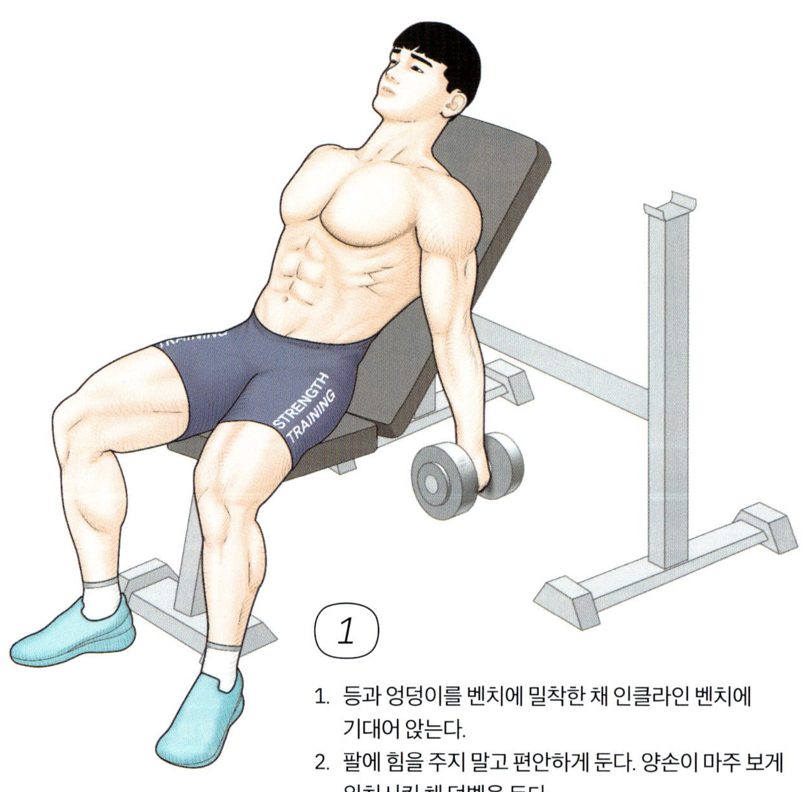

1. 등과 엉덩이를 벤치에 밀착한 채 인클라인 벤치에 기대어 앉는다.
2. 팔에 힘을 주지 말고 편안하게 둔다. 양손이 마주 보게 위치시킨 채 덤벨을 든다.

CAUTION

해머 컬은 원 조인트 운동이므로 반드시 어깨관절을 고정해야 상완근에 제대로 된 자극을 줄 수 있다. 또한 상체에 반동을 주거나 어깨가 운동에 개입되면 자극이 분산될 수 있으니 주의해야 한다.

해머 컬은 상완이두근의 장두가 길게 늘어나는 상태에서 수축하기 때문에 이두근의 외측 두께와 피크(봉우리)를 만드는 데 효과적이다. 어깨관절이 살짝 뒤로 젖혀진 상태이므로, 전면 삼각근의 개입은 최소화되고 이두근에만 온전히 집중할 수 있다. 벤치 기울기를 너무 높이면 어깨 개입 증가되고, 너무 낮으면 이두근 장두에 가해지는 자극이 줄어들기 때문에 45도 각도가 적당하다.

②

어깨관절은 고정하고 팔꿈치만 이용해 한쪽 손을 들어
올린다. 덤벨을 들어 올릴 때는 손바닥이 몸쪽을 향하는
중립 상태를 유지하며 올리고, 내릴 때도 망치질을
하듯이 그대로 내린다.

Q & A

Q 서서 하는 해머 컬과 인클라인 해머 컬 중 어떤 운동이 더 효과적인가요?

A 서서 하는 해머 컬은 전완근과 상완근 발달에 효과적인 반면, 인클라인 해머 컬은 이두근 장두까지 깊게 자극할 수 있어 팔의 전체적인 입체감을 형성하는 데 유리하다. 따라서 두 가지 운동을 루틴에 병행하여 수행하는 것이 가장 좋다.

Q 해머 컬은 이두근 운동하는 날 해야 하나요, 아니면 전완근 운동하는 날 해야 하나요?

A 해머 컬은 상완이두근보다 상완근과 상완요골근의 참여 비중이 높아, 이두근과 전완근을 동시에 강화할 수 있는 운동이다. 따라서 이두근 운동의 보조 종목으로 구성하거나, 팔 운동 루틴의 마무리 단계에 배치하면 팔의 두께와 손목의 안정성을 함께 강화하는 데 효과적이다.

팔의 해부학 구조_상완삼두근

상완삼두근은 상완이두근과 기능적으로 대칭을 이루는 근육으로, 팔의 뒤쪽 전체 부피와 주관절(팔꿈치관절) 신전 기능을 담당하는 핵심 근육이다. '삼두三頭'라는 이름 그대로 세 개의 근두로 구성되어 있으며, 각각의 기시·주행·관절 관여 방식이 다르다는 점에서 단순한 팔꿈치 근육 이상으로 이해할 필요가 있다.

상완삼두근의 외측두는 상완골 후면의 상부 외측에 기시하며, 팔의 바깥쪽 실루엣을 형성하는 데 큰 역할을 한다. 비교적 고중량, 빠른 수축 상황에서 활성도가 높아 파워가 필요한 신전 동작에서 두드러진다. 내측두는 상완골 후면의 하부 내측에 위치하며, 외측두보다 깊숙한 층에 자리 잡고 있다. 일상적인 팔꿈치 신전이나 가벼운 반복 동작에서도 지속적으로 작용하는 근두로, 삼두근의 안정성과 지속적인 신전 기능을 담당한다. 이 두 근두는 공통적으로 상완골 후면에서 시작하여 팔꿈치 관절인 주관절을 지나 척골의 주두(팔꿈치 머리)에 정지한다. 따라서 외측두와 내측두는 주관절 하나만을 지나는 단관절근, 즉 원 조인트 근육이며, 팔꿈치 신전에 특화된 구조를 가진다.

반면 장두는 구조적으로 가장 특징적인 근두이다. 장두는 상완골이 아닌 견갑골의 관절오목하결절에서 기시하여 겨드랑이 아래를 지나 상완 후면으로 내려오며, 동일하게 척골의 주두에 정지한다. 이로 인해 장두는 견관절(어깨관절)과 주관절 두 개의 관절을 동시에 지나는 이관절근, 즉 투 조인트 근육이 된다. 이러한 구조적 차이로 인해 삼두근은 단순히 팔꿈치만 움직이는 근육이 아니라, 어깨 위치와 상체 안정성에 따라 기능 발현이 크게 달라지는 근육이라는 점이 중요하다.

상완 삼두근의 기능과 운동 시 주의점

상완삼두근의 기본 기능은 주관절 신전, 즉 굽혀진 팔꿈치를 펴는 동작이다. 외측두와 내측두는 이 기능에 전적으로 관여하며, 일상생활에서 팔을 밀거나 지지하는 모든 동작에 관여한다. 장두는 여기에 더해 견관절 신전과 견관절 안정화 기능을 함께 수행한다.

특히 장두는 견관절을 가로지르기 때문에, 팔의 위치에 따라 '길이-장력' 관계가 크게 달라진다. 팔이 머리 위로 올라간 상태에서는 장두가 늘어난 상태에서 수축해야 하므로, 오버헤드 익스텐션 계열의 동작에서 장두의 기여도가 커진다. 반대로 팔이 몸통 옆에 고정된 상태에서는 장두의 기능적 개입이 제한되고, 외측두와 내측두의 역할이 상대적으로 강조된다.

삼두근 운동 시 흔히 놓치기 쉬운 부분은 관절 사용 방식이다. 많은 초보자들이 팔꿈치만 반복적으로 굽혔다 펴는 원 조인트 동작에만 집중하는데, 중량이 증가할수록 주관절에 가해지는 전단력과 압박력이 급격히 커져 팔꿈치 통증이나 힘줄 부상으로 이어지기 쉽다.

운동해부학적으로 보면, 삼두근은 이관절 구조를 가진 장두가 존재하기 때문에 견관절과 주

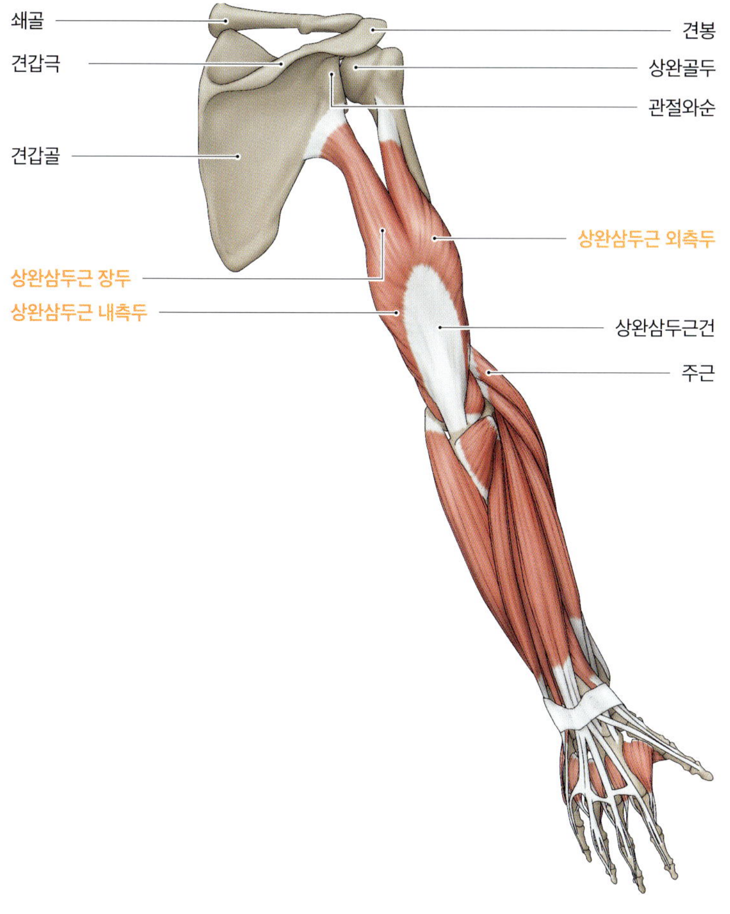

상완삼두근 구조

관절의 연동 움직임 속에서 가장 효율적으로 힘을 발휘한다. 즉, 어깨를 안전히 분리한 채 팔꿈치만 사용하는 방식보다는, 상체가 안정된 상태에서 견관절이 자연스럽게 세팅된 상태가 삼두근 발달에 훨씬 유리하다.

이때 핵심 역할을 하는 것이 광배근과 체간 안정근이다. 광배근은 흉추와 요추를 안정화시키며, 견갑골을 하방으로 내리고 후인하는 기능을 통해 견관절의 위치를 잡아준다. 광배근이 적절히 활성화되면 상완골의 위치가 안정되고, 그 위에서 삼두근은 불필요한 보상 없이 주관절 신전에 집중할 수 있다.

반대로 중량에 욕심을 내어 목과 상부 승모근에 과도한 긴장이 들어가면, 견갑골이 불안정해지고 견관절 위치가 흐트러지면서 삼두근의 장력이 분산된다. 이 상태에서는 삼두근이 아닌 팔꿈치 관절 구조물과 힘줄이 부하를 대신 받게 되어 부상 위험이 크게 증가한다. 따라서 삼두근 운동 시에는 광배근에 힘을 주고 상체를 잘 잡아야 삼두근이 제대로 수축된다는 것을 반드시 기억해야 한다.

케이블 푸시다운

Cable Pushdown

관련 근육 ■ 상완삼두근	연관 운동 ■ 라잉 트라이셉스 익스텐션(P.130) ■ 스탠딩 트라이셉스 익스텐션(P.132)	

케이블 푸시다운은 상완삼두근을 타깃으로 하는 대표적인 머신 기반 운동이다. 특히 외측두를 집중적으로 공략하는 고립 운동으로, 프리 웨이트인 덤벨이나 바벨보다 관절에 가해지는 부담이 적다는 장점이 있다. 대부분 이 운동을 수행할 때 어깨관절을 완전히 고정하여 원 조인트 방식으로 진행하지만, 본서에서는 투 조인트 방식으로 수행할 것을 권장한다. 상완삼두근의 장두는 두 개의 관절을 지나는 투 조인트 근육이므로, 어깨의 미세한 움직임을 포함한 투 조인트 방식으로 수행해야 장두의 완전한 수축과 강한 자극을 이끌어낼 수 있기 때문이다.

WORKOUT TIP

팔꿈치를 몸통 옆에 견고히 고정해야 한다. 팔꿈치가 흔들리면 어깨나 등으로 힘이 분산되기 때문이다. 손목의 힘은 빼고 팔꿈치 아래인 전완만 움직이는 느낌으로 수행해야 하며, 수축 지점에서 1~2초간 멈춘 뒤 삼두근을 강하게 짜주는 느낌을 느껴야 한다. 바가 몸에서 너무 멀어지면 어깨의 개입이 커지므로, 상체를 약간 앞으로 기울여 무게 중심을 안정적으로 잡는 것이 좋다.

1

오버핸드 그립으로 바를 잡은 다음 팔꿈치를 굽히고 허리를 살짝 숙인다.

CAUTION 팔을 굽혔다 펼 때 팔꿈치를 충분히 굽히지 않으면 상완삼두근이 제대로 이완되지 않는다. 근육이 충분히 이완되지 않으면 수축 시 활용할 수 있는 가동 범위가 짧아져 자극의 효율이 떨어진다. 이러한 상태로 운동을 반복하면 자극이 분산되고 운동 효과도 저하되므로 주의해야 한다. 따라서 반드시 팔꿈치를 최대한 굽혀 근육을 충분히 늘려준 뒤 다시 끝까지 펴도록 한다.

케이블 푸시다운은 팔을 고정한 상태에서 팔꿈치의 신전만으로 삼두를 자극하는 고립 운동이기에 초보자부터 고급자까지 모두에게 유용하다. 상완삼두근은 세 개의 머리(장두, 외측두, 내측두)로 구성되는데, 푸시다운은 특히 외측두 발달에 효과적이다. 삼두근의 외측두와 내측두의 기능은 팔꿈치 신전이므로, 어깨관절이 고정된 상태에서 팔꿈치만 움직이는 동작이 가장 이상적이다. 하지만 장두는 어깨관절까지 지나는 투 조인트 근육이기에 어깨관절까지 움직여야 완전한 수축이 일어난다. 따라서 푸시다운을 비롯한 삼두근 운동 시 어깨를 살짝 움직이는 투 조인트 방식을 활용하면 모든 삼두근에 완전한 수축과 강한 자극을 줄 뿐만 아니라, 팔꿈치 부상을 예방할 수 있다.

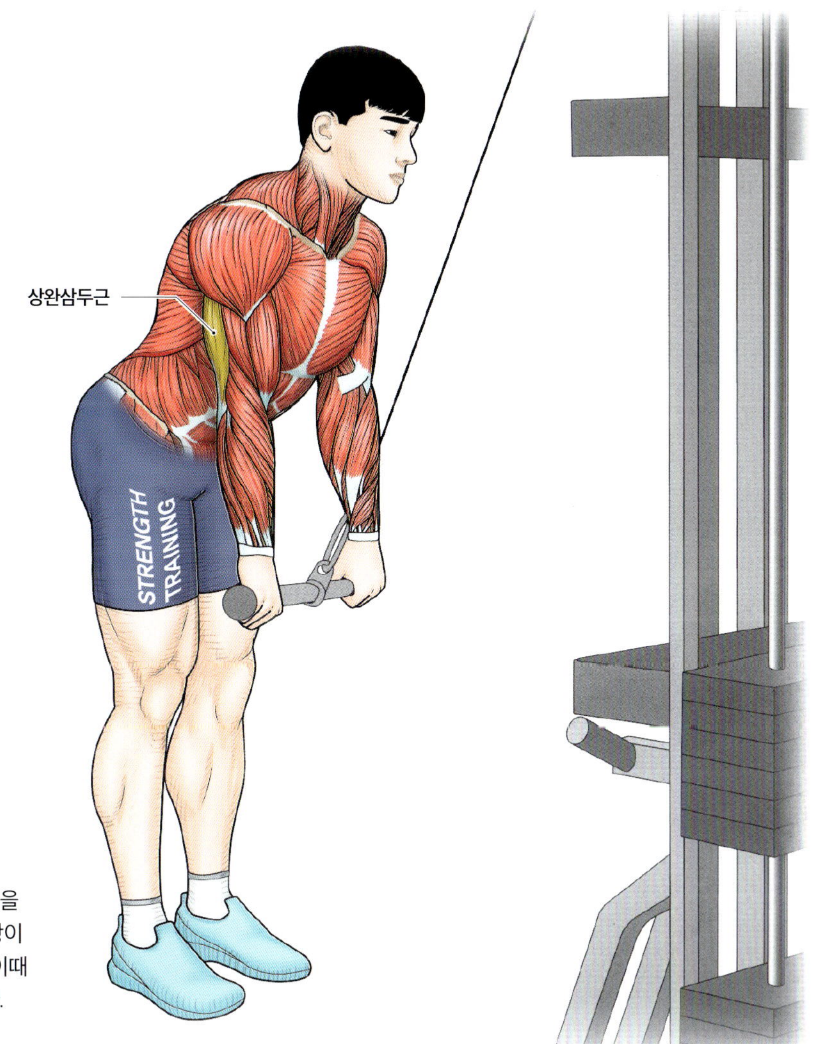

② 팔꿈치를 먼저 펴고 어깨관절을 살짝 움직여 펴진 팔을 겨드랑이 쪽으로 쭉 당겨 수축시킨다. 이때 손은 원을 그리듯이 움직인다.

Q & A

Q 삼두근의 자극이 잘 느껴지지 않는데 왜 그럴까요?
A 팔꿈치가 흔들리거나 상체가 뒤로 젖혀지면 등과 어깨가 개입된다. 팔꿈치를 옆구리에 붙인다고 생각하고 천천히 내리는 것이 좋다.

Q 어떤 바를 써야 더 좋을까요?
A V바는 손목에 무리가 적고, 외측두 자극이 좋다. 스트레이트 바는 내측두나 전체적인 삼두 두께를 강화하는 데 도움된다. 로프는 장두까지 어느 정도 자극이 가능하다.

라잉 트라이셉스 익스텐션

Lying Triceps Extension

관련 근육　■ 상완삼두근	연관 운동　■ 케이블 푸시다운(P.128)	

라잉 트라이셉스 익스텐션은 상완삼두근 장두를 깊게 이완하고 수축시키는 고강도 운동으로, 삼두근의 전체적인 크기를 키우는 데 매우 효과적이다. 다만 이 동작을 원 조인트 방식으로만 수행하게 되면 팔꿈치 관절에 과도한 부담이 가해질 뿐만 아니라, 삼두근의 잠재력을 온전히 활용하지 못하게 된다. 따라서 관절의 부담을 줄이고 자극을 극대화할 수 있는 투 조인트 운동 방법을 알아보자.

팔꿈치를 굽힐 때 팔꿈치가 벌어지지 않도록 가슴 너비 안쪽으로 좁게 유지해야 한다. EZ바를 머리 뒤로 내릴수록 장두에 가해지는 자극이 커지고, 관절 부담은 줄일 수 있다. EZ바를 머리 정수리 위치까지 내렸다가 수축하며, 팔꿈치를 축으로 삼아 접었다 폈다 하는 힌지 동작에 집중해야 한다.

①

1. 벤치에 바르게 누운 후, EZ바를 어깨너비 정도로 잡고 팔을 지면과 수직이 되게 들어 올린다.
2. 팔꿈치를 굽히기 전, 먼저 어깨관절을 머리 쪽으로 살짝 기울여 EZ바를 머리 뒤편으로 보낸다. 그 상태에서 팔꿈치를 굽혀 바가 정수리 너머로 내려오게 함으로써 삼두근 장두가 충분히 이완되도록 한다.

Personal Training

상완삼두근의 장두는 견갑골에서 시작되기 때문에, 팔을 머리 뒤로 보낼수록 근육이 더 길게 이완되고 그만큼 더 강하게 수축된다. 따라서 중량에 욕심을 내기보다 정확한 가동 범위를 확보하는 것이 중요하다. 이때 견갑골을 안정적으로 고정하여 어깨의 안정성을 확보한 뒤 동작을 진행해야 한다. 또한, 동작 내내 손목의 중립을 유지해야 손목에 가해지는 스트레스를 최소화하고 부상을 방지할 수 있다.

무게가 무거울수록 팔꿈치가 바깥으로 벌어지기 쉬우므로, 항상 팔꿈치를 몸 쪽으로 붙인다는 느낌을 유지해야 한다. 또한 운동을 수행할 때 광배근을 활성화하여 몸의 중심을 견고하게 지탱해야 한다. 만약 광배근이 아닌 어깨로 버티거나 승모근에 힘을 주면 통증이 생길 수 있으니 주의해야 한다.

1. 팔꿈치를 굽히면서 EZ바를 정수리까지 내린다.
2. EZ바를 올릴 때는 팔꿈치를 먼저 펴고 그다음 견관절을 살짝 움직여 시작 자세로 돌아간다.

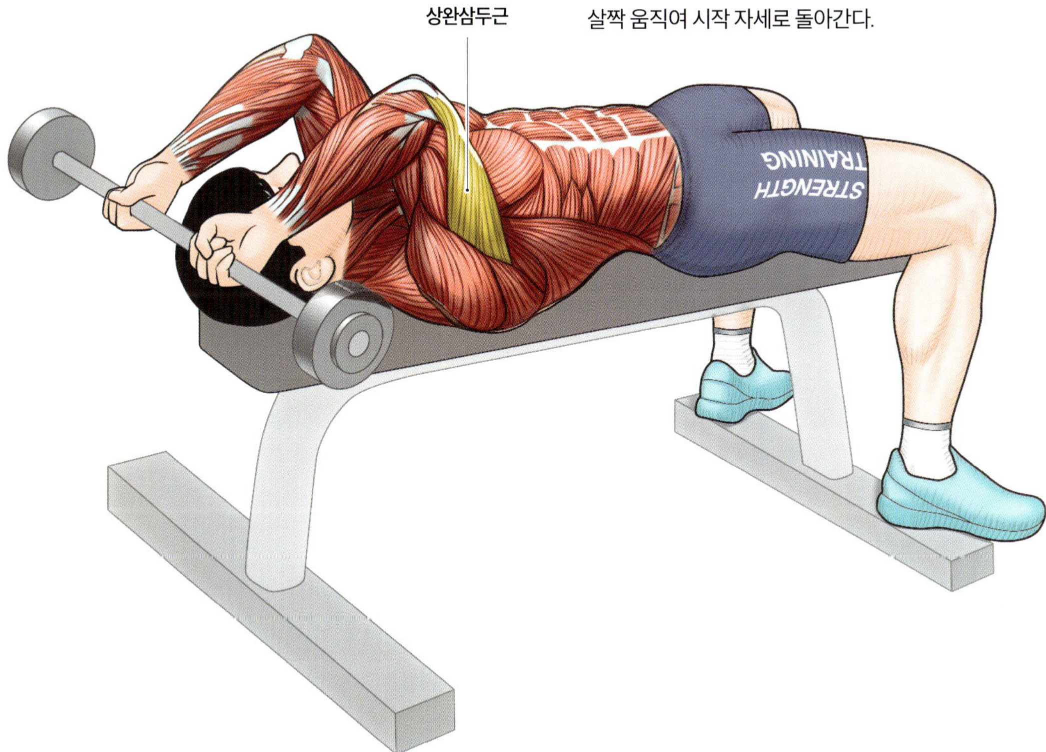

Q & A

Q 팔꿈치가 자꾸 움직이는데 어떡하죠?

A 팔꿈치가 벌어지지 않게 팔꿈치를 고정시키려는 의도로 운동해야 한다. 상완이 흔들리면 어깨 보상이 생기기 쉽다.

Q EZ바를 어디까지 내려야 할까요?

A 머리 정수리까지 내리도록 한다. 이마까지만 내리면 어깨가 움직이지 않고 팔꿈치만 굽히게 되므로 원 조인트 운동이 돼서 팔꿈치에 부담이 많이 생긴다. 특히 어깨가 불안정한 사람은 각별히 주의해야 한다.

스탠딩 트라이셉스 익스텐션

Standing Triceps Extension

관련 근육　■상완삼두근	연관 운동　■원 암 덤벨 오버헤드 익스텐션(P.134)	

스탠딩 트라이셉스 익스텐션은 팔을 머리 위로 들어 상완삼두근의 장두를 최대로 이완하고 수축시키는 운동이다. 명칭 그대로 서서 수행하는 것이 기본이지만, 동작이 익숙하지 않거나 상체의 중심을 잡기 어렵다면 등받이가 있는 벤치에 앉아서 진행해도 무방하다. 운동 내내 팔꿈치의 위치를 견고하게 고정하고 코어를 안정시켜야 상완삼두근에 제대로 된 자극을 전달할 수 있다.

WORKOUT TIP

갈비뼈를 아래로 내리고 코어를 견고하게 유지하여 허리가 과신전(과하게 꺾임)되지 않도록 자세를 잡는 것이 중요하다. 팔꿈치는 귀 옆에 고정하고 바벨을 머리 뒤쪽으로 깊게 내린다. 이때 팔꿈치가 바깥으로 벌어지지 않도록 주의해야 상완삼두근 장두에 자극을 온전히 집중시킬 수 있다.

①

양발은 어깨너비로 벌려 지면을 견고하게 지지하고, 오버핸드 그립으로 바를 잡은 뒤 팔을 머리 위로 곧게 펴서 수직 상태를 만든다.

CAUTION

어깨를 인위적으로 고정하려 과도하게 힘을 주며 버티면 어깨 통증을 유발할 수 있으니 주의해야 한다. 이는 모든 삼두근 운동에 공통으로 적용되는 사항이다. 목과 어깨의 긴장은 풀고 광배근의 힘으로 상체의 중심을 버텨야 하며, 요추 부상의 위험이 있으므로 허리를 과도하게 꺾지 않도록 주의한다. 또한, 초보자는 손목에 가해지는 부담을 줄이기 위해 스트레이트 바보다는 EZ바를 사용하는 것이 바람직하다.

상완삼두근의 장두는 어깨관절(견갑골)까지 연결되어 있어, 팔을 위로 올린 상태에서 가동 범위를 확보할 때 이완과 수축의 폭을 극대화할 수 있다. 따라서 팔을 머리 위로 높이 든 자세로 수행하면 장두에 강한 자극을 줄 수 있다. 이때 가슴을 가볍게 펴고 몸통을 안정화하는 것이 무엇보다 중요하다.

동작을 올바르게 수행하면 광배근에도 긴장감이 느껴지는데, 이는 광배근이 체간을 안정적으로 지지하며 삼두근이 힘을 쓸 수 있도록 밑바탕이 되어주기 때문이다. 해부학적으로 광배근은 상완골의 이두근구에 부착되며, 삼두근 장두와 근접하여 팔의 움직임에 관여한다. 특히 광배근의 힘을 활성화하면 그 긴장감이 삼두근을 지나 새끼손가락 방향의 근막 라인까지 연결되어, 결과적으로 삼두근을 더 강하게 수축시키는 동력이 된다.

(2)

바를 뒤로 넘기듯 어깨를 살짝 뒤쪽으로 움직인다. 팔꿈치를 고정한 상태로 바를 천천히 내렸다가 수축을 느끼면서 다시 천천히 팔꿈치를 편다.

Q & A

Q 트라이셉스 익스텐션을 앉아서 하면 운동 효과가 떨어지지 않나요?

A 앉아서 해도 운동 효과가 떨어지진 않는다. 오히려 자세 안정성을 유지할 수 있고, 자극이 집중되므로 초보자나 중량을 올려서 운동하고 싶은 사람은 앉아서 해도 무방하다.

Q 팔꿈치가 자꾸 벌어지는데 왜 그럴까요?

A 팔꿈치가 옆으로 벌어지면 삼두근이 아닌 다른 근육이 개입될 수 있다. 내릴 때는 자연스럽게 벌어지지만 올릴 때는 최대한 귀 옆에 붙이려고 의식해야 한다. 초보자는 무게를 가볍게 하고 거울을 보며 팔꿈치 위치를 확인하는 것이 좋다.

원 암 덤벨 오버헤드 익스텐션

One-Arm Dumbbell Overhead Extension

관련 근육	■ 상완삼두근	연관 운동	■ 스탠딩 트라이셉스 익스텐션(P. 132) ■ 투 암 덤벨 오버헤드 익스텐션(P. 136)

원 암 덤벨 오버헤드 익스텐션은 팔을 머리 위로 들어 올린 상태에서 한 손씩 덤벨을 내렸다가 들어 올리는 상완삼두근 장두가 타 깃인 운동이다. 한쪽씩 집중하여 수행하므로 근육에 자극을 정교하게 전달할 수 있고, 가동 범위가 넓어 삼두근을 깊게 이완시키 는 데 효과적이다. 팔꿈치의 위치를 고정하고 코어를 안정시키는 것이 이 운동의 핵심이다.

WORKOUT TIP

팔꿈치를 움직이지 않도록 견고히 고정한 채, 관절을 접고 펴는 느낌 에 집중하여 수행해야 한다. 이때 손목이 꺾이지 않도록 중립을 유지하 며, 덤벨을 천천히 통제하며 움직여야 상완삼두근에 자극을 집중시킬 수 있다. 초보자의 경우 한 손으로 수행하는 데 어려움을 느낀다면, 조 금 더 무게감이 있는 덤벨을 선택해 양손으로 잡고 수행하는 투 암 덤 벨 오버헤드 익스텐션을 권장한다. 이때 벤치에 앉아서 수행하면 상체 의 흔들림을 잡아주어 더욱 안정적이다.

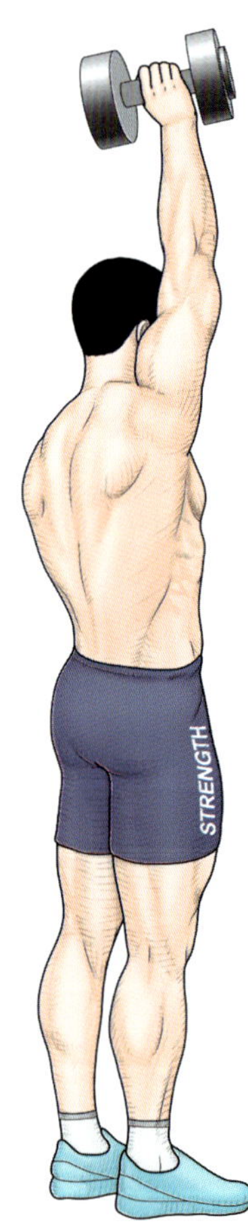

① 허리를 펴고 허리와 광배근에 힘을 준 상태에서 덤벨을 가볍게 쥔다.

CAUTION 팔이 굵고 입체적으로 보이려면 상완이두근보다 부피가 큰 상완삼두근이 더 발달해야 한다. 그러나 삼두근을 키우기 위해 중량을 무리해서 들거나 잘못된 자세로 운동하면 어깨와 팔꿈치 관절에 부상을 입을 수 있다. 흔히 삼두근을 고립시키기 위해 원 조인트 방식만을 고집하기도 하지만, 이는 관절에 과도한 스트레스를 줄 수 있으 므로 어깨의 미세한 움직임을 허용하는 투 조인트 방식을 병행하는 것이 해부학적으로 더 안전하다. 따라서 동 작을 수행할 때는 어깨의 힘으로 버티기보다 팔꿈치 위치를 견고히 하고 광배근을 활성화하여 체간을 안정적으 로 지지해야 한다.

원 암 덤벨 오버헤드 익스텐션을 할 때는 명치를 들고 허리를 곧게 펴서 목과 어깨의 긴장을 풀어야 한다. 그러면 동작 시 자연스럽게 광배근이 긴장되면서 상완삼두근이 안정적으로 힘을 쓸 수 있는 상태가 된다. 상체에 억지로 힘을 주기보다는 허리를 바르게 세워 광배근을 활성화하고 견갑골을 안정화하는 것이 중요하다.

이 상태에서 낚싯대를 던지듯 어깨를 부드럽게 움직이며 팔꿈치를 굽혔다 펴는데, 덤벨을 올릴 때는 넓은 면이 천장을 향하게끔 밀어 올린다. 이 동작은 상완삼두근 장두를 정교하게 타격하여 팔의 전체적인 볼륨을 키워준다. 팔을 위로 쭉 뻗으면 장두가 단축-수축 상태가 되는데, 이때 근육을 가장 길게 이완시킨 뒤 강하게 수축시키는 원리가 적용된다. 결과적으로 이 운동은 장두를 완전히 늘렸다가 수축시켜 자극을 깊게 전달하며, 한 팔로 수행하기에 가동 범위가 넓고 양쪽 근력의 균형을 잡는 데에도 효과적이다.

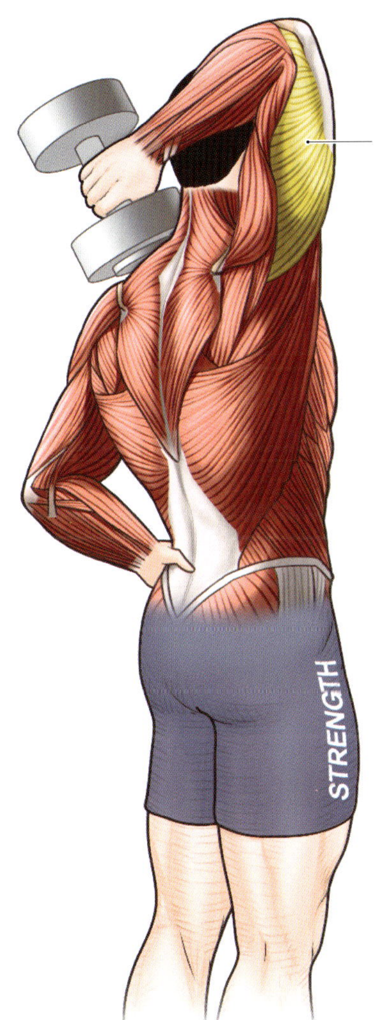

2

1. 팔을 편 상태에서 어깨관절을 머리 뒤쪽으로 살짝 움직인다.
2. 낚싯대를 던지는 듯한 느낌으로 팔꿈치를 머리 뒤로 부드럽게 굽혔다가, 덤벨을 천장을 향해 수직으로 밀어 올린다.

<table>
<tr><td rowspan="2">Q
&
A</td><td>Q 동작을 할 때 팔 뒤쪽 근육이 엄청 당기는데 맞게 하고 있는 걸까요?</td><td>Q 어깨가 좀 아픈데 계속해도 될까요?</td></tr>
<tr><td>A 삼두의 장두가 늘어났다 수축되니까 당기는 느낌이 드는 게 맞다. 그 당김이 깊게 들어갈수록 자극이 제대로 왔다고 생각하면 된다.</td><td>A 통증이 있다면 중단하고, 어깨관절이 불편하면 투 암 덤벨 버전이나 케이블 푸시다운으로 대체하는 게 좋다.</td></tr>
</table>

투 암 덤벨 오버헤드 익스텐션

Two-Arm Dumbbell Overhead Extension

관련 근육 ▪ 상완삼두근	연관 운동 ▪ 원 암 덤벨 오버헤드 익스텐션(P.134) ▪ 스탠딩 트라이셉스 익스텐션(P.132)

양손으로 하나의 덤벨을 잡고 머리 위에서 팔꿈치를 고정한 채 상완삼두근을 수축시키는 운동이다. 이는 상완삼두근의 장두를 깊게 자극할 뿐만 아니라, 초보자도 안정적으로 삼두근을 단련할 수 있는 매우 효과적인 종목이다.

WORKOUT TIP

정면에서 보았을 때 양팔이 '11자'가 될 정도로 팔꿈치를 귀 옆에 밀착시켜야 삼두근을 이용할 수 있다. 덤벨을 내릴 때는 속도를 통제하며 천천히 이완하고, 최저 지점에서 잠시 멈추어 자극을 느낀다. 다시 올릴 때는 팔꿈치를 위로 쭉 뻗으며 상완삼두근을 확실하게 수축시킨다.

1

벤치에 앉아 발을 어깨너비로 벌린 다음 양손으로 덤벨 하나를 감싸 쥔 다음 머리 뒤로 들어 올린다.

CAUTION

무게를 지탱하기 위해 허리를 뒤로 과하게 젖지지 않도록 코어에 강한 힘을 주어야 한다. 자칫 요추에 과한 압박이 가해질 수 있으므로 복압을 유지하는 것이 핵심이다. 특히 덤벨을 내릴 때 반동을 이용하기보다는 삼두근 장두가 길게 늘어나는 저항을 충분히 느끼며 통제된 속도로 움직여야 부상을 방지할 수 있고 근성장을 시키는 데 도움이 된다.

상완삼두근 중 장두는 어깨관절까지 걸쳐 있어서, 팔이 위로 올라간 상태에서 자극을 받기에 가장 좋다. 투 암 방식은 무게를 더 무겁게 다룰 수 있고 양팔이 함께 움직이므로 안정성이 높아 초보자도 수행하기 좋다. 팔꿈치를 고정하면 관절보다는 순수한 삼두근의 수축만으로 무게를 들어 올리게 되며, 효과가 극대화된다. 등과 허리 아치를 살짝 유지하며, 광배근과 코어를 안정화하면 허리 부담 없이 집중할 수 있다.

②

팔을 편 상태에서 어깨를 살짝 뒤로 빼고 상완을 고정시킨 상태에서 자연스럽게 팔꿈치를 굽혔다가 천천히 편다.

Q & A

Q 오버헤드 익스텐션을 바벨로 해도 될까요?

A 바벨로 해도 무방하다. 단 덤벨은 손을 모아서 좁게 잡고 바벨은 그보다 좀 더 넓게 잡아서 동작을 수행하는 것이 좋다. 운동 방법과 원리는 같다.

Q 원 암 덤벨과 어떤 차이가 있나요?

A 한 팔씩 동작을 수행하면 근육 불균형 교정에 좋고, 양팔로 수행하면 안정성과 중량 증가에 유리하다. 원 암 덤벨 오버헤드 익스텐션과 번갈아 하는 것이 좋다.

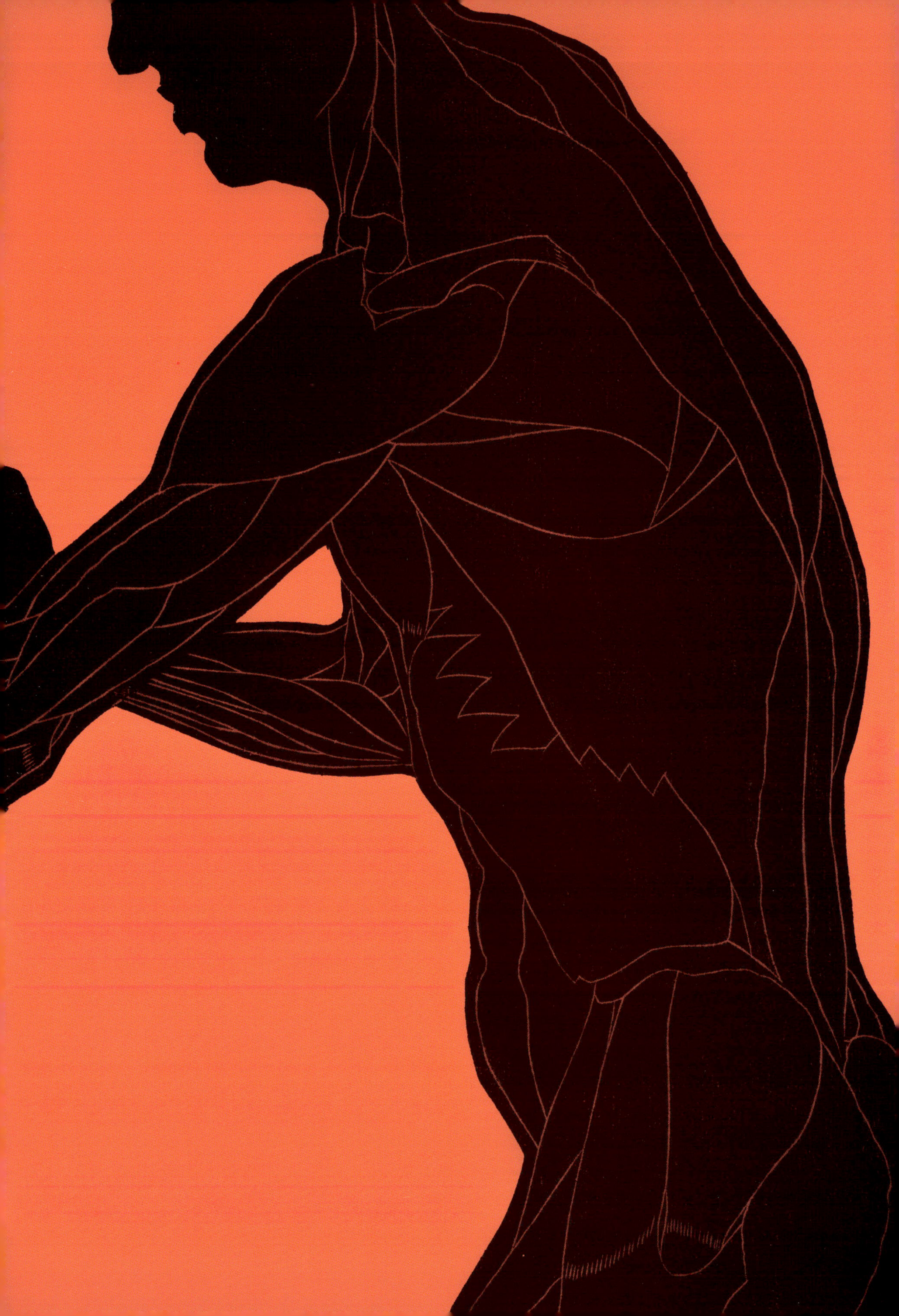

CHAPTER
06

복근 운동

크런치

케이블 크런치

인클라인 벤치 싯업

벤치 레그 레이즈

행잉 니 레이즈

행잉 레그 레이즈

복근의 해부학 구조와 운동 원리

복근은 단순히 외형적인 식스팩을 만들기 위한 미용 근육에 그치지 않고, 몸통 전체의 안정화, 자세 유지, 호흡 보조, 복압 형성, 그리고 척추 보호에 중요한 역할을 하는 핵심 근육군이다. 복부 전면과 측면, 그리고 심부까지 복합적으로 구성된 이 근육들은 해부학적으로 복직근, 외복사근, 내복사근, 복횡근 네 가지 요소로 나뉜다.

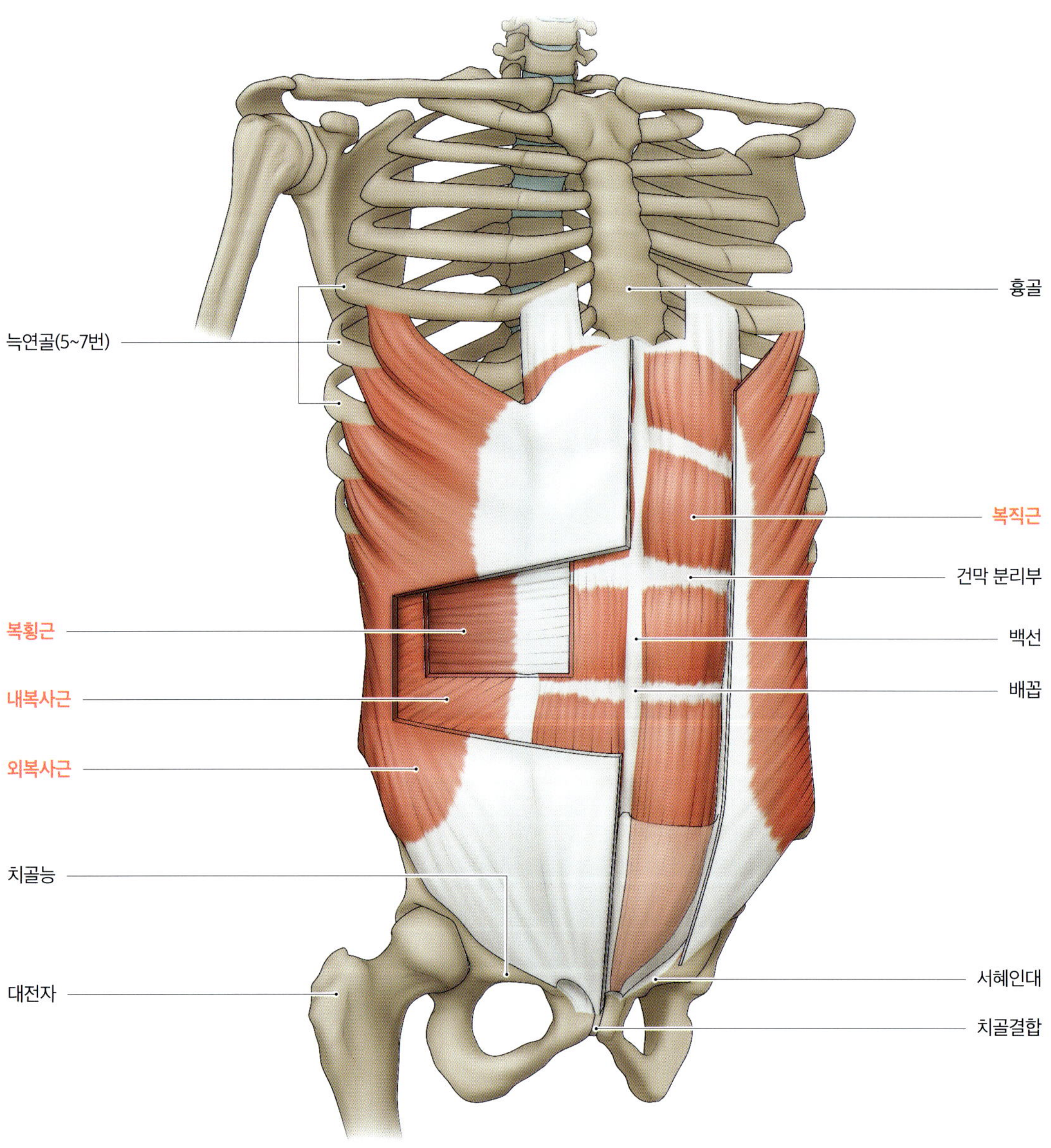

복근 전면

복직근은 복부 중앙을 따라 수직 방향으로 뻗은 길쭉한 근육으로, 치골과 치골능에서 올라가 5·6·7번 늑연골과 갈비뼈 위쪽 7번 늑골까지 붙어 복부를 양분하는 형태로 존재한다. 흔히 '식스팩'이라 불리는 이 근육은 척추를 굴곡시키는 역할을 하며, 크런치나 싯업 등에서 몸을 말아 올리는 동작의 주동근이다. 특히 골반을 고정한 상태에서 흉곽을 끌어내리는 방식으로 작용할 때 근섬유 수축이 가장 뚜렷해진다.

복직근의 양쪽 옆에 위치 한 외복사근과 내복사근은 몸통의 측굴(옆으로 굽힘)과 회전 동작에 관여하는 복부 측면 근육이다. 외복사근은 늑골 아래에서 사선 아래 방향으로 내려오는 섬유 구조를 가지고 있으며, 몸통을 반대 방향으로 회전시킬 때 작용한다. 내복사근은 외복사근의 깊은 층에 위치하며, 섬유는 사선 위 방향으로 동일 방향 회전 시 관여한다. 이 두 근육은 동시에 작용하여 몸통을 옆으로 굽히거나 비틀 때 협응한다.

가장 깊은 층에 존재하는 복횡근은 복부를 가로질러 감싸는 형태로, 복압을 유지하고 몸속 장기를 지지하는 데 중요한 역할을 한다. 이 근육은 움직임보다는 등척성 수축을 통해 코어를 안정화하며, 특히 무거운 중량을 다룰 때나 자세를 유지할 때 강하게 활성화된다.

복근 운동의 핵심 원리

복근 운동의 핵심은 흉곽과 골반 사이의 간격을 줄이면서 척추를 굴곡시키는 동작이다. 이 과정에서 복직근이 주동근으로 작용하고, 복사근과 복횡근은 방향에 따른 회전, 복압 유지, 체간 고정 등의 보조 작용을 수행한다. 복근 운동은 동적 수축과 등척성 수축으로 나뉘며, 각각 운동의 목적과 자극 부위에 따라 적절히 선택되어야 한다.

한편, 복근 운동에서 흔히 혼동되는 점은 척추 굴곡과 고관절 굴곡의 차이이다. 척추 굴곡은 복직근이 수축하여 흉곽을 골반 쪽으로 끌어당기는 동작이고, 고관절 굴곡은 장요근이나 대퇴직근이 주동근이 되어 다리를 들어 올리는 동작이다. 예를 들어, 다리를 단순히 들어 올리는 레그 레이즈는 장요근만 사용될 수 있으나, 골반을 후방 경사시키며 말아 올리면 복직근 하부까지 자극이 이어진다. 마찬가지로 싯업에서 상체를 지나치게 일으키거나 다리를 고정할 경우, 복근보다 고관절 굴곡근이 더 많이 작용하게 되어 요추 과신전으로 이어질 수 있다. 결론적으로 복근 운동은 해부학적 원리에 기반하여 근육의 섬유 방향과 작용 범위를 고려해 진행해야 하며, 단순히 복근에 힘을 주는 것이 아니라 척추의 움직임과 골반의 위치까지 통제하는 것이 핵심이다. 복직근의 척추 굴곡, 복사근의 측굴과 회전, 복횡근의 복압 유지라는 각각의 기능을 명확히 이해하고, 자극 부위에 따라 동작을 세분화하여 접근할 때 가장 효과적인 복부 강화와 코어 안정이 이루어진다. 이와 같은 해부학 기반의 접근은 단순한 복근 강화에 그치지 않고, 자세 개선, 허리 보호, 운동 수행 능력 향상까지 아우르는 통합적 트레이닝의 기초가 된다.

목표 근육군의 정확한 자극

복근 운동의 효과를 높이기 위해서는 목표 근육에 정확하게 자극을 전달하는 방식으로 운동을 설계해야 한다.

복직근을 타깃으로 할 경우, 척추의 가동 범위 내에서 상체를 둥글게 말아 올리는 동작이 이상적이다. 케이블 크런치처럼 흉곽과 골반 사이의 간격을 줄이는 동작이 효과적이며, 이때 골반의 움직임은 최소화하고 척추의 곡선 움직임에 집중해야 한다.

하복부에 자극을 주고자 할 때는 하지를 움직여 골반을 후방 경사시키는 움직임이 효과적이다. 예를 들어 벤치 레그 레이즈나 행잉 니 레이즈에서는 단순히 다리를 들어 올리는 것이 아니라, 골반을 말아 올리는 움직임을 수행해야 진정한 하복부 자극이 일어난다.

또한 외복사근과 내복사근을 자극하려면, 몸통의 회전 또는 측굴이 포함된 트위스트 동작이 필요하며, 이는 크런치나 인클라인 벤치 싯업 같은 운동에서 변형하여 수행할 수 있다.

부상 예방과 올바른 자세

복근 운동 중 가장 흔한 부상은 요추부의 과신전 또는 압박으로 인한 손상이며, 그다음으로 많이 발생하는 것이 목 주변부의 통증이다. 요추 부상은 대개 복직근보다 장요근이 과도하게 개입할 때 발생한다. 특히 싯업 동작에서 다리를 고정한 채 상체를 끝까지 들어 올리면, 복근이 아닌 고관절 굴곡근이 주로 작용하여 척추에 압박이 가해지고 허리가 뜨게 되는 잘못된 형태가 된다.

또한, 상체를 들어 올리는 과정에서 흉쇄유돌근의 개입은 피할 수 없는 요소이지만, 복부 근력이 부족할 경우 이 근육이 과도하게 사용되어 목 통증을 유발할 수 있다. 이러한 문제를 예

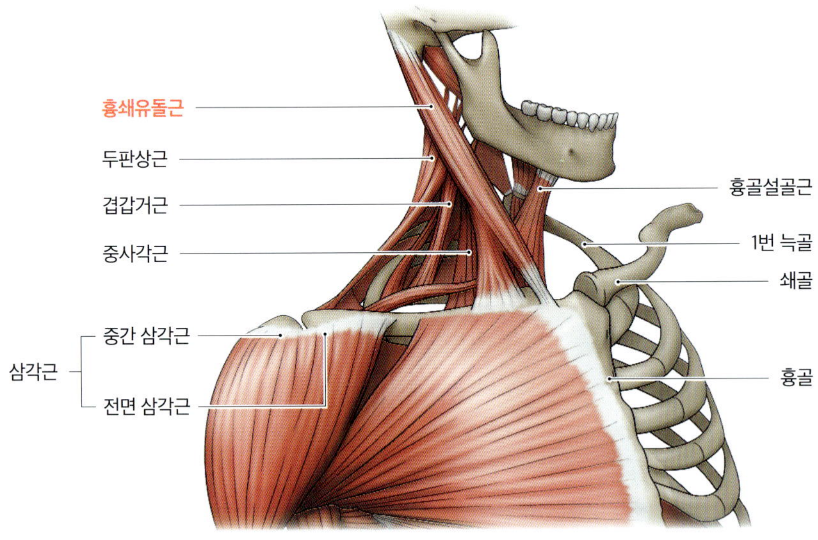

방하려면 턱을 가슴 쪽으로 살짝 당겨 경추의 안정성을 확보해야 하며, 목을 잡아당기는 힘이 아닌 복직근의 수축력만으로 상체를 일으키는 정교한 통제가 필요하다.

정확한 동작 범위를 지키기 위해서는 허리가 바닥에 밀착된 상태에서의 복부 수축에만 집중하는 것이 좋다. 복부에 힘이 들어가지 않은 상태에서 반동을 쓰거나 상체를 빠르게 들어 올리는 동작은 근육의 수축을 방해하고 부상 위험을 높인다. 따라서 모든 동작은 천천히 수행하고, 끝까지 수축한 후에는 짧은 정지 시간을 가져야 하며, 이완 시에도 통제된 속도를 유지해야 한다. 필요에 따라 손의 위치(가슴 위, 머리 뒤, 바닥 고정 등)를 적절히 조절하여 목과 등, 고관절에 가해지는 불필요한 긴장을 분산시키는 것이 바람직하다.

정리하자면 복근 운동은 단순한 반복 횟수보다 '정교한 통제'가 우선되어야 한다. 해부학적 구조에 대한 이해 없이 진행하는 무분별한 복근 운동은 오히려 척추 건강을 해치는 독이 될 수 있다. 따라서 복직근을 통한 척추의 굴곡, 복사근을 활용한 회전, 그리고 복횡근을 통한 심부 안정화라는 각 근육의 고유 기능을 동작에 녹여내야 한다. 이러한 원리에 기반한 트레이닝은 시각적인 완성도를 넘어, 신체의 중심을 바로잡고 모든 운동 수행 능력을 향상시키는 강력한 토대가 될 것이다.

관련 근육	■ 복직근 ■ 복사근(내·외복사근)	연관 운동	■ 인클라인 벤치 싯업(P.148) ■ 케이블 크런치(P.146)

크런치는 복부 트레이닝의 가장 기본이 되는 동작으로, 복직근을 주동근으로 사용하는 대표적인 굴곡 운동이다. 복직근은 흉곽 하부와 5~7번 늑연골에서 시작해 치골결합에 부착되는 길고 납작한 근육으로, 몸통을 굴곡시키는 기능을 담당한다. 또한 크런치는 복횡근과 내·외복사근이 보조적 안정근으로 작용해 복압을 형성하며, 몸통 전면의 근육 협응을 학습하는 데 중요한 역할을 한다.

WORKOUT TIP

운동을 시작할 때는 허리를 바닥에 밀착시켜 복압을 먼저 형성한 뒤, 갈비뼈를 골반 쪽으로 끌어당긴다는 느낌으로 흉추를 굴곡시킨다. 이때 시선은 자연스럽게 천장을 향하고, 턱을 가슴 쪽으로 당기되 자칫 경추 굴곡이 개입될 수 있으므로 과도하게 당기지는 않는 것이 좋다. 손은 머리보다는 관자놀이 옆에 가볍게 올려둔다.

1

1. 바닥에 누워 뒤꿈치를 벤치에 걸친다. 이때 허벅지와 종아리가 직각이 되어야 한다.
2. 양손은 관자놀이 옆에 자연스럽게 둔다.

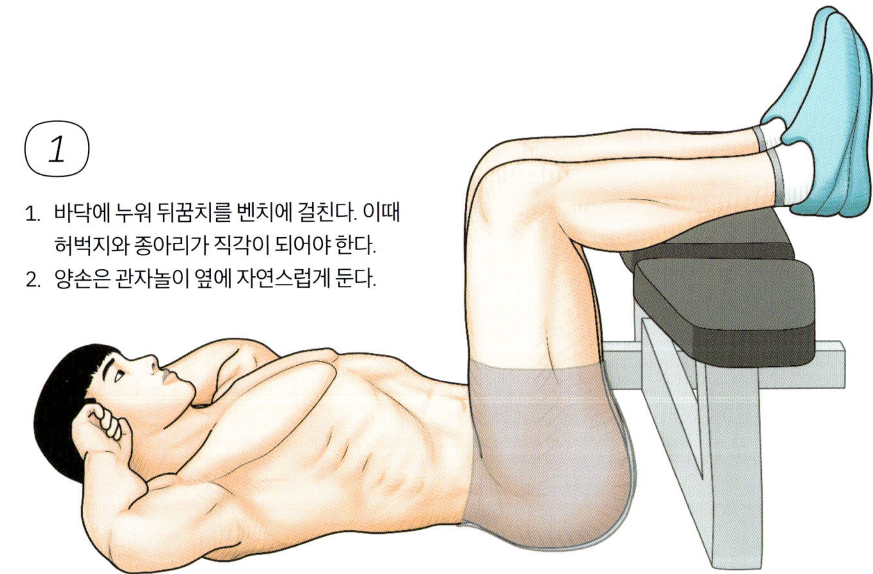

Personal Training

많은 이가 크런치를 할 때 복직근보다 목, 어깨, 고관절에 먼저 힘을 쓰는 경향이 있는데, 이는 복부 근육의 신경 활성도가 낮다는 신호다. 따라서 크런치는 횟수나 속도보다 먼저 복압 형성 → 흉추 굴곡 → 복직근 수축의 순서를 인지하는 것이 우선되어야 한다. 크런치는 복직근을 수축시키는 운동이므로 골반을 고정한 채 흉곽이 치골 쪽으로 말린다는 느낌으로 수행한다.

복근 운동을 한 후 허리 통증이 느껴진다면 복근의 힘이 아니라 허리 힘으로 운동했기 때문이다. 호흡을 내뱉으면서 척추를 말아 올려야 하는데, 척추를 굽히지 않고 허리 힘으로만 동작을 수행하면 허리에 부담이 생기면서 불편해진다. 또한 손으로 머리를 강하게 당기거나, 반동으로 상체를 들어 올릴 경우에도 경추 굴곡근과 디스크에 불필요한 압박이 발생할 수 있으니 반드시 주의해야 한다.

1. 턱을 가슴 쪽으로 당기면 흉쇄유돌근이 수축되면서 경추가 굴곡되는데, 이때 양팔꿈치를 안으로 모으면서 대흉근을 같이 모아준다.
2. 이 상태로 갈비뼈와 골반이 맞닿는 느낌으로 척추 마디마디를 김밥 말듯이 말고, 상체를 다시 내릴 때는 말았던 척추를 반대로 펴면서 내려간다.

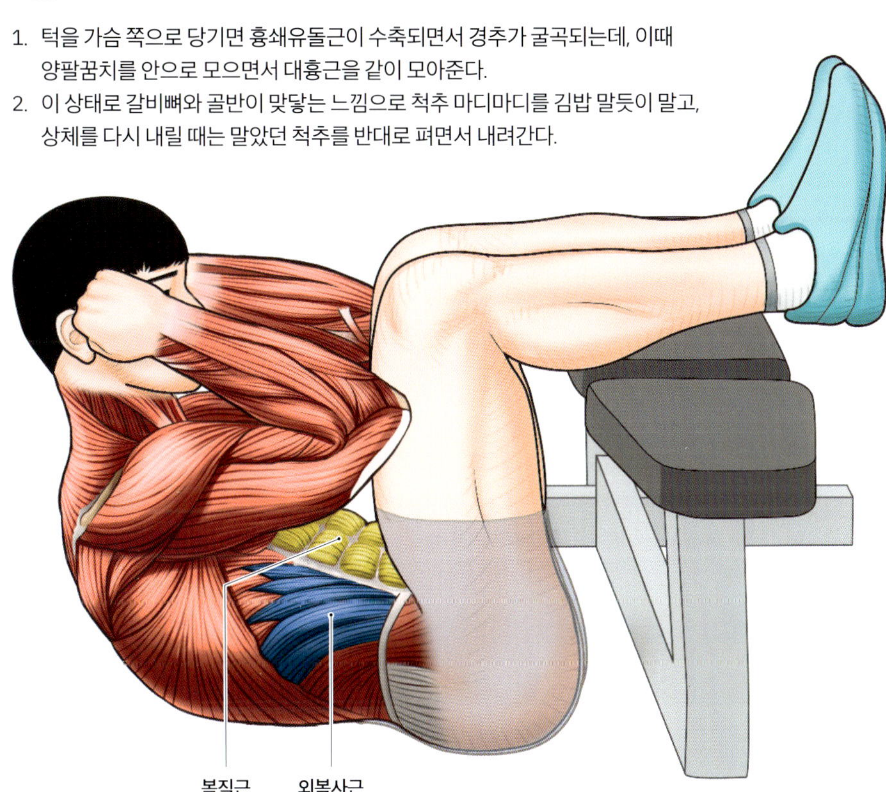

Q & A

Q 윗몸일으키기와 크런치가 다른가요?

A 윗몸일으키기는 고관절 굴곡근의 개입이 많고 허리에 부담이 크지만, 크런치는 복근에 집중하면서 허리에 부담을 줄일 수 있는 동작이다.

Q 복부가 불타는 느낌이 나지 않는데 잘못된 건가요?

A 상체를 너무 높이 들거나 반동을 쓰고 있을 수 있다. 견갑골이 바닥에서 뜨는 수준까지만 올려 복부 수축을 느껴야 한다.

케이블 크런치

Cable Crunch

관련 근육	■복직근 ■복횡근 ■복사근(내·외복사근)	연관 운동	■크런치(P. 144)

케이블 크런치는 케이블 머신을 이용해 복직근에 강력한 부하를 전달하는 고강도 복근 운동이다. 팔의 힘으로 케이블을 당기는 실수를 피하고, 오직 복부의 수축력을 이용해 흉곽을 치골 쪽으로 둥글게 말아주는 것이 이 운동의 핵심이다. 중량에 욕심을 내기보다는 근육의 정확한 수축과 통제된 이완에 집중하는 것이 무엇보다 중요하다.

WORKOUT TIP

케이블 크런치를 수행할 때는 복부의 긴장을 유지해야 하므로 엉덩이가 움직이거나 허리가 펴지게 해선 안 된다. 또한 빠르게 동작을 수행하면 반동이 생겨 운동 효과가 없으므로 천천히 자세에 집중한다. 무게가 너무 가벼울 경우 자세 잡기가 힘들기 때문에 중량은 적당히 무거워야 한다.

1

1. 케이블 머신 앞에 무릎을 대고 앉아 양손으로 바나 로프를 잡는다. 이때 골반을 살짝 뒤로 빼서 무게 중심을 안정화하되, 허리는 곧게 펴고 시선은 자연스럽게 바닥을 향하도록 한다.
2. 팔은 귀 옆에 밀착시키고, 바가 머리 뒤쪽이나 정수리 부근에 위치한다는 느낌을 유지한다. 로프를 사용할 때도 동일하게 손의 위치를 고정하여 팔의 힘이 아닌 복부의 힘으로 자세를 준비한다.

Personal Training

복직근은 흉곽에서 치골까지 수직으로 연결되어 있다. 따라서 늑골(갈비뼈)을 치골 쪽으로 둥글게 말아주어야 복직근이 제대로 수축된다. 이때 허리에 과도하게 힘을 주며 굽히면 척추기립근이나 요추에 큰 부담이 갈 수 있으므로, 척추의 중립을 유지한 상태에서 오직 복근의 수축력만으로 몸통을 굽혀야 한다. 한편, 복횡근을 활성화하기 위해 복부를 안으로 살짝 당기듯 복압을 유지한 상태로 운동하면 코어의 안정성이 높아질 뿐만 아니라, 복직근의 선명도 또한 동시에 향상된다.

팔의 힘으로 무겁게 잡아당기기만 하면 복근에 자극이 제대로 전달되지 않으므로 주의해야 한다. 또한, 척추를 둥글게 마는 것이 아니라 단순히 허리를 꺾어 등 전체를 굽히면 요추 부상의 위험이 있으니 유의하자. 특히 시선을 바닥으로 향할 때, 턱을 너무 과하게 당겨 목이 꺾이지 않도록 주의해야 하며 경추의 중립을 유지하는 것이 핵심이다.

(2)

엉덩이와 고관절을 고정한 채 팔꿈치를 무릎에 붙인다는 느낌으로 최대한 수축했다가 다시 준비 자세로 되돌아갈 때는 최대한 이완시킨다.

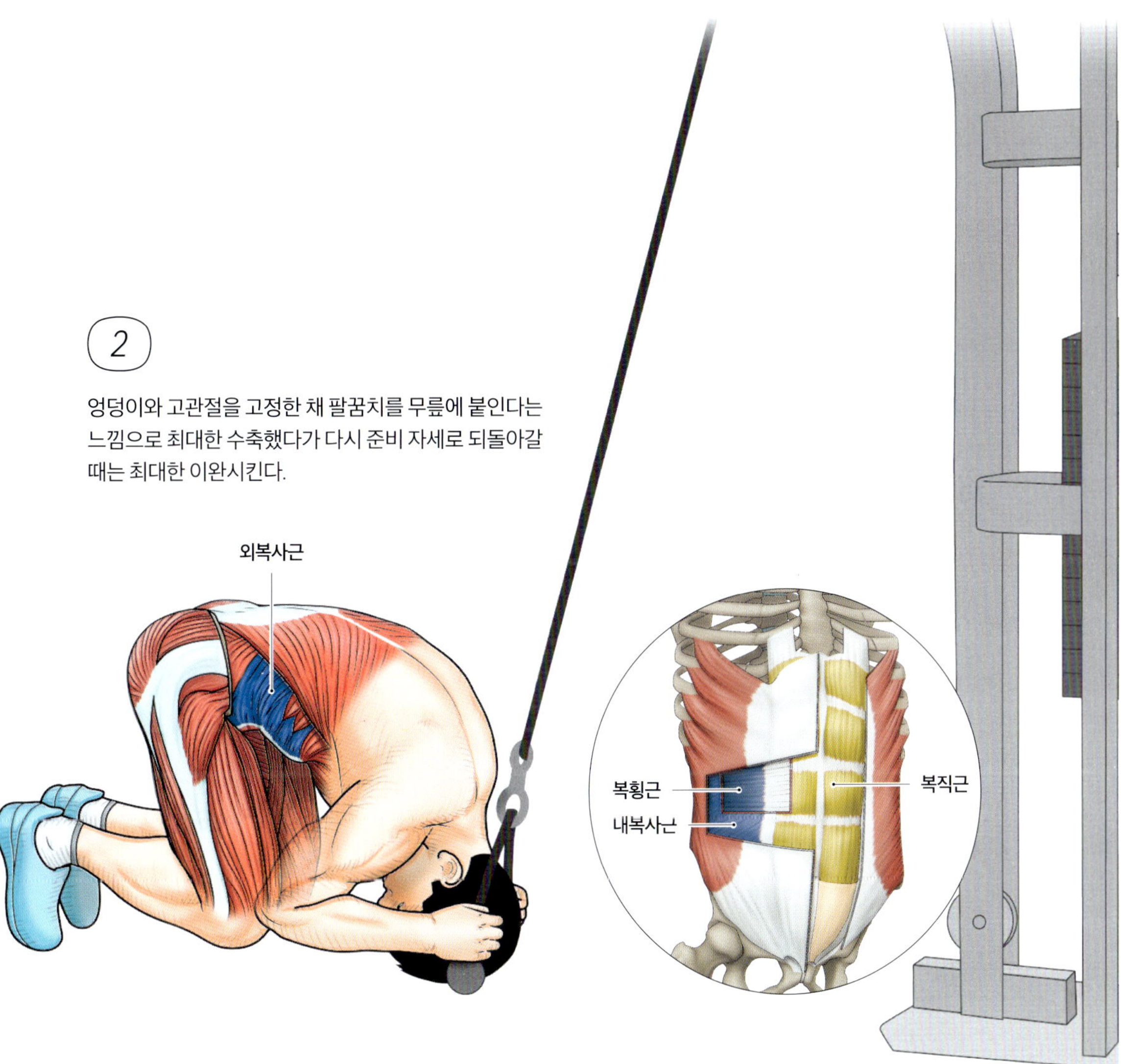

Q	복근보다 팔에 더 자극이 많이 오는데 어떡하죠?

A 손이나 팔의 힘으로 바(또는 로프)를 아래로 끌어당기지 않도록 주의해야 한다. 양손은 단지 바를 머리 옆에 고정하는 '갈고리' 역할만 할 뿐이며, 팔꿈치를 귀 옆에 붙여 고정한 상태에서 복부의 수축력만으로 몸통을 굽혀야 한다. 손의 힘으로 당기는 것이 아니라, 복부가 접히면서 상체가 말려 내려간다는 느낌에 집중하는 것이 핵심이다.

Q	상체를 어느 정도까지 숙여야 하나요?

A 바닥에 닿을 정도로 완전히 내려가는 것이 아니라, 복직근이 가장 강하게 수축하는 지점까지만 숙이는 것이 중요하다. 골반을 고정한 상태에서 가슴을 배꼽 쪽으로 최대한 말아 넣는다는 느낌에 집중해야 한다. 그 지점을 넘어 더 깊게 내려가려 하면 복근의 긴장이 풀리고 고관절이나 허리의 개입이 커질 수 있으므로, 복부의 저항이 가장 묵직하게 느껴지는 지점에서 동작을 멈추고 다시 이완해야 한다.

인클라인 벤치 싯업

Incline Bench Sit-up

관련 근육	■ 복직근 ■ 복사근(내·외복사근)	연관 운동	■ 크런치(P.144) ■ 케이블 크런치(P.146)

인클라인 벤치 싯업은 상하 복직근을 동시에 자극하는 고강도 복근 운동으로, 복부 수축 위주로 천천히 진행해야 효과적이다. 해부학적으로 흉곽을 치골 쪽으로 굴리는 동작이 핵심이며, 이때 고관절이 개입하지 않도록 주의해야 한다. 고관절 굴곡근이 동작을 주도할 경우 복근이 아닌 허벅지에 힘이 많이 들어간다.

WORKOUT TIP

상체를 들어 올리기 직전, 팔꿈치를 안으로 모아 대흉근을 수축시켜 상체의 안정성을 확보해야 한다. 동시에 발끝을 몸쪽으로 강하게 당겨 단전(아랫배)에 힘이 실리도록 준비한다. 이 기저 상태를 유지하며 턱을 가슴 쪽으로 당기고, 경추부터 흉추까지 척추 마디마디를 '김밥을 말 듯이' 둥글게 말아 올리는 것이 복부 자극을 극대화하는 핵심이다.

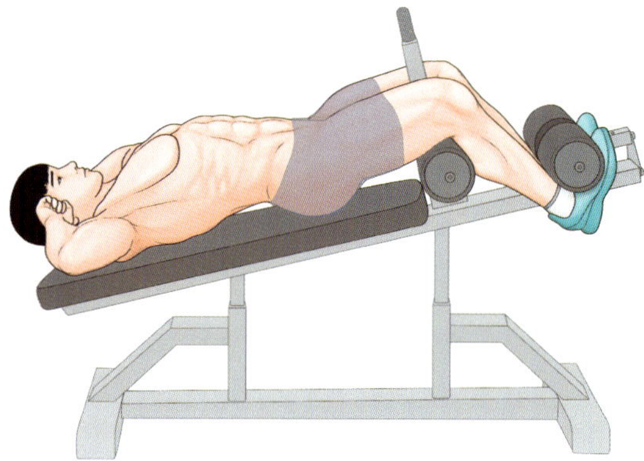

①

인클라인 벤치의 발걸이에 발을 견고하게 걸고 누운 다음, 양손으로 귀 옆을 살짝 잡는다. 이때 발끝을 몸쪽(안쪽)으로 당겨 단전(하복부 심부)에 힘을 주어 코어의 안정성을 확보한다.

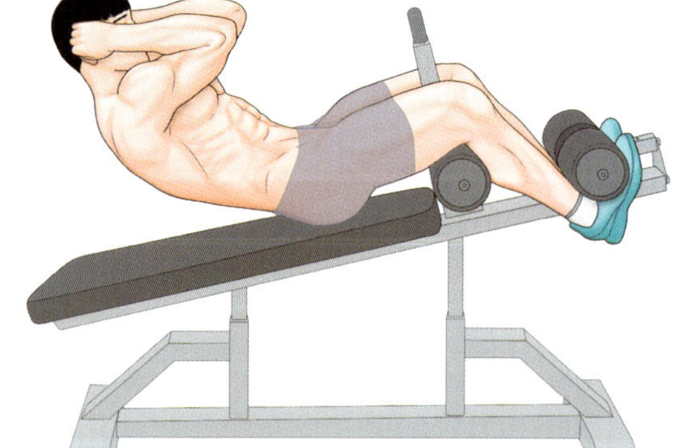

②

팔꿈치를 가슴 쪽으로 모으면서 턱을 가슴 쪽으로 당긴다. 턱을 당긴 상태를 유지하며 경추부터 흉추까지 척추 마디마디를 순차적으로 말아 올린다는 느낌으로 상체를 일으켜 복직근을 끝까지 수축시킨다.

Personal Training

싯업은 복직근 전체를 사용한다. 복근의 힘만으로 싯업을 하려면 준비 자세가 중요하다. 벤치에 누워서 자세를 잡을 때 손은 귀에 대고 팔꿈치를 모으면서 흉쇄유돌근과 대흉근에 힘이 들어가는 것을 느껴야 한다. 이때 두 근육의 모이는 힘이 복근까지 전달된다. 또한 발끝을 안쪽으로 당기면서 단전에 힘을 주어 코어를 유지한다. 이 상태에서 천천히 척추 관절을 말아 올리듯이 복부에 힘을 주면서 올라와야 복근 운동을 제대로 수행하는 것이다. 고관절 굴곡근도 사용하는데 과도하게 개입되면 복근 대신 허벅지 앞쪽과 허리에 자극이 전달되므로, 상체를 굴리는 복직근의 움직임에 먼저 집중해야 한다. '가슴이 배꼽을 향해 말린다'고 생각하면 쉽다.

CAUTION 복근이 아닌 고관절과 허리 힘으로 올라오면 허리 통증이 생길 수 있다. 또한 반동을 사용하거나 목에 힘을 주지 않도록 주의해야 한다. 손은 갖다 대는 느낌 정도로 귀에 대는 것이지 손으로 머리나 상체를 끌어올리면 안 된다. 복근을 최대한 수축시키고, 펼 때는 완전히 펴서 척추가 휘거나 들리지 않도록 평평하게 놓아야 한다.

3

복직근을 끝까지 수축시키고, 긴장을 유지하며 올라올 때의 반대 순서로 내려간다. 흉추부터 경추 순으로 척추를 하나씩 펴주면서 천천히 시작 자세로 돌아온다. 이때 완전히 눕기보다 복부의 저항을 느끼며 다음 횟수를 준비한다.

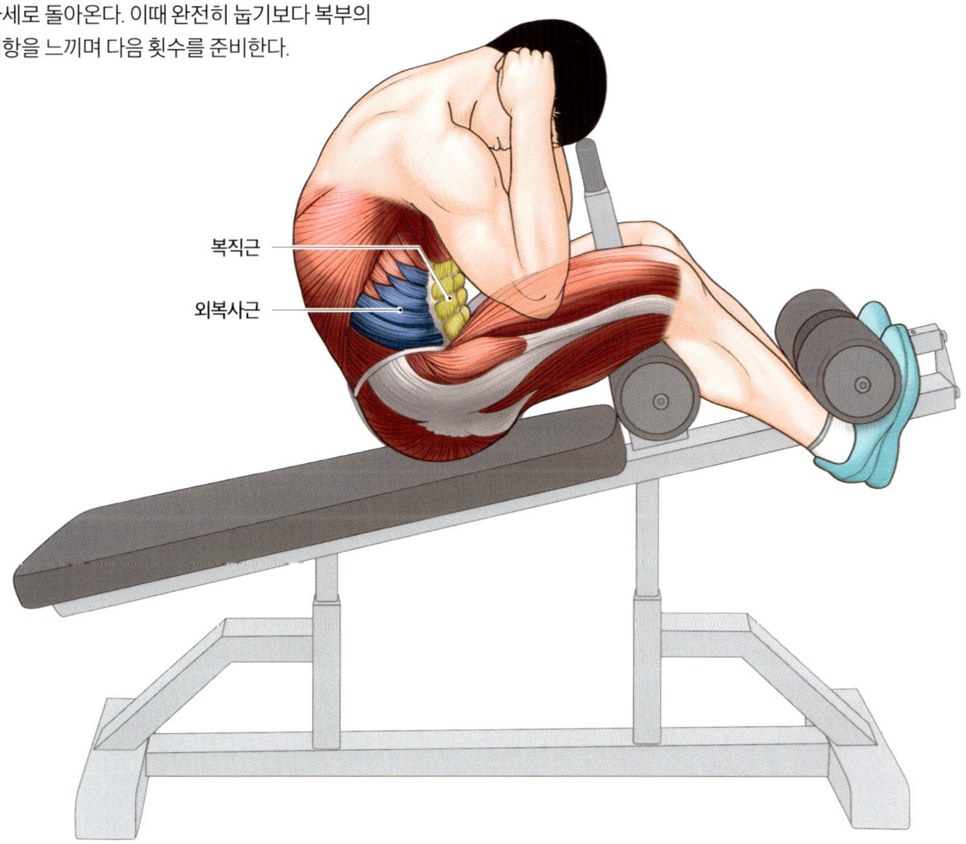

Q&A

Q 허벅지나 허리에 더 힘이 들어가는 것 같아요.

A 고관절로만 올라오고 있을 가능성이 크다. 가슴을 배꼽 쪽으로 굴린다는 느낌으로 복근을 먼저 수축해야 한다. 동작 시 호흡을 내뱉으면서 배꼽 부분을 벤치에 누르듯, 즉 허리가 벤치에 붙은 상태에서 등을 동그랗게 말아주며 올라오면 된다.

벤치 레그 레이즈

Bench Leg Raise

관련 근육	■복직근 ■복사근(내·외복사근)	연관 운동	■크런치(P.144)	
	■장요근 ■대퇴직근		■행잉 레그 레이즈(P.154)	

벤치 레그 레이즈는 하체의 무게를 지렛대로 활용해 복직근, 특히 하부 섬유를 강하게 자극하는 복부 운동이다. 이 동작은 단순히 다리를 들어 올리는 것이 아니라, 골반의 후방 경사를 동반한 몸통 안정화가 핵심이며, 이를 통해 요추의 과신전을 억제하고 복부의 순수한 수축을 유도한다. 허리가 벤치에서 뜨지 않도록 복부와 골반을 강하게 말아 밀착시키고, 다리의 무게를 버티며 천천히 가동 범위를 조절할수록 하복부의 긴장감과 복직근의 개입이 극대화된다.

WORKOUT TIP

벤치 레그 레이즈는 수행 목적에 따라 신장성 중심과 단축성 중심으로 나뉜다. 신장성 수축에 초점을 둘 경우, 다리를 내리는 구간에서 복직근이 늘어나며 버티는 느낌에 집중해 복부의 컨트롤 능력을 향상시킨다. 반대로 단축성 수축을 강조할 경우에는 '골반뼈를 갈비뼈 쪽으로 끌어당긴다'는 이미지를 떠올리며, 다리를 들어 올리는 과정에서 복직근의 짧아지는 수축과 말림 동작을 분명히 느끼는 것이 좋다. 두 방식 모두 허리가 뜨지 않는 범위 내에서 수행해야 효과가 유지된다.

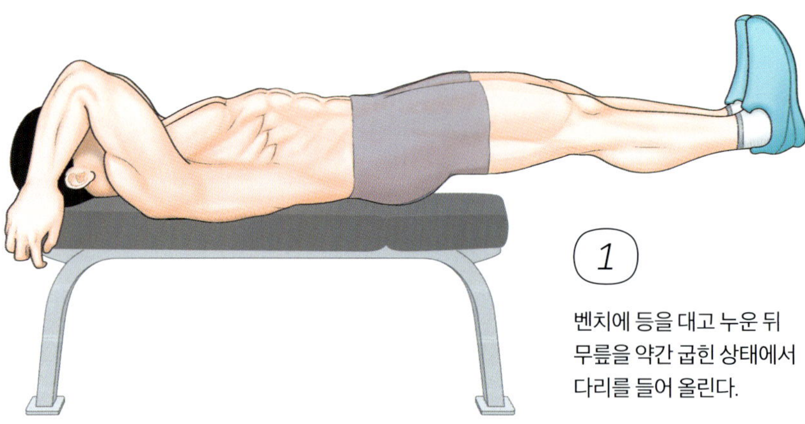

1

벤치에 등을 대고 누운 뒤 무릎을 약간 굽힌 상태에서 다리를 들어 올린다.

Personal Training

복직근 하부 자극을 극대화하려면 운동 내내 골반이 살짝 말린 후방 경사 상태를 유지해야 하며, 이를 위해 복횡근과 골반기저근이 동시 수축하는 것이 중요하다. 요추 전만이 심한 경우 다리를 너무 낮게 내리면 요추가 과도하게 뜨면서 허리 부담이 커지므로, 가동 범위를 제한하거나 무릎을 굽힌 변형 동작으로 단계 조절을 한다. 정확한 자세가 확보되기 전까지는 반복 횟수보다 자세 유지에 초점을 둔다.

골반이나 요추에 통증이나 구조적 문제가 있는 경우에는 신중해야 하는 운동이다. 허리나 골반 상태가 좋지 않다면 크런치처럼 요추의 움직임이 적은 동작으로 대체하는 것이 바람직하다. 허리에 특별한 문제가 없더라도 다리를 지나치게 낮게 내리면 요추 전만이 커지며 부담이 증가하므로 주의해야 한다. 또한 반동을 주거나 동작 수행을 빠르게 하다 보면 복직근보다 장요근·대퇴직근이 과활성화되어 허벅지만 피로해질 수 있다. 끝까지 복부 긴장을 유지하지 못하게 되면 허리 통증으로 이어질 수 있으므로, 동작을 천천히 수행하며 동작을 통제해야 한다.

(2)

1. 천천히 다리를 내리되, 발이 바닥에 닿지 않게 하고 긴장 상태를 유지한다. 이때 허리가 벤치에서 뜨지 않도록 복근에 힘을 준다.
2. 다리를 내렸다가 다시 들어 올릴 때는 엄지발가락을 몸 쪽으로 당기고 무릎을 편 채 뒤꿈치를 마치 공이 바운드되어 튕기듯이 내리찍었다가 올린다.

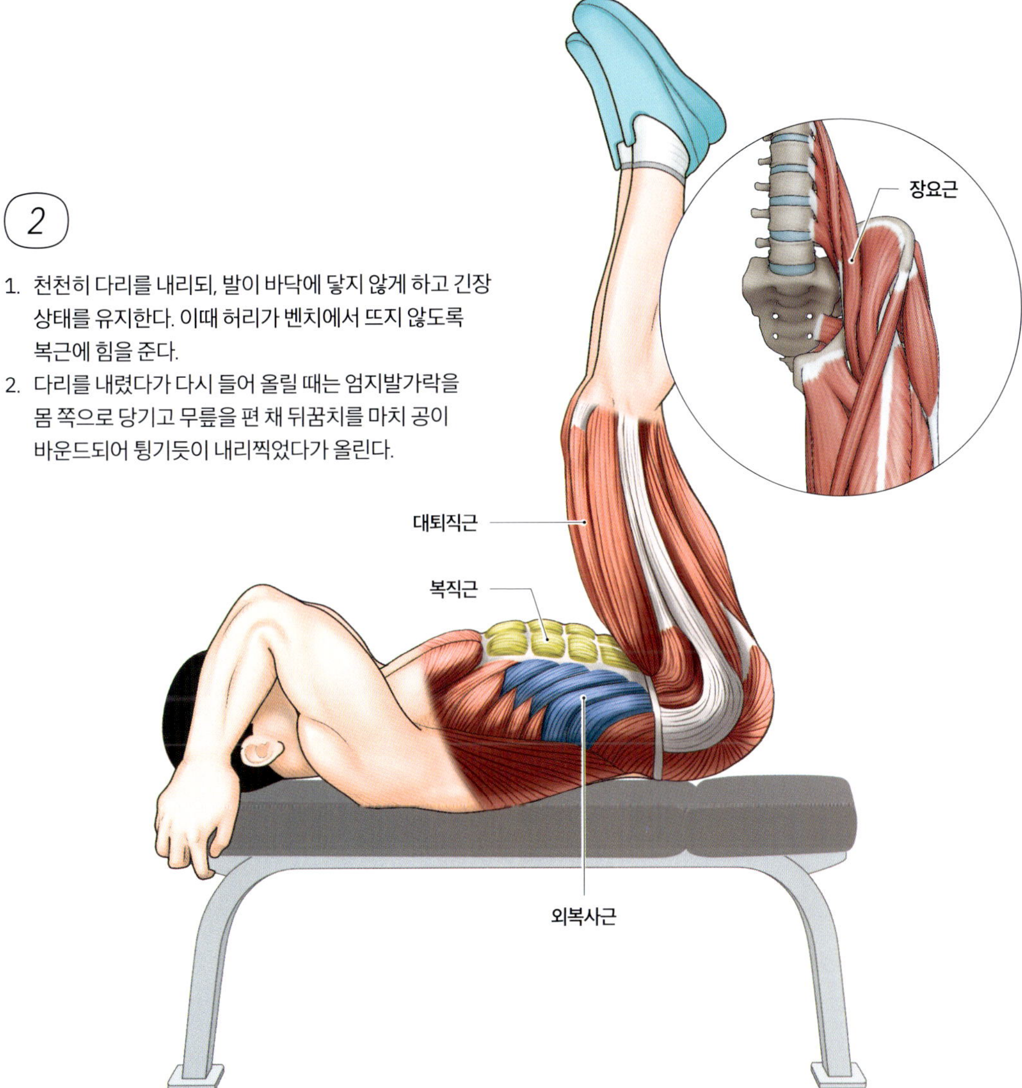

Q 허리가 자꾸 아픈데 왜 그럴까요?

A 복부에 힘을 제대로 주지 않았거나 요추가 떠서 그런 것이다. 허리 밑에 손을 넣고 힘을 주는 느낌을 잡은 후 다리를 천천히 올리고 내리거나 필요하면 무릎을 더 굽힌 상태로 시작해야 한다.

Q 하복부가 아니라 허벅지만 아픈데 왜 그럴까요?

A 다리를 과하게 밑으로 내리거나 빠르게 올려서 그런 것이다. 고관절보다는 복부를 쥐어짜듯 조여야 하고 골반을 마는 데 집중해야 한다.

행잉 니 레이즈

Hanging Knee Raise

관련 근육 ■복직근 ■복사근(내·외복사근)	연관 운동 ■ 벤치 레그 레이즈(P.150) ■ 행잉 레그 레이즈(P.154)

기구에 매달려서 무릎을 들어 올려 하복부 특히 복직근과 복사근을 공략하는 대표적인 복근 운동이다. 몸의 흔들림을 최소화한 채 복직근 하부와 고관절 굴곡근의 조화를 이뤄야 효과적이다. 코어 안정성을 확보해야 동작을 정확히 수행할 수 있다.

팔 간격은 넓든 좁든 상관없으며, 본인의 어깨가 편안한 너비로 매달리면 된다. 이 운동은 복근 전체에 힘이 들어가는 동작이지만 하복부가 주된 타깃이다. 무릎을 들어 올리기 전부터 코어에 강한 힘을 주어야 반동 없이 복근의 힘만으로 다리를 들어 올릴 수 있다. 코어의 긴장을 유지하는 것이 어렵다면, 흉곽을 단단히 고정한다는 느낌에 집중하자.

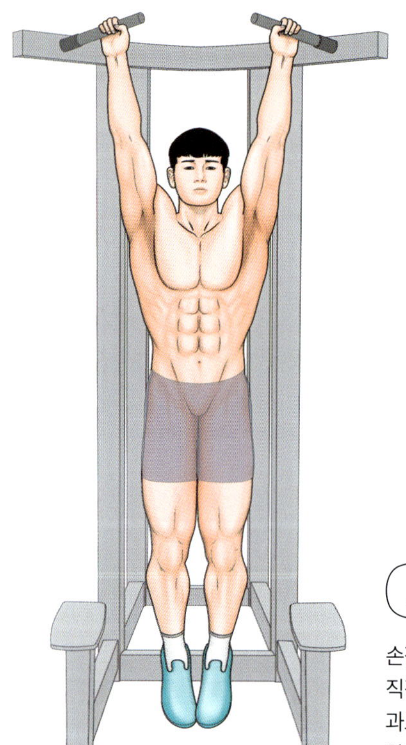

①

손잡이를 잡고 매달린 다음 무릎을 직각으로 구부린다. 이때 어깨와 팔에 과도한 긴장을 풀되 코어는 꽉 잡아야 한다.

Personal Training

행잉 니 레이즈는 복직근과 외복사근, 내복사근 등에 자극을 주는 운동으로 복직근 하부와 고관절 굴곡근인 장요근을 주로 사용한다. 복직근의 하부 섬유가 골반을 들어 올리는데, 무릎을 가슴 쪽으로 당길 때 복직근 하부가 강하게 수축된다. 또한 무릎을 들어 올릴 때 장요근이 함께 작용하므로 허리가 과하게 꺾이지 않도록 복횡근과 복사근을 동시에 조절해야 한다. 이 운동에서 가장 중요한 것은 몸이 흔들리지 않는 것이다. 코어를 고정해야 복직근 하부에 집중할 수 있는데, 몸이 흔들리면 운동 효과가 현저하게 떨어진다. 따라서 코어를 고정할 수 있도록 복횡근과 광배근에 힘을 주고 무릎을 올렸다가, 내릴 때는 허리를 편 다음 아나토미 자세로 돌아가야 한다.

반동이나 킥 동작은 피해야 하며, 어깨에 힘이 들어가지 않도록 견갑을 안정시킨 상태를 유지해야 한다. 견갑을 안정시키지 못한 채 매달리면 상체가 앞뒤로 흔들려 복근 고립이 깨질 뿐만 아니라, 어깨관절(특히 회전근개)에 무리한 부하가 가해질 수 있다.

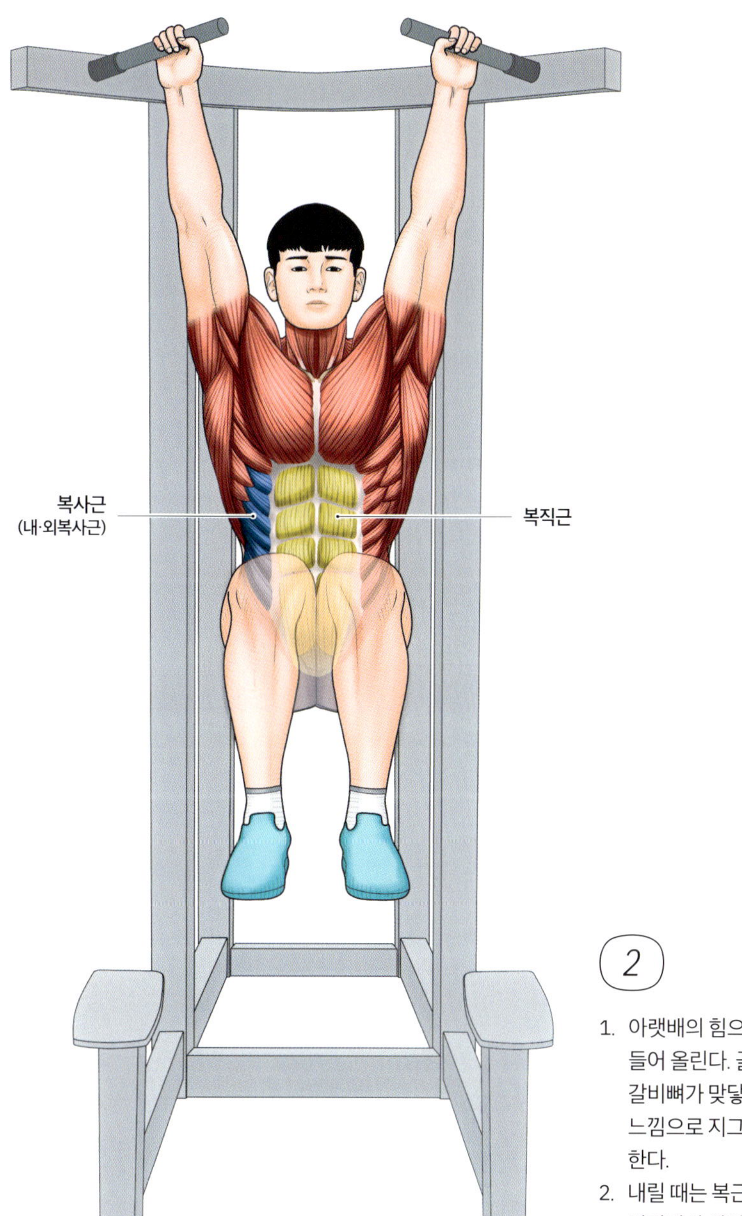

1. 아랫배의 힘으로 무릎을 들어 올린다. 골반뼈와 갈비뼈가 맞닿게 한다는 느낌으로 지그시 당겨야 한다.
2. 내릴 때는 복근 힘으로 버티면서 천천히 내린다.

Q&A

Q 무릎 대신 다리를 곧게 펴고 해도 되나요?

A 가능하지만, 난이도가 높아져 고관절 개입이 더 커지므로, 하복부를 집중 공략하려면 무릎 굽힌 상태로 자세를 익히는 것이 좋다.

Q 허리가 아픈데 동작을 계속 해도 되나요?

A 허리에 통증이 있다면 먼저 플랭크나 벤치 레그 레이즈로 코어 안정성을 높이고 난 뒤 도전하는 것이 좋다.

행잉 레그 레이즈

Hanging Leg Raise

관련 근육 ■ 복직근 ■ 복사근(내·외복사근)	연관 운동 ■ 행잉 니 레이즈(P.152) ■ 벤치 레그 레이즈(P.150)	

행잉 레그 레이즈는 복직근 하부를 주된 타깃으로 하는 고강도 복부 운동이다. 반동 없이 코어를 고정한 채 다리를 들어 올리는 것이 핵심이며, 고관절 굴곡근과 복직근의 해부학적 협응을 이해하고 수행하면 운동 효과를 극대화할 수 있다.

WORKOUT TIP

행잉 레그 레이즈 역시 몸이 쉽게 흔들리기 때문에 초보자가 수행하기에는 어려운 동작이다. 어느 정도 복근이 단련되고 행잉 니 레이즈를 통해 자세가 익숙해져야 중심을 제대로 잡을 수 있다. 다리를 들어 올릴 때만큼이나 내릴 때도 복부의 힘으로 저항하며 천천히 내려야 한다. 특히 다리를 다 내린 시점에서 요추의 중립을 유지하며 코어를 단단히 잡아 몸을 고정시킨다면, 하복부는 물론 상복부까지 강하게 단련할 수 있는 훌륭한 운동이 된다.

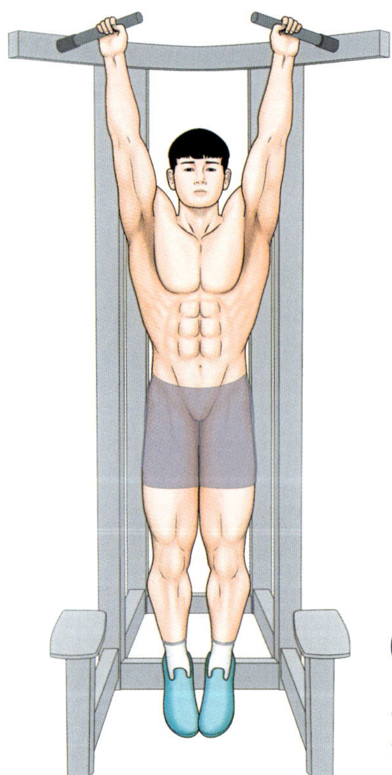

1

손잡이를 잡는다. 이때 어깨와 팔의 과도한 긴장을 푼다.

Personal Training

행잉 레그 레이즈는 복직근 하부와 장요근, 대퇴직근이 작용하는 운동이다. 다리를 들 때 고관절 굴곡근이 먼저 작동하는데 이후 복직근이 골반을 후방으로 말아 올리는 동작에서 큰 역할을 한다. 이때 갈비뼈와 골반을 좁히는 느낌으로 수축하면 복직근 하부에 더 강한 자극을 줄 수 있다. 다리를 들어 올릴 때 만큼이나 내릴 때도 저항을 주면서 천천히 내려야 한다.

동작을 빠르게 하지 않아도 된다. 올릴 때 힘을 준 만큼 내릴 때도 같은 힘을 주는 데 집중하자. 또한 다리를 휘두르며 반동을 주면 복근보다 고관절에 자극이 전달되어 타깃 근육이 발달하지 않는다. 따라서 코어를 잘 잡는 것이 행잉 레그 레이즈의 핵심이다. 어깨가 흔들리지 않도록 견갑 안정도 유지해야 한다.

(2)

1. 아랫배의 힘으로 다리를 들어 올린다. 행잉 니 레이즈와 마찬가지로 갈비뼈와 골반뼈가 맞닿게 한다는 느낌으로 지그시 당긴다.
2. 내릴 때는 복근의 힘으로 버티면서 내리다가 다 내려올 때쯤 허리에 힘을 빼고 요추에 만곡을 만들면서 코어를 잡아 몸을 고정시킨다.

Q & A

Q 다리를 들어 올릴 때 몸이 자꾸 앞뒤로 흔들리는데 어떻게 조절해야 하나요?

A 몸이 흔들리는 것은 '진자 운동'의 원리 때문이다. 이를 방지하려면 다리를 올릴 때 광배근에 힘을 주어 손잡이를 아래로 누르는 느낌을 유지해야 한다. 또한 내리는 동작에서 다리를 무작정 떨어뜨리지 말고, 복근의 저항을 느끼며 천천히 내리면 반동을 최소화할 수 있다.

Q 하복부보다 허벅지 앞쪽(장요근)에 힘이 더 많이 들어가는 것 같은데 왜 그럴까요?

A 다리를 단순히 위로 '드는' 동작에만 집중하면 고관절 굴곡근이 주동근으로 쓰이게 된다. 복직근 하부에 집중하려면 다리를 드는 높이보다 '골반을 명치 쪽으로 말아 올리는' 움직임에 집중해야 한다.

CHAPTER 07

하체 운동

하체의 해부학 구조와 기능

하체 근육은 인체 움직임의 근간을 이루며, 걷기나 뛰기 같은 기본 동작부터 고강도 운동까지 모든 동작의 토대를 제공한다. 사람의 한쪽 다리에는 15개 이상의 골격근이 존재하며, 이 근육들이 유기적으로 협력하여 일상적인 움직임을 가능케 하고 있다. 트레이닝 경험이 있는 중급자 이상이라면 근육을 해부학적으로 바라보는 관점을 익혀, 자신의 몸을 보다 과학적으로 단련해야 할 단계이다. 어떤 운동이 어떤 근육을 쓰는지 이해함으로써 하체 근력 강화, 근육의 크기 증가, 지구력 향상 등 목표에 맞춘 계획을 세울 수 있다. 예컨대 스쿼트를 수행할 때 대퇴사두근, 햄스트링, 둔근 중 어떤 근육을 주동근으로 사용해야 할지 고려하여 근육 발달의 균형을 맞춰야 한다. 이러한 관점을 통해 우리는 근육의 구조와 기능을 정확히 이해하고, 이를 토대로 효율적인 운동 방법을 도모할 수 있다.

하체 주요 근육

하체에는 우리 몸에서 가장 큰 근육들이 몰려 있으며, 이들은 서로 긴밀히 협동하여 하중 지지와 운동을 담당한다. 본서에서는 특히 대퇴사두근, 햄스트링, 대둔근, 내전근, 종아리 근육군의 다섯 가지를 핵심 근육군으로 다루게 된다. 각 근육군의 해부학적 특징과 기능적 역할을 정확히 파악함으로써, 왜 이러한 근육들을 강화해야 하는지, 그리고 어떤 원리로 운동해야 효과적인지를 깊이 있게 이해하게 될 것이다. 아래에서 각 근육군별로 핵심 내용을 간략히 소개한다.

대퇴사두근

대퇴사두근은 허벅지 앞쪽에 위치한 네 개의 근육으로 이루어진 강력한 근육군으로, 우리 몸의 움직임에서 주요 추진력을 담당한다. 해부학적으로 대퇴사두근을 구성하는 대퇴직근, 외측광근, 내측광근, 중간광근은 슬개골(무릎뼈)을 경유해 경골(정강이뼈)에 붙어 있으며, 함께 작용하여 무릎을 펴는 동작(신전)의 주동근 역할을 한다. 걷거나 뛸 때 다리를 앞으로 내딛고 밀어내는 힘, 계단을 오를 때 체중을 들어 올리는 힘 등 일상생활의 거의 모든 하지 동작에 대퇴사두근이 관여하고 있다. 특히 네 개의 근육 중 대퇴직근은 골반까지 이어져 있어 고관절 굴곡에도 관여하는데, 우리가 무릎을 차올리거나 다리를 들어 올리는 동작에 이 근육이 동원된다.

또한 대퇴사두근은 무릎 관절의 안정성을 유지하는 데 필수적이다. 대퇴사두근의 안쪽 근육인 내측광근과 바깥쪽 근육인 외측광근은 무릎뼈의 정렬을 잡아주어, 스쿼트나 런지 같은 동작에서 무릎이 흔들리지 않고 정확한 궤도로 움직이도록 돕는다. 이로써 하중이 걸릴 때 관절을 보호하고 균형을 유지해준다. 대퇴사두근이 강하다는 것은 곧 강한 하체를 의미한다. 대퇴사두근을 강화하면 하체 전체의 힘과 균형 능력이 향상되어, 달리기나 점프, 스쿼트 같

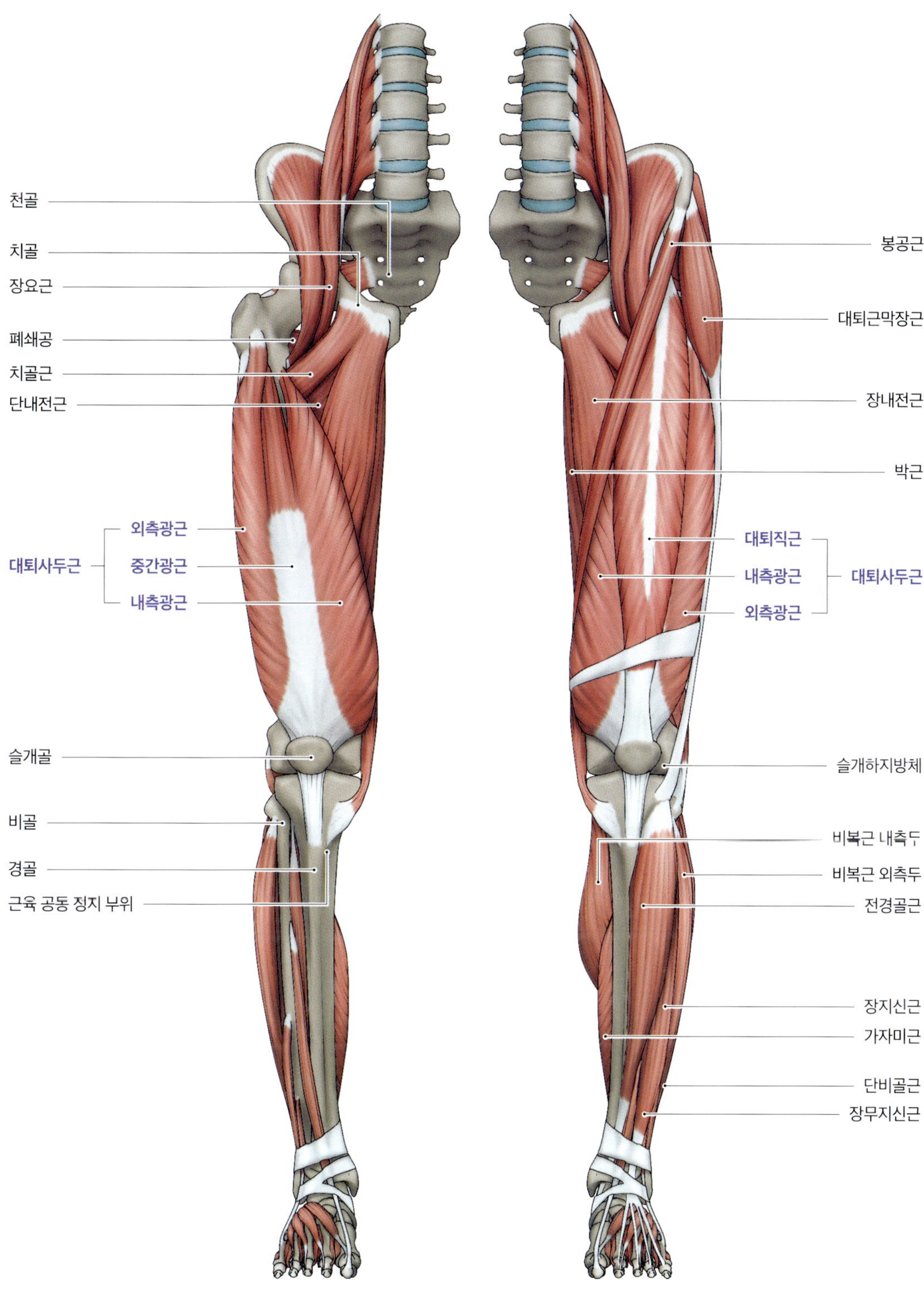

하체 전면

천골
치골
장요근
폐쇄공
치골근
단내전근
대퇴사두근
외측광근
중간광근
내측광근
슬개골
비골
경골
근육 공동 징지 부위
봉공근
대퇴근막장근
장내전근
박근
대퇴직근
내측광근
외측광근
대퇴사두근
슬개하지방체
비복근 내측두
비복근 외측두
전경골근
장지신근
가자미근
단비골근
장무지신근

은 동작에서 더 큰 힘을 발휘할 수 있다. 동시에 무릎 주위 구조를 단단히 지지함으로써 무릎 부상 위험을 크게 낮춰주기 때문에, 운동 퍼포먼스 향상과 안전을 위해 대퇴사두근 발달은 매우 중요하다.

햄스트링

햄스트링은 허벅지 뒤쪽에 위치한 근육군으로, 대퇴이두근 장두와 단두, 반건양근, 반막양근 등 네 갈래 근육으로 이루어져 있다. 이들 햄스트링 근육은 골반의 좌골에서 시작해 무릎 뒤쪽으로 경골 내측에 이어져, 고관절과 무릎 두 관절을 모두 가로지른다.

햄스트링은 기능적으로 엉덩이를 펴는 힘(고관절 신전)과 무릎을 굽히는 힘(무릎 굴곡)을 동시에 담당하여 하체 후면의 움직임을 이끌어 낸다. 달리기 동작을 예로 들면, 햄스트링은 허벅지를 뒤로 당겨 차는 힘을 내어 추진력을 더하고, 착지할 때는 다리가 갑자기 펴지지 않도록 제동을 거는 감속 장치 역할을 한다. 즉 햄스트링이 강할수록 달리는 속도를 높이고 멈추거나 방향 전환할 때 안전하게 속도를 줄일 수 있다. 또한 햄스트링은 몸통과 골반의 자세 유지에도 기여하여, 오래 서 있거나 앉아 있을 때 허벅지 뒤쪽에서 몸의 균형을 도와준다.

햄스트링은 트레이닝 관점에서 볼 때 대퇴사두근과의 균형을 이루는 데 중요하다. 앞쪽 허벅지 근육인 대퇴사두근에 비해 햄스트링이 약하면, 운동 중 무릎에 가해지는 힘을 제대로 견디지 못해 무릎 부상으로 이어지기 십상이다. 그러므로 해부학적으로 햄스트링의 구조와 작용을 이해하고 훈련에 적용하면, 하체 운동의 효율성과 안전성을 한층 높일 수 있다.

내전근

내전근은 허벅지 안쪽에 위치한 근육들의 그룹으로, 다리를 몸의 중앙선으로 모으는 고관절 내전 동작을 수행한다. 주요 내전근에는 대내전근, 장내전근, 단내전근, 치골근, 박근(두덩정강근) 등이 포함되며, 이들은 치골과 좌골 등 골반 뼈에서 일어나 대퇴골의 안쪽 면에 붙어 있다. 해부학적으로 보면, 거의 모든 내전근은 골반에서 기시하여 대퇴골에 붙는 단관절 근육이지만, 예외적으로 박근만은 무릎 안쪽 경골까지 이어지는 투 조인트 근육으로써 무릎의 안정성에도 일부 기여한다.

내전근 군의 1차적인 기능은 말 그대로 허벅지를 안쪽으로 모으는 것이다. 걷거나 달릴 때, 다리가 착지하는 순간, 내전근이 다리가 너무 벌어지지 않도록 잡아주어 체중 중심의 안정을 돕는다. 특히 한 발로 설 때나 방향을 바꾸는 동작에서는 내전근이 중심을 잡아주어 균형 유지에 중요한 역할을 한다. 해부학적 연구에 따르면 내전근은 단순한 내전뿐만 아니라 여러 운동 면에서 힘을 생산할 수 있는데, 고관절의 각도에 따라 엉덩이를 펴는 힘이나 굽히는 힘을 도울 수 있다. 예를 들어 고관절이 많이 굽혀진 상태에서는 일부 내전근(특히 대내전근의 뒤쪽 섬유)이 엉덩이 신전근으로 작용하여 일어서는 힘을 보탤 수 있고, 반대로 고관절이 펴진 상태에서는 내전근이 다시 엉덩이를 굴곡 시키는 힘을 도울 수 있다. 이러한 특성 때문에 내전근은 점프, 스쿼트, 방향 전환 등 역동적인 움직임에서 보조 동력으로 활용되어 높은 파워가 요구되는 동작에 기여한다.

내전근이 약하거나 유연성이 부족하면 스쿼트 같은 운동에서 무릎이 안쪽으로 모이는 부상 위험이 따르는 자세가 나타나기 쉽고, 빠른 방향 전환 시 사타구니 부상의 위험이 높아진다. 실제로 내전근은 다른 하체 근육과 마찬가지로 균형 잡힌 훈련이 필요하며, 앞서 언급한 개념에서 보듯이 몸의 중심을 지지하는 근막 사슬의 일부로서 중요한 역할을 한다. 그러므로 내전근의 해부학적 구조와 기능을 이해하고 이를 강화하는 운동을 병행하면, 하체의 안정성 향상과 운동 수행 능력 개선에 큰 도움이 된다.

대둔근

대둔근, 즉 큰볼기근은 인체에서 가장 크고 두꺼운 단일 근육으로, 엉덩이 부위의 볼륨을 형성하고 고관절 신전을 담당하는 힘의 근원이다. 대둔근은 천골(엉치뼈)과 장골(엉덩뼈) 등 골반 뒤쪽에 넓게 붙어 있으며, 엉덩이를 뒤로 젖히는 동작에 절대적인 기여를 한다. 앉았다가 상체를 일으킬 때, 점프하여 공중으로 도약할 때, 계단을 오를 때 등 엉덩이를 힘껏 펴는 모든 동작에서 대둔근의 힘이 발휘된다. 실제로 대둔근은 우리 몸에서 가장 강력한 힘을 낼 수 있는 근육으로, 잘 발달 된 대둔근은 엄청난 힘을 생성하며 운동 능력 전반에 걸쳐 엄청난 영향력을 미친다.

뿐만 아니라 대둔근은 하체의 자세 안정성과 체간 지지에도 핵심적인 역할을 한다. 대둔근은 골반을 뒤쪽에서 단단히 붙잡아 주어 직립 자세

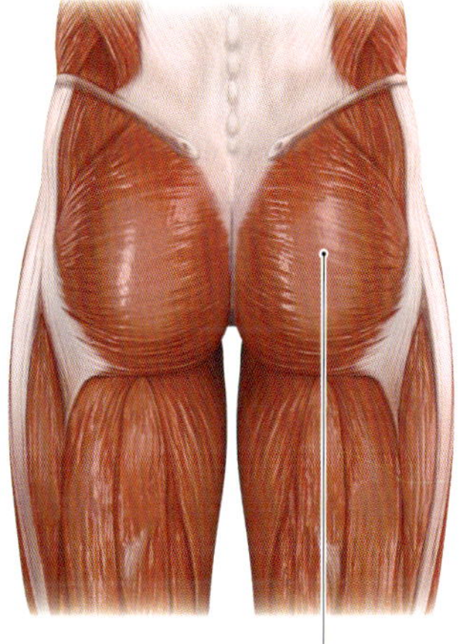

대둔근

를 취할 때 골반괴 척추를 안정화시키며, 몸의 중심을 집아 주는 역할을 한다. 예를 들어 서 있을 때 엉덩이가 앞으로 쏠리거나 상체가 과도하게 뒤로 젖혀지는 것을 방지하여 올바른 자세를 유지하게 한다.

대둔근의 힘이 약하거나 올바로 활성화되지 않으면, 고관절 신전 동작에서 허리 근육이나 햄스트링 등이 대신 과부하를 받게 되어 움직임의 효율이 떨어지고 허리 통증이나 무릎 불안정을 초래한다. 현대인들의 경우 오래 앉아 지내는 생활 습관으로 인해 둔근이 제 기능을 발휘하지 못하는 경우가 흔한데, 이는 자세 불균형과 만성 통증의 원인이 되기도 한다. 따라서 대둔근을 해부학적으로 이해하고 제대로 단련하는 것은 단순히 힙 라인을 만드는 미용상의 이유뿐만 아니라, 하체의 근력 향상과 부상 예방, 나아가 코어 안정성 확보를 위해서도 매우 중요하다.

종아리 근육군

종아리 부위의 근육들은 주로 하퇴 삼두근으로 묶여 불리며, 얕은 층의 비복근과 그 깊은 아

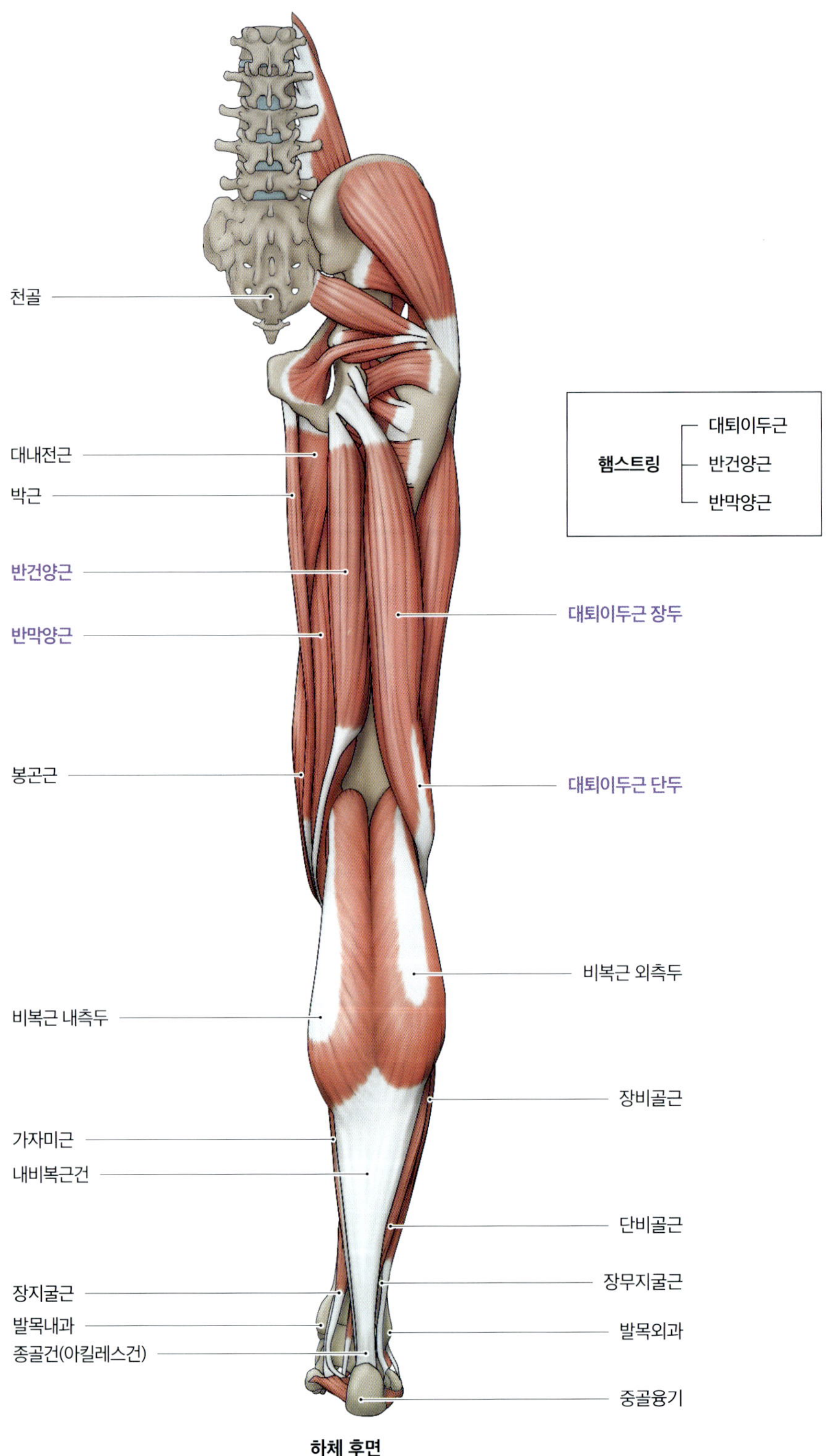

하체 후면

천골
대내전근
박근
반건양근
반막양근
봉곤근
비복근 내측두
가자미근
내비복근건
장지굴근
발목내과
종골건(아킬레스건)
햄스트링
대퇴이두근
반건양근
반막양근
대퇴이두근 장두
대퇴이두근 단두
비복근 외측두
장비골근
단비골근
장무지굴근
발목외과
중골융기

래의 가자미근으로 이루어져 있다. 비복근은 종아리에서 가장 눈에 띄는 천층 근육으로, 무릎 뒤쪽의 대퇴골 하단에서 시작하여 아킬레스건을 거쳐 발꿈치뼈(종골)에 부착되고, 가자미근은 종아리 깊은 곳에서 경골과 비골 상단 후면부터 시작하여 역시 아킬레스건으로 종골에 닿는다. 이 두 근육이 합쳐져 종아리의 볼륨을 이루며 발목과 무릎의 움직임에 관여한다.

종아리 근육군의 주된 기능은 발목을 밟아주는 힘, 즉 발바닥 쪽으로 발을 누르는 족저 굴곡이다. 까치발로 설 때나 점프할 때, 그리고 달릴 때, 지면을 세게 차고 나아갈 때 바로 이 종아리 근육의 힘이 발휘된다. 특히 비복근은 빠르고 강한 수축에 적합하여 힘을 내는 역할을 하며, 무릎을 굽히는 동작에도 보조적으로 참여하여 예를 들어 달리면서 다리를 뒤로 차올릴 때 햄스트링과 함께 무릎 굴곡을 도와준다. 한편 가자미근은 무릎 아래에서 시작되는 단관절 근육으로서 주로 느릿하고 지속적인 힘을 담당한다. 서 있을 때나 오래 걷거나 뛸 때, 가자미근은 지구력 있는 수축으로 발목을 안정화 시켜 몸이 앞으로 쓰러지지 않도록 지탱해주며, 오래 서 있어도 버틸 수 있는 힘을 제공한다.

이처럼 하체는 단순히 신체를 지탱하는 기둥을 넘어, 대퇴사두근부터 종아리에 이르는 거대한 근육 사슬이 유기적으로 맞물려 폭발적인 힘과 안정성을 만들어내는 인체의 엔진이다. 각 근육군의 해부학적 기시와 정지, 그리고 독특한 기능적 특성을 이해하는 것은 감에 의존하던 트레이닝을 정교한 설계로 바꾸는 첫걸음이 된다. 앞으로 나올 내용을 토대로 근육의 메커니즘을 실제 동작에 투영하여, 부상 없는 안전한 수행과 더불어 정체기를 돌파하는 강력한 하체 트레이닝을 시작해보자.

맨몸 스쿼트

Bodyweight Squat

관련 근육	■ 대퇴사두근 ■ 대둔근 ■ 햄스트링	연관 운동	■ 레그 프레스(P. 168)
	■ 종아리		■ V 스쿼트(P. 170)

맨몸으로 하는 스쿼트는 하체와 코어를 아우르는 전신 복합 운동으로 대둔근, 대퇴사두근, 햄스트링 및 종아리 근육 모두를 활용한다. 정확한 자세와 해부학적 원리를 이해하고 훈련하면 부상 없이 최대의 하체 운동 효과를 낼 수 있다.

WORKOUT TIP

대둔근을 쓰기 위해서는 무게중심을 뒤꿈치와 발 전체에 두고 앉는다. 무릎이 발끝보다 너무 많이 앞서지 않도록 하고, 무릎이 안으로 무너지지 않게 조절한다. 스쿼트 깊이를 확보하려면 발목의 유연성(가동성)이 중요하다.

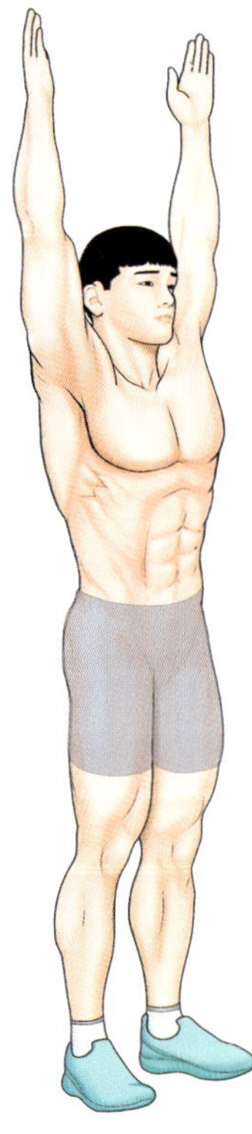

①

1. 다리를 어깨너비로 벌리고 선 다음 양 팔꿈치를 머리 위로 쭉 펴서 귀 옆에 붙인다. 팔을 올렸을 때 어깨가 아픈 경우 팔짱을 끼고 가슴 높이까지 든다.
2. 가슴을 펴고 자연스럽게 코어에 힘을 준다.

Personal Training

의자에 앉았다가 일어나는 것과 스쿼트의 차이가 뭘까? 바로 '저항'이다. 단순히 의자에 앉았다가 일어나는 것은 동작 중 저항이 발생하지 않기 때문에 운동으로 보지 않는다. 반면 스쿼트는 앉을 때나 일어설 때 일정하게 근육에 힘이 들어가면서 저항이 발생한다. 체중이 중력 방향인 아래로 향하면서 발바닥에서 하중을 모두 받치고 있는 것이다. 따라서 스쿼트를 할 때는 일부러 허벅지에 힘을 주는 것이 아니라 바닥과 맞닿아 있는 발바닥의 저항을 이용하면 발바닥에서 발생한 저항이 경골을 통해 주동근인 대퇴사두근(앞 허벅지)으로 전달된다. 또한 무릎을 굽히면서 내려갈 때 엉덩이를 뒤로 빼며 앉을수록 대둔근도 활성화시킬 수 있다. 이때 유의할 점은 코어를 잘 잡고 발바닥 전체가 바닥에 밀착되어야 한다는 점이다. 동작 시 특히 주의할 점은 앉을 때나 일어설 때 무릎과 허벅지는 항상 발바닥 너비만큼 벌려서 경골(종아리)이 정면에서 보았을 때 수직 정렬을 이루도록 주의해야 한다.

맨몸 스쿼트를 할 때는 엉덩이가 말리는 '벗 윙크' 현상을 주의해야 한다. 만약 벗 윙크 현상이 발생하면 하체 가동성을 확인하고 보완이 필요하다. 또한 무릎이 안으로 말리거나 발꿈치, 발바닥 안쪽이 뜨지 않도록 해야 한다. 무릎이 안으로 말린다면 내전근을 강화해야 하고 발꿈치가 뜨면 발목 가동성이나 유연성을 다시 확인해 보자.

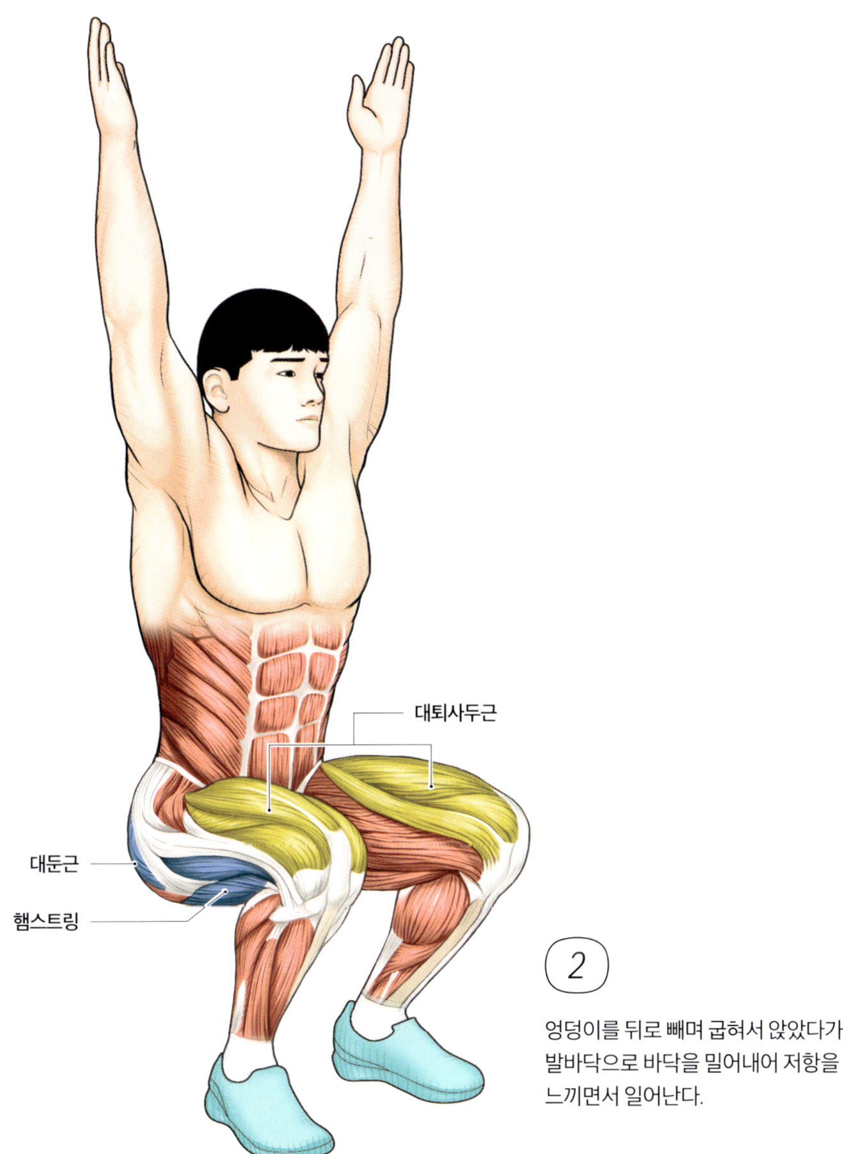

(2)

엉덩이를 뒤로 빼며 굽혀서 앉았다가 발바닥으로 바닥을 밀어내어 저항을 느끼면서 일어난다.

Q 무릎이 자꾸 아픈데 맨몸 스쿼트를 해도 될까요?

A 무릎이 아픈 경우 깊이를 줄이고 무릎 정렬부터 먼저 잡아야 한다. 무게중심이 발바닥 앞쪽에 실리면 무릎에 무리가 가해질 수 있으니 뒤꿈치에 체중을 싣는 것이 좋다.

Q 허벅지만 아프고 엉덩이의 자극이 느껴지지 않는데 왜 그럴까요?

A 하체를 너무 수직으로 내리면 대퇴사두근만 쓰게 된다. 엉덩이를 더 뒤로 빼서 동작을 의식하면 둔근 사용이 활성화된다.

바벨 스쿼트

Barbell Squat

관련 근육	■ 대퇴사두근 ■ 대둔근 ■ 햄스트링	연관 운동	■ 맨몸 스쿼트(P.164) ■ 핵 스쿼트(P.176)	

바벨 스쿼트는 고관절과 무릎관절의 굴곡·신전을 동시에 사용하는 대표적인 복합 관절 운동으로, 대둔근과 대퇴사두근을 주동근으로 활용한다. 하강 시에는 둔근과 햄스트링이 신장성 수축으로 고관절을 제어하고, 상승 시에는 대둔근이 강한 고관절 신전을 만들어낸다. 동시에 척추기립근과 복횡근이 체간을 안정화하여 요추 중립을 유지하며, 전신 협응과 하체 근력 발달에 핵심적인 역할을 한다.

WORKOUT TIP

바벨 스쿼트를 수행할 때는 고관절을 먼저 접는 힙 힌지 패턴을 기반으로 움직임을 설계해야 한다. 단순히 앉는 것이 아니라, 엉덩이를 뒤로 빼면서 고관절을 접는 방식으로 하강해야 대둔근을 효율적으로 사용할 수 있다. 내려갈 때는 무릎이 발끝 방향으로 이동하되, 과도하게 전방으로 돌출되지 않도록 조절하며, 발뒤꿈치가 지면에서 들리지 않게 주의해야 한다. 중심은 발바닥 전체에 싣고, 중족골(발등뼈)과 뒤꿈치를 통해 힘을 전달하는 것이 이상적이다. 복부에 힘을 주고 코어 전체를 잡아 척추의 안정성을 확보해야 한다.

① 바벨을 승모근에 얹는다. 양발은 어깨너비 또는 편한 만큼 벌리고 다음 엉덩이는 살짝 뒤로 뺀 채 허리를 편다.

Personal Training

바벨 스쿼트는 하체의 대근육군을 포괄적으로 동원하는 대표적인 운동으로, 고관절과 무릎 관절의 신전을 동시에 요구한다. 주동근인 대퇴사두근은 무릎을 펴는 기능을 수행하며 하강과 상승 전 과정에서 지속적인 긴장을 유지한다. 이때 무릎이 전방으로 이동하는 정도에 따라 대퇴사두근의 개입 비중이 결정되는데, 이는 전방 무릎 통증의 유발 요인과도 직결되므로 가동 범위 설정과 무게 중심 이동에 각별한 주의를 기울여야 한다.

대둔근은 고관절을 펴는 핵심 주동근으로, 엉덩이를 뒤로 접으며 하강할수록 활성도가 증가한다. 따라서 힙 힌지 패턴을 유도하는 것이 둔근 자극을 극대화하는 핵심 전략이라 할 수 있다. 햄스트링은 고관절 신전과 무릎 굴곡에 관여하지만, 스쿼트 동작 중에는 주로 고관절의 안정화를 돕는 보조적인 역할을 수행한다. 이와 더불어 내전근은 하강 시 다리가 과하게 벌어지는 것을 방지하고 신체의 중심축을 견고하게 유지하는 데 기여한다.

상체의 안정성을 확보하기 위해 척추기립근과 복횡근, 복사근 또한 적극적으로 작용한다. 특히 이 과정에서 강력한 복압이 형성되어야만 요추에 가해지는 자극을 방지하고 척추를 보호할 수 있다. 스쿼트를 흔히 '허리로 드는 운동'이라 오해하기 쉬우나, 본질적으로는 복압을 통해 체간을 고정한 상태에서 하체와 둔근의 힘으로 지면을 밀어 올리는 운동이다.

"

 일어서는 동작에서는 과도한 반동을 이용하지 않도록 주의해야 한다. 근육은 신장(이완)과 수축이 일어나는 과정에서 일정한 장력을 유지하며 매끄럽게 움직여야만 타깃 부위에 명확한 자극을 전달할 수 있다. 모든 운동이 그러하듯, 특히 스쿼트는 정확한 자세를 유지하며 일정한 속도로 수행하는 것이 무엇보다 중요하다.

1. 발바닥 전체에 체중을 실어 지면을 견고하게 지지하며, 엉덩이를 뒤로 빼고 무릎을 굽혀 하강한다. 일어설 때는 발바닥으로 바닥을 강하게 밀어내는 지면 반발력을 이용하여 상승한다.
2. 동작의 마지막 지점에서 대둔근을 강하게 수축시켜 마무리한다.

Q 바벨 무게 때문에 목이 너무 아픈데 어떻게 해야 하나요?

A 바벨이 목뼈의 가장 튀어나온 부분인 제7경추 위에 직접적으로 놓여서는 안 된다. 이는 심한 통증은 물론 경추 손상을 유발할 수 있다. 하이 바High-bar 스쿼트의 경우 바벨을 목이 아닌 승모근 상부의 두툼한 근육 위에 안착시켜야 하며, 로우 바(Low-bar) 스쿼트의 경우 견갑골을 가운데로 강하게 모아 '근육 선반'을 만든 뒤 후면 삼각근과 견갑극 위에 놓아야 한다. 이때 손잡이 너비를 좁게 유지하여 등 근육을 더 단단하게 수축시키면 바벨이 뼈에 닿지 않고 근육 위에 안정적으로 고정된다.

레그 프레스

관련 근육	■대퇴사두근 ■대둔근 ■햄스트링 ■종아리	연관 운동	■비벨 스쿼트(P.166) ■핵 스쿼트(P.176)

레그 프레스는 고관절과 무릎관절의 동시 신전을 통해 하체 근육을 강화하는 머신 기반 복합 관절 운동이다. 주동근은 대퇴사두근이며, 발의 위치와 가동 범위 설정에 따라 대둔근과 햄스트링의 개입 비중을 조절할 수 있다. 머신이 등받이를 통해 상체를 안정적으로 지지해 주므로 스쿼트에 비해 척추 부담이 비교적 낮다는 장점이 있다. 동작 시에는 하강 과정에서 둔근과 햄스트링의 신장성 수축을 통해 하중을 통제하고, 상승 과정에서 강력한 고관절 신전력을 발휘하여 밀어냄으로써 하체 전반의 근력 발달과 근비대를 효과적으로 유도한다.

WORKOUT TIP

레그 프레스의 핵심은 발바닥 전체로 발판을 밀어내며 하체의 저항력을 극대화하는 것이다. 동작 시 무릎이 발끝의 방향과 일치하도록 궤적을 유지하는 것이 중요하다. 또한 무거운 중량을 다루려고 하기보다, 하강 시 골반이 등받이에서 뜨지 않는 선까지 깊게 내려 근육을 최대로 신장시키는 과정이 선행되어야 운동 효과를 극대화할 수 있다.

1. 기구에 앉은 다음 등과 엉덩이를 패드에 밀착시킨다.
2. 무릎을 90도 이상 굽혀 발을 플랫폼 위에 두고, 발 간격은 어깨너비 또는 약간 넓게 두고, 발끝은 약간 바깥을 향하게 한다.

Personal Training

대퇴사두근은 무릎을 펴는 기능을, 대둔근과 햄스트링은 엉덩이를 펴고 다리를 뒤로 보내는 역할을 한다. 레그 프레스에서 발판을 미는 동작은 결국 이 세 근육이 협응하여 무릎과 고관절을 동시에 펴는 작업이다. 특히 하강 시 대둔근과 햄스트링이 이완되면서 힘을 저장하고, 상승 시 강하게 수축한다. 천천히 깊게 내려가야 최대 장력과 수축을 경험할 수 있다.

무릎을 펼 때 완전히 펴지 말고, 항상 살짝 굽힌 상태를 유지해야 한다. 발판을 내릴 때 너무 몸 쪽으로 내리면 좌골이 뜨고 요추가 말리면서 벗 윙크(순간적으로 꼬리뼈가 안으로 말리는 현상)가 일어난다. 무릎이 안으로 과하게 뜨거나 모이지 않도록 정렬을 유의하자.

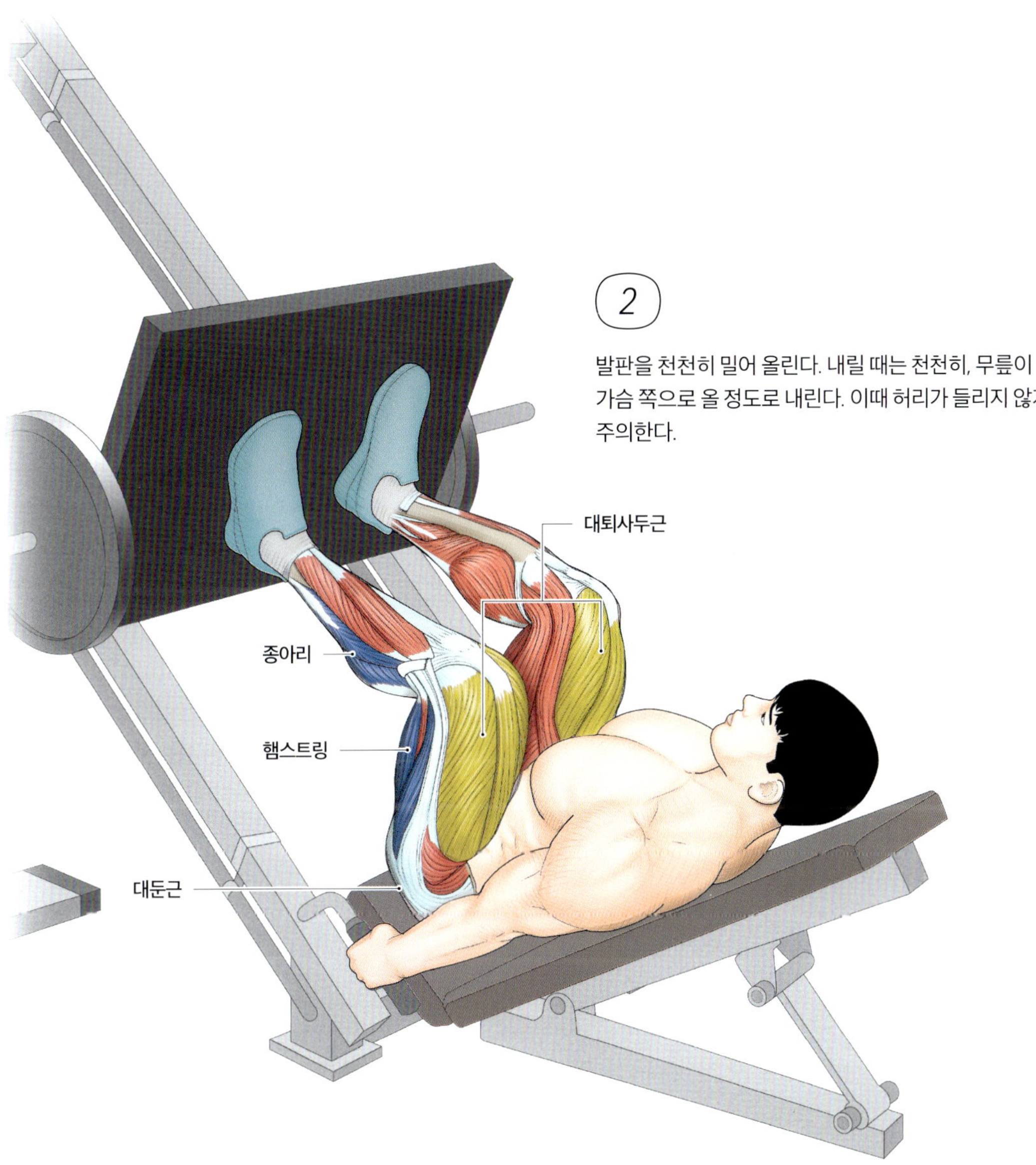

Q 허벅지가 아니라 엉덩이에 더 자극이 오는데 왜 그럴까요?

A 발판에서 발 위치를 위쪽으로 두면 엉덩이와 햄스트링에 자극이 많이 간다. 자극 부위를 조절하고 싶다면 발 위치를 조정해야 한다. 발판에서 발을 위로 위치하면 햄스트링, 아래로 위치하면 대퇴사두근에 자극이 전달된다.

Q 무릎이 아픈데 운동하면 안 될까요?

A 동작 시 발판에서 발 앞꿈치에 무게가 실리면 무릎에 부하가 걸려서 무릎이 아플 수 있다. 항상 발뒤꿈치에 무게를 실어야 대둔근과 허벅지에 제대로 자극이 온다. 그리고 발의 위치를 위로 둬서 무릎에 부담을 줄이는 것도 하나의 방법이다. 그래도 통증이 있다면 운동을 중단하고 진료받기를 권한다.

V-Squat

관련 근육	■ 대퇴사두근 ■ 대둔근 ■ 햄스트링	연관 운동	■ 레그 프레스(P. 168)
			■ 핵 스쿼트(P. 176)

V스쿼트는 머신을 이용한 하체 운동으로, 스쿼트 동작을 보조하며 바벨 스쿼트보다 허리에 부담이 적고 안정적인 자세를 유지할 수 있는 것이 특징이다. 주로 대퇴사두근, 대둔근, 햄스트링을 사용하는 복합 관절 운동이다. 특히 초보자나 척추 부담이 적은 운동을 하고 싶은 사람에게 적합하다.

WORKOUT TIP

V스쿼트 머신 특성상 각도를 세우면 상체도 자연스럽게 세울 수 있어 대퇴사두근에 밀도 있게 자극을 주며 운동할 수 있다. 대둔근에 자극을 더 주고 싶다면 발을 좀 더 앞에 두고 엉덩이를 뒤로 빼면 고관절 사용량이 증가해 대둔근과 햄스트링의 자극을 높일 수 있다. 동작 시 복부에 힘을 주어 허리 과신전을 방지해야 한다.

1.

1. 어깨를 패드에 밀착시키고, 발은 어깨너비보다 약간 넓게, 발끝은 약간 바깥쪽으로 둔다.
2. 무게를 지탱하면서 복압을 유지한다.

Personal Training

V스쿼트는 대퇴사두근 중심의 하체 강화 운동으로, 머신의 궤도를 따라 안정적으로 움직이며 스쿼트 자세를 보조한다. 발판에 놓인 발의 위치를 조절하면서 대둔근, 대퇴사두근을 고루 자극할 수 있다. 허리 부담이 적어 재활 목적으로도 적합하다. 이 운동은 고정된 궤도로 상체가 비교적 수직을 유지하기 때문에 대퇴사두근의 수축 작용이 강조된다. 특히 무릎 신전 근육인 대퇴사두근이 운동의 주동근 역할을 하며, 내려갈 때는 대둔근과 햄스트링이 이완되며 엉덩이 움직임을 보조한다. 기구의 궤도와 엉덩이 위치를 잘 조절하면 대둔근 활성화를 크게 높일 수 있다. 내려갈 때는 고관절을 접는다는 느낌으로 내려가야 하며, 무릎 각도가 90도를 넘는 구간까지 깊게 내려갈수록 더 큰 근섬유 동원이 일어난다.

하강 시 엉덩이를 과하게 아래로 떨어뜨리면 골반이 말리면서 패드에서 허리가 뜰 수 있으므로, 동작 내내 척추의 중립을 견고하게 유지해야 한다. 또한, 발판에서 발이 너무 아래쪽(앞쪽)으로 치우치면 가동 범위 확보 시 뒤꿈치가 들려 무릎에 과부하가 걸릴 수 있다. 따라서 발은 발판의 중앙보다 약간 위쪽에 위치시켜 뒤꿈치가 지면에서 떨어지지 않도록 안정적인 지지 기반을 확보하는 것이 중요하다.

(2)

1. 천천히 하강한다. 이때 엉덩이를 뒤로 충분히 빼어 힙 힌지를 유도하고, 무릎이 과도하게 발끝 앞으로 돌출되지 않도록 조절하여 하중을 둔근과 대퇴부에 고르게 분산시킨다.
2. 허벅지가 지면과 평행을 이루는 지점 혹은 그 이하까지 깊게 내려가 근육을 최대로 신장시킨 뒤, 발바닥 전체로 발판을 강하게 밀어내듯 올라와 시작 자세로 돌아간다.

Q & A

Q 일반적인 바벨 스쿼트보다 허벅지 앞쪽(대퇴사두근)이 유독 더 아픈데 이유가 무엇인가요?

A V스쿼트는 머신이 상체를 안정적으로 고정해 주어 코어나 기립근의 부담이 줄어드는 대신, 하체 근육에 부하를 더욱 집중하기 때문이다. 특히 대퇴사두근의 자극을 극대화하려면 무릎의 굴곡 각도가 충분히 확보되어야 한다. 만약 발을 발판의 너무 앞쪽에 두게 되면 무릎의 굴곡 각도가 작아지면서 부하가 둔근이나 햄스트링으로 분산되고, 결과적으로 대퇴사두근에 가해지는 자극은 줄어들게 된다. 따라서 허벅지 앞쪽을 집중적으로 단련하고 싶다면 발의 위치를 적절히 조절하여 무릎이 충분히 굽혀질 수 있도록 세팅해야 한다.

레그 익스텐션

Leg Extension

관련 근육	■ 대퇴사두근

연관 운동　■ 맨몸 스쿼트(P.164)
■ 레그 프레스(P.168)

레그 익스텐션은 허벅지 앞쪽의 대퇴사두근을 고립해 강화하는 머신 운동이다. 외측광근·내측광근·중간광근·대퇴직근 네 근육을 정밀하게 자극하며, 특히 복합 운동에서 자극이 부족한 부위까지 수축을 극대화할 수 있다. 고관절 각도와 수축 정점 유지에 따라 자극 효율이 달라지므로 해부학적 이해가 중요하다.

WORKOUT TIP

다리를 들어 올릴 때 발끝을 몸쪽으로 당기면 햄스트링에 자극이 더욱 집중된다. 이때 무릎은 완전히 펴지 말고 항상 약간 굽힌 상태를 유지하여 근육의 긴장을 놓치지 않는 것이 중요하다. 동작은 반동 없이 천천히 수행해야 한다. 중량을 천천히 내리며 근육이 늘어나는 이완 구간에서 햄스트링의 근육 성장 효과가 더욱 크게 나타난다.

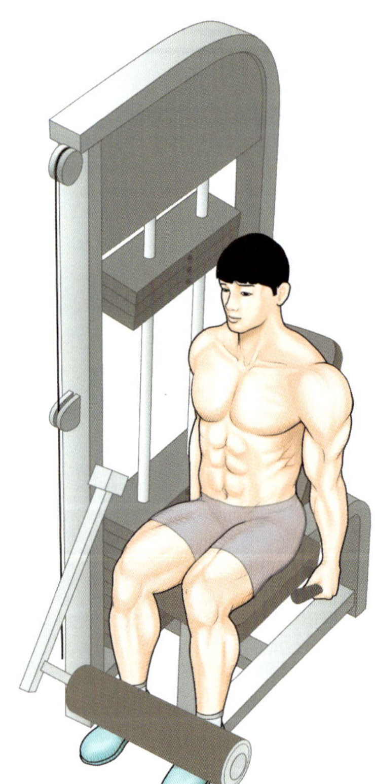

1. 시트에 앉아 등과 엉덩이를 등받이에 밀착시키고 상체를 곧게 세운다.
2. 양발을 발걸이에 걸고 양손으로 손잡이를 잡는다.

Personal Training

대퇴직근은 고관절과 무릎 관절을 모두 지나는 투 조인트 근육이므로, 상체를 약간 세워 고관절을 굴곡시킨 상태에서 수행하면 자극의 효율을 높일 수 있다. 이때 엉덩이의 위치를 미세하게 조정하여 대퇴사두근의 긴장이 풀리지 않도록 유지하는 것이 중요하다. 무릎을 완전히 펴서 관절을 잠그기 직전까지 천천히 신전하고, 수축의 정점에서 1~2초간 정지하여 근섬유의 동원을 극대화한다. 반동을 철저히 배제하고 일정한 템포를 통제하는 것이 핵심이다.

동작을 수행할 때는 무릎을 완전히 펴서 관절을 잠그기보다, 아주 살짝 굽힌 상태를 유지해야 관절에 가해지는 과도한 부하를 방지할 수 있다. 허리가 시트에서 들리거나 몸이 흔들리지 않도록 복부에 힘을 주어 코어를 견고하게 잡아야 하며, 고중량을 다루는 것보다 정확한 자세를 통한 타깃 근육의 수축에 집중하는 것이 무엇보다 중요하다. 만약 무릎에 통증이 느껴진다면 즉시 가동 범위를 제한하거나 중량을 낮추어 안전하게 수행하자.

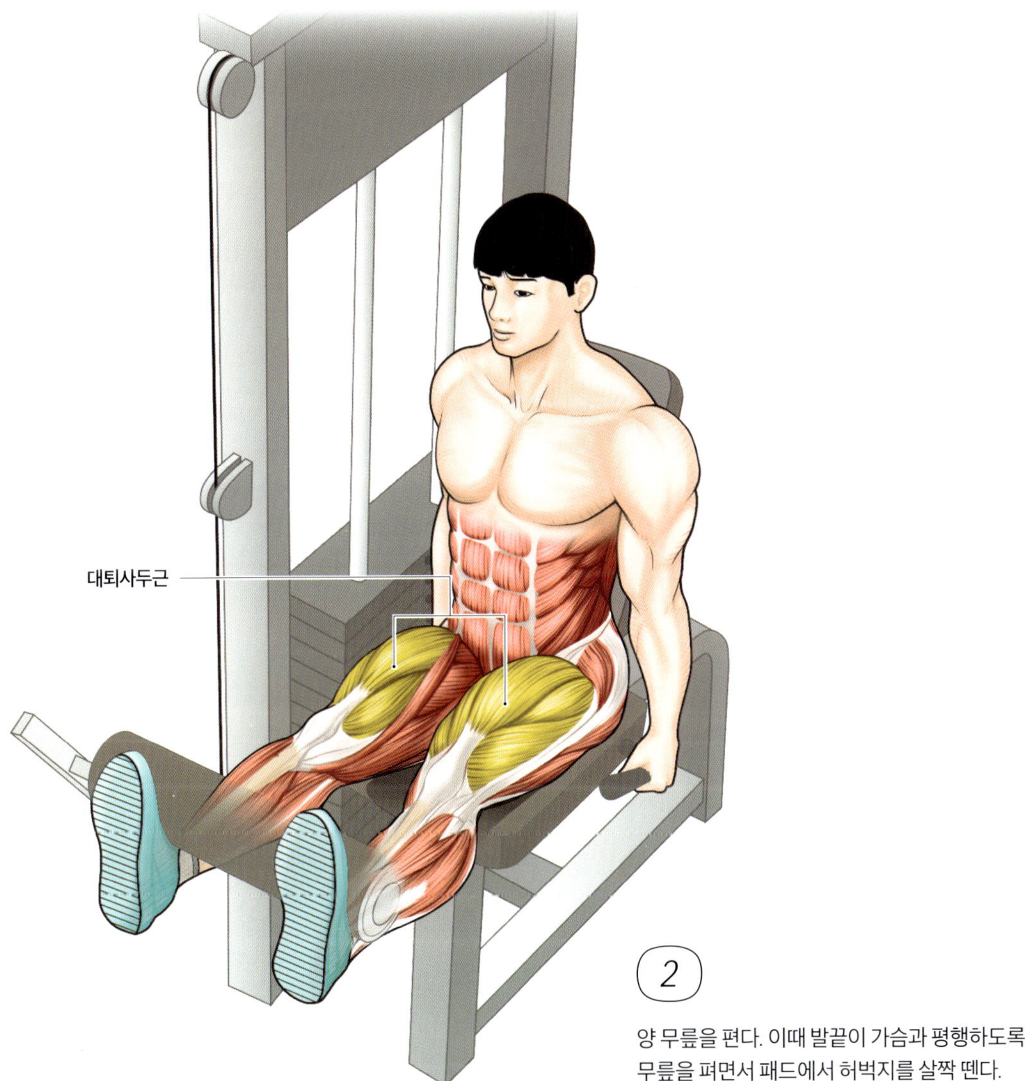

②

양 무릎을 편다. 이때 발끝이 가슴과 평행하도록 무릎을 펴면서 패드에서 허벅지를 살짝 뗀다.

Q 운동 중에 무릎 주위에서 '딱딱'거리는 소리가 나는데 계속해도 괜찮을까요?

A 무릎에서 소리가 나더라도 통증이 동반되지 않는다면 대개는 큰 문제가 되지 않는다. 이는 관절 인대가 뼈 위를 지나며 발생하는 마찰음일 가능성이 크기 때문이다. 하지만 소리와 함께 날카로운 통증이 느껴진다면 즉시 가동 범위를 줄여 통증이 없는 구간에서만 수행해야 한다. 그럼에도 통증이 지속되면 운동을 중단한다.

Q 허벅지 안쪽 근육(내측광근)을 더 발달시키고 싶은데 팁이 있을까요?

A 레그 익스텐션 수행 시 발끝의 방향을 조절하는 것이 방법이 될 수 있다. 발끝을 몸 바깥쪽으로 약간 돌린 상태(외회전)에서 동작을 수행하면 허벅지 안쪽의 내측광근에 더 강한 수축 자극을 줄 수 있다. 반대로 발끝을 안쪽으로 모으면 외측광근의 개입이 늘어난다.

Q
&
A

레그 컬

관련 근육	■ 햄스트링 ■ 비복근	연관 운동	■ 레그 프레스(P.168) ■ 루마니안 데드리프트(P.52)

레그 컬은 허벅지 뒤쪽 근육인 햄스트링을 고립하여 강화하는 대표적인 원 조인트 운동이다. 햄스트링은 고관절을 펴고 무릎을 굽히는 작용을 하는데, 레그 컬은 이 중에서도 무릎 굴곡 동작에 집중하여 햄스트링을 수축시킨다. 보통 라잉 레그 컬(엎드린 자세), 시티드 레그 컬(앉은 자세), 스탠딩 레그 컬(한쪽 다리로 서서) 세 가지 버전이 있으며, 머신을 활용해 안정적으로 수행할 수 있다.

WORKOUT TIP

다리를 들어 올릴 때 발끝을 몸 쪽으로 당기면 햄스트링에 자극이 더욱 집중된다. 무릎은 완전히 펴지 말고 약간 굽힌 상태를 유지해 근육의 긴장을 놓치지 않는 것이 중요하다. 동작을 수행할 때 반동 없이 느린 속도로 진행해야 하며, 특히 내릴 때 천천히 이완하는 구간에서 햄스트링의 근육 성장 효과가 크게 나타나므로 햄스트링의 자극을 느끼며 수행해야 한다.

1

머신에 엎드려 무릎 관절의 중심과 머신의 회전축을 일직선으로 맞춘다. 패드는 발뒤꿈치 바로 위 아킬레스건 부근에 위치하도록 길이를 조정한다.

Personal Training

햄스트링은 반건양근, 반막양근, 대퇴이두 장두, 단두로 구성되며, 무릎 뒤쪽에서 경골과 비골에 붙어 무릎을 굽히고 고관절을 펴는 역할을 한다. 특히 레그 컬에서는 무릎 굴곡 동작만을 사용하므로, 햄스트링의 원심성 수축을 정밀하게 자극할 수 있다. 또한 아랫배를 벤치에 밀착시키고 고관절을 고정하면 햄스트링이 더욱 이완되었다가 수축하게 되어, 더 큰 장력과 운동 효과를 얻을 수 있다. 정점에서의 수축과 천천히 내리는 이완 구간이 근육 성장의 핵심이다.

운동 중에는 아랫배가 벤치에서 뜨지 않도록 주의해야 한다. 동작 시 너무 빠르게 움직이다 보면 반동을 쓰게 되어 햄스트링의 자극이 줄고 다른 곳으로 힘이 분산되므로 천천히 집중해서 한다. 무게에 욕심내기보다는 천천히 정밀하게 동작을 수행하는 것이 중요하며, 햄스트링이 짧거나 유연성이 부족한 사람은 운동 전에 충분한 스트레칭을 통해 근육을 준비시켜야 한다.

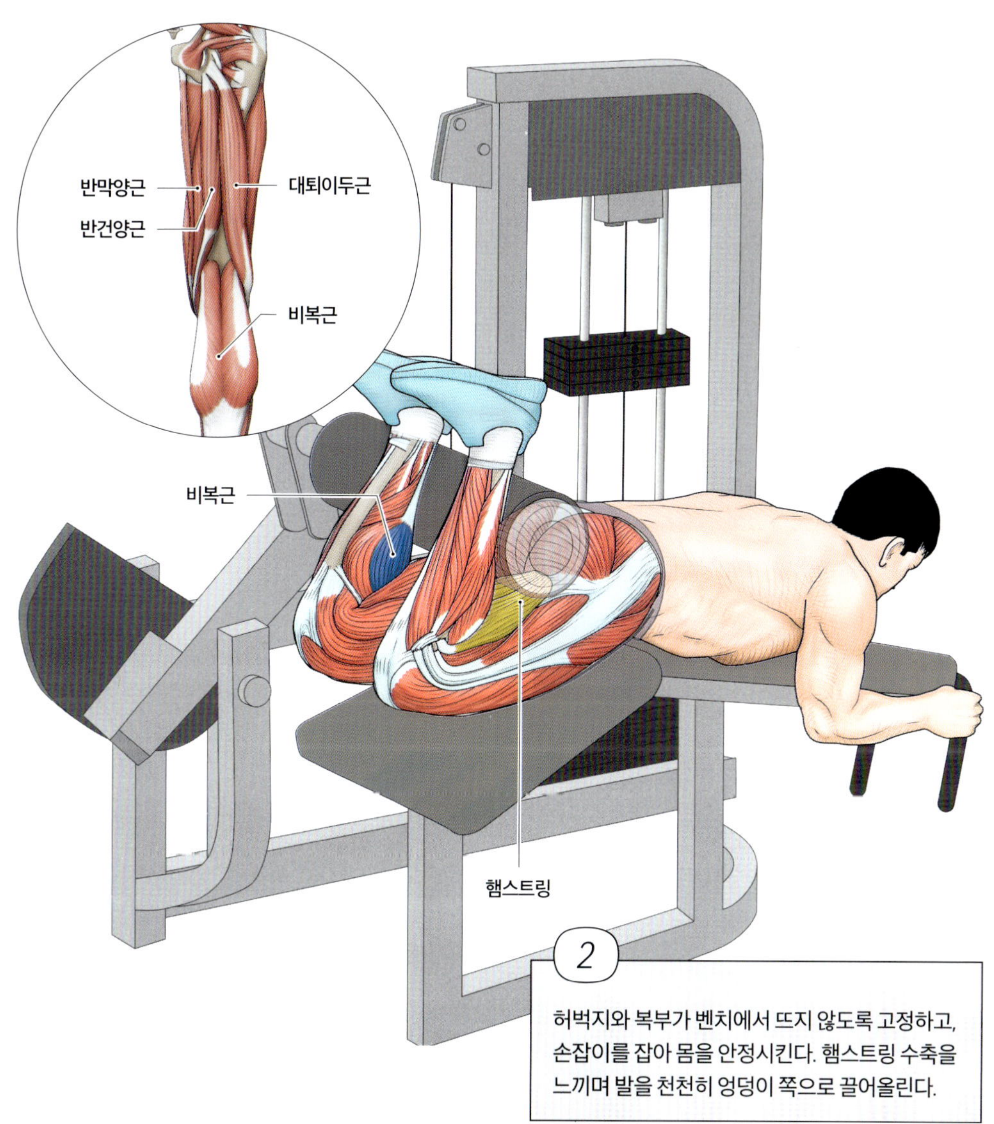

Q & A		
Q 허벅지 뒤쪽이 아니라 종아리에만 자극이 오는데 왜 그럴까요?		**Q** 햄스트링이 당기고 **뻣뻣한데** 운동을 해도 괜찮을까요?
A 종아리를 너무 긴장시키거나 무릎 위치가 잘못되면 비복근이 개입될 수 있다. 무릎을 축에 맞추고, 종아리가 최대한 이완된 상태에서 실시해야 한다.		**A** 운동 전 가벼운 스트레칭이나 워밍업을 통해 유연성을 확보해야 한다. 그래야 부상 없이 안전하게 수행할 수 있다.

핵 스쿼트

관련 근육	■대퇴사두근 ■대둔근 ■햄스트링 ■내전근 ■종아리	연관 운동	■레그 프레스(P.168) ■V 스쿼트(P.170)

핵 스쿼트는 대퇴사두근을 주동근으로 사용하며, 대둔근과 햄스트링, 내전근이 협응근으로 작용한다. 바벨 스쿼트와 비교해 상체가 머신에 견고하게 고정되어 안정성이 뛰어나며, 척추와 무릎에 가해지는 부하를 정교하게 조절할 수 있어 하체 근력 및 근비대 발달에 매우 효과적이다.

WORKOUT TIP

핵 스쿼트에서는 중량보다는 가동 범위를 우선해 깊이 내려가는 것이 근육 자극을 극대화하는 핵심이다. 운동 내내 엉덩이가 들리지 않도록 등과 허리를 기구에 밀착시키고 복부에 힘을 줘야 한다. 발 위치에 따라 자극 부위가 달라지는데, 발을 발판 윗쪽에 두면 엉덩이와 햄스트링, 아래쪽에 두면 대퇴사두근에 자극이 강하게 전달된다. 또한 무릎이 안쪽으로 모이지 않도록 주의하고, 무릎과 발끝이 같은 방향을 향하도록 정렬을 유지해야 한다.

①

어깨를 머신 패드에 고정하고 등과 엉덩이를 밀착시킨다. 발은 어깨너비보다 살짝 넓게, 발끝은 발판 위쪽에 둔다. 허리 뒤쪽과 명치를 살짝 들어 아나토미 자세를 잡는다.

Personal Training

핵 스쿼트는 경사진 기구의 고정된 궤도를 따라 움직이므로, 무게중심이 비교적 뒤에 있는 바벨 백 스쿼트보다 대퇴사두근에 훨씬 강한 수직 압박 자극을 전달한다. 구조적으로 고관절의 굴곡은 제한되는 반면 무릎의 굴곡은 증가하여, 주동근인 대퇴사두근이 더 깊은 신장과 수축을 반복하게 된다. 등과 엉덩이가 패드에 고정되어 대둔근의 개입이 제한될 수 있으나, 발의 위치와 가동 범위를 조절하면 대둔근과 햄스트링의 참여도를 높일 수 있다. 특히 내측광근은 무릎이 깊게 굽혀질 때 활성도가 높아지므로, 하체 근육의 균형 있는 발달을 위해서는 정확한 정렬을 통한 깊은 가동 범위 확보가 필수적이다.

동작 시 무릎을 완전히 펴지 말고 살짝 굽힌 상태를 유지해야 한다. 운동 중에는 허리가 들리거나 등이 등판에서 떨어지지 않도록 복부에 힘을 주어 자세를 고정하는 것이 중요하다. 무리한 중량을 사용할 경우 무릎 관절과 고관절에 과도한 부하가 집중될 수 있으므로 중량은 적절하게 조절해야 하며, 무릎이 안쪽으로 모이거나 흔들릴 경우에는 즉시 운동을 멈추고 정렬 상태를 점검해야 한다.

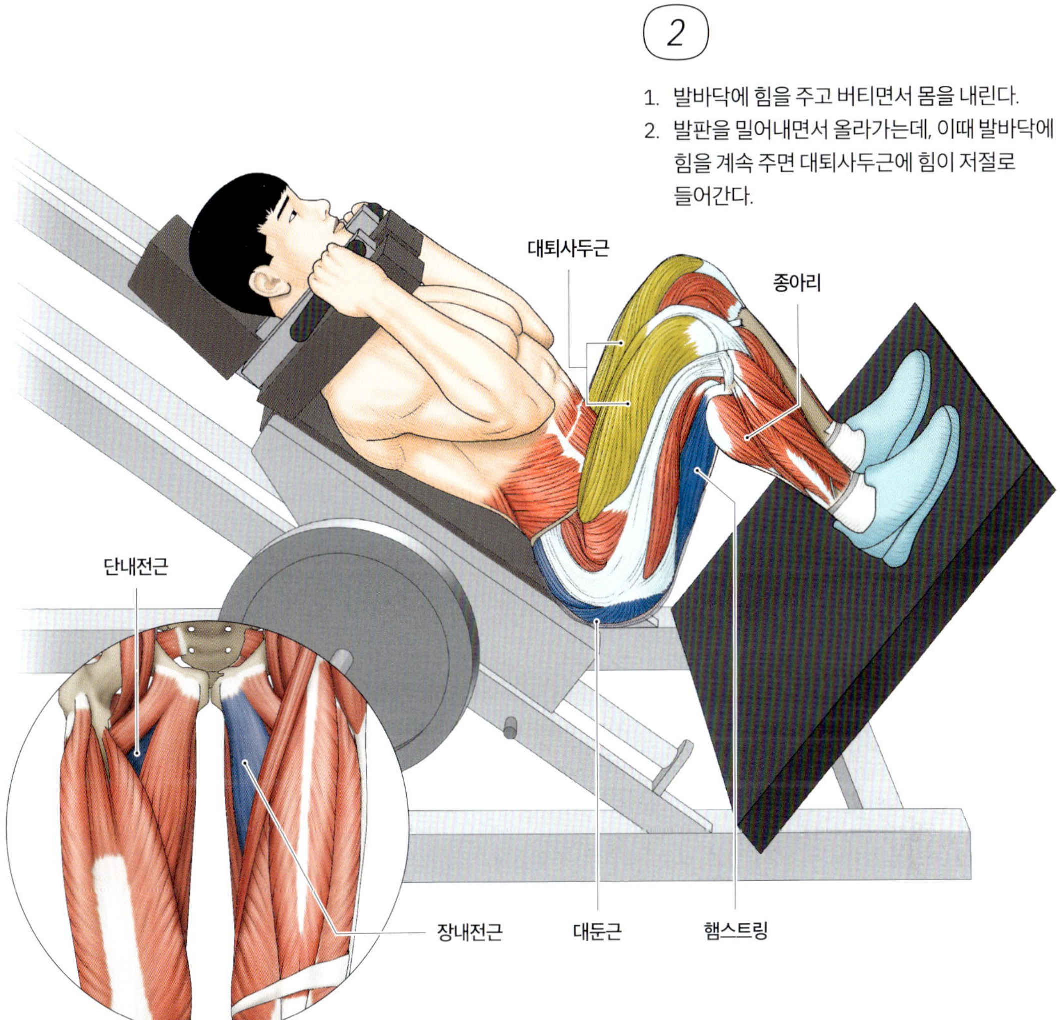

Q&A

Q 핵 스쿼트할 때 무릎 앞쪽에 통증이 느껴지는데, 발 위치를 어떻게 조정해야 할까요?

A 동작 시 무릎 통증이 느껴진다면 발의 위치가 발판에서 너무 아래쪽에 있지는 않은지 확인해야 한다. 발을 발판 아래에 둘수록 무릎이 발끝보다 앞으로 더 많이 나가게 되어 무릎관절(슬개골)에 부하가 가해진다. 이럴 때는 발의 위치를 발판 위쪽으로 더 옮겨야 한다. 무릎의 굴곡 각도가 완만해지면서 부하가 대퇴사두근 상단과 둔근으로 분산되어 무릎의 부담을 줄일 수 있다.

Q 허벅지 뒤쪽 자극이 부족한데 보완할 방법이 있나요?

A 마찬가지로 발을 발판의 조금 더 위쪽에 두면 대둔근과 햄스트링의 가동이 늘어나 자극이 증가한다. 또한 내릴 때 엉덩이를 더 깊게 밀어 넣는 느낌으로 하면 하체 뒤쪽을 더 발달시킬 수 있다.

바벨 런지

Barbell Lunge

| 관련 근육 | ■ 대퇴사두근 ■ 대둔근 ■ 햄스트링 | 연관 운동 | ■ 핵 스쿼트(P.176) |
| | ■ 내전근 ■ 종아리 | | ■ V 스쿼트(P.170) |

바벨 런지는 프리웨이트로 수행하는 하체 복합 운동으로, 대퇴사두근, 대둔근, 햄스트링, 내전근을 주로 사용하며, 균형과 코어 안정성까지 동시에 요구된다. 양발을 번갈아가면서 무게중심을 앞뒤로 이동하며 지탱하기 때문에, 하체 근력뿐만 아니라 근육의 협응력, 유연성, 신경근 조절 능력까지 발달시키는 운동이다.

WORKOUT TIP

바벨 런지를 수행할 때는 무엇보다 자세의 안정성을 먼저 확보하는 것이 중요하다. 앞으로 내디딜 때는 양발을 일직선이 아닌 어깨너비 정도로 벌리며 디디는 것이 중심을 잡기에 유리하다. 내려갈 때는 무릎이 발끝을 넘지 않도록 주의하며, 허리가 꺾이지 않게 복부의 힘을 지속적으로 유지해야 한다. 하강 시에는 천천히, 상승 시에는 강하게 지면을 밀어내며 올라온다. 속도 조절이 자극을 극대화하는 핵심 열쇠다. 또한 발뒤꿈치를 바닥에 단단히 고정하고, 발바닥 전체로 지면을 눌러야 대퇴사두와 대둔근에 자극이 잘 전달된다.

1

바벨을 어깨 뒤 승모근 위에 안정적으로 올린다. 명치를 살짝 올리고 엉덩이를 뒤로 뺀 다음 허리를 편다. 시선은 정면을 바라본다.

Personal Training

바벨 런지는 앞다리를 깊게 내딛을수록 고관절 신전 범위가 커지면서 대둔근의 활성화가 극대화되고, 디디는 간격을 좁히면 대퇴사두근이 적극적으로 개입된다. 포인트는 중심이 앞으로 쏠리지 않도록 상체를 수직으로 유지한 채 고관절을 축으로 수직 하강하는 것이며, 이때 발뒤꿈치로 지면을 강하게 누르듯이 밀어야 자극이 극대화된다. 무릎이 흔들리거나 발이 흔들리는 것은 내측광근이나 내측 아치가 약하다는 신호이므로 고정 자세와 가동성 운동으로 보완이 필요하다.

CAUTION 동작 시 무릎이 안쪽으로 모이지 않도록 주의해야 한다. 무릎이 안쪽으로 모일 경우 슬개골과 인대에 큰 부하를 줄 수 있다. 허리가 과도하게 꺾이거나 상체가 앞으로 숙여지지 않도록 복부에 힘을 주고 코어를 단단히 고정해야 한다. 또한 발을 디딜 때는 발뒤꿈치부터 지면에 닿게 하여 하체 전체에 균형 있게 무게를 분산시킨다.

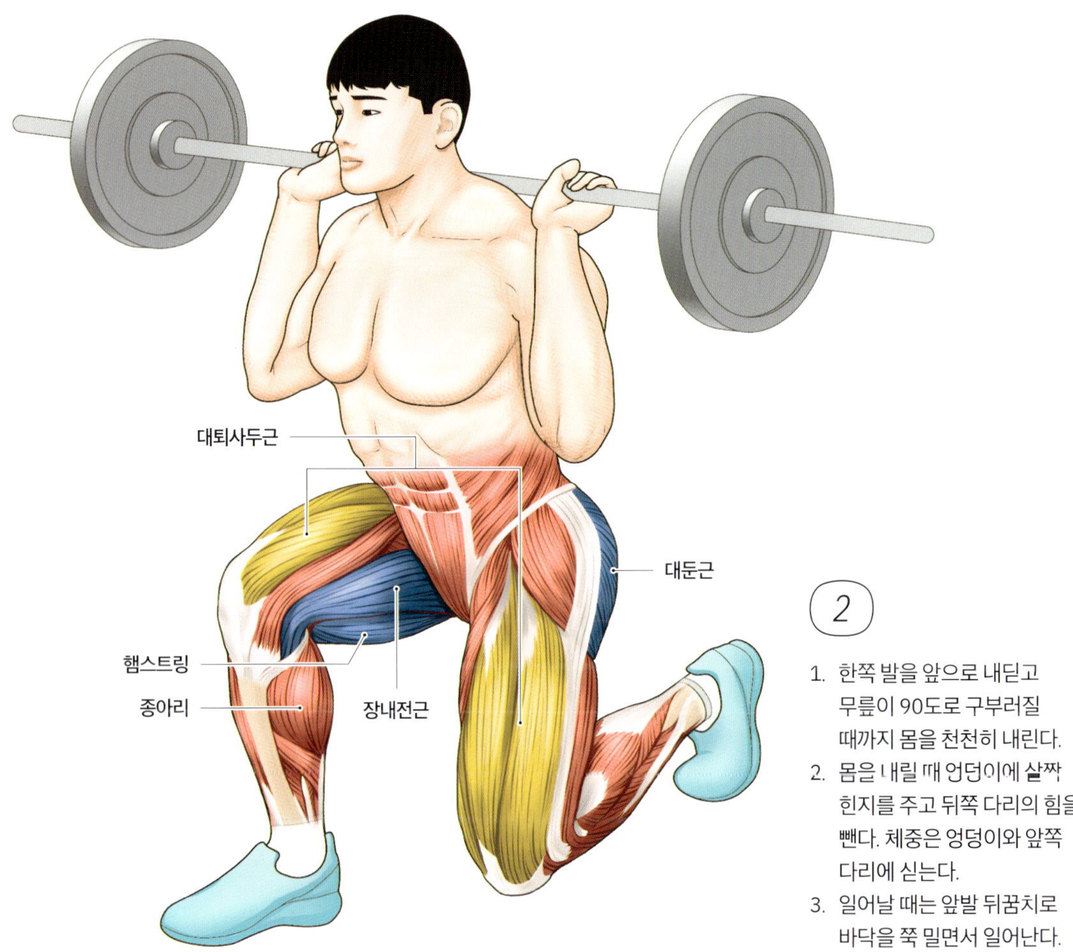

(2)

1. 한쪽 발을 앞으로 내딛고 무릎이 90도로 구부러질 때까지 몸을 천천히 내린다.
2. 몸을 내릴 때 엉덩이에 살짝 힌지를 주고 뒤쪽 다리의 힘을 뺀다. 체중은 엉덩이와 앞쪽 다리에 싣는다.
3. 일어날 때는 앞발 뒤꿈치로 바닥을 쭉 밀면서 일어난다.

Q&A

Q 바벨 없이 덤벨이나 맨몸으로 해도 효과 있을까요?

A 충분히 효과가 있다. 특히 초보자일수록 맨몸 런지나 덤벨 런지로 자세를 익힌 다음 차츰 무게를 증량하도록 하자.

Q 무릎이 아픈데 계속 해도 되나요?

A 무릎 통증이 있다면, 즉시 동작을 멈추도록 한다. 런지 동작은 자칫 잘못하면 무릎에 부상을 당하기 쉬우므로 동작 시 정확한 자세를 숙지하도록 한다.

카프 레이즈

Calf Raise

관련 근육　■비복근　■가자미근	연관 운동　■레그 컬(P.174)

카프 레이즈는 종아리 근육의 수축과 이완을 반복하는 운동으로, 비복근과 가자미근을 자극해 하체 완성도를 높인다. 무릎 각도, 발끝 방향, 정지 수축 시간을 조절하면 타깃 근육을 세밀하게 자극할 수 있다.

WORKOUT TIP

카프 레이즈는 단순해 보이지만 종아리 근육의 수축과 이완을 최대화하기 위해 천천히 수행하는 것이 중요하다. 수축 시 뒤꿈치를 가능한 높이 들어 올리고, 정점에서 잠시 멈추면 자극이 극대화된다. 반동이나 튕김 없이 부드럽게 올라갔다 내려오며, 발바닥 전체보다는 앞꿈치에 체중을 실어야 한다. 발끝 방향을 바꿈으로써 자극 부위를 다양화할 수 있으며, 무릎은 완전히 펴지 않고 살짝 유연하게 유지한다.

Personal Training

비복근은 무릎 위에서 시작되므로 무릎을 펴고 할 때 더욱 활성화되며, 가자미근은 무릎 아래에서 시작되기 때문에 무릎을 살짝 굽히면 가자미근에 더 집중할 수 있다. 또한, 발끝을 안쪽으로 향하게 하면 외측 비복근, 바깥쪽으로 벌리면 내측 비복근에 자극이 전달된다. 운동 시 발목관절의 족저굴곡 동작이 이루어지며, 뒤꿈치를 들 때 아킬레스건과 발바닥 근막도 함께 작용해 발목 안정성을 도모하고 점프력까지 향상된다.

반동을 주거나 빠르게 튕기듯 움직이면 근육이 아닌 아킬레스건에 과도한 부하가 걸려 부상의 위험이 있다. 뒤꿈치를 바닥보다 아래로 내리는 경우에는 발목 유연성이 충분한 사람만 수행하고, 그렇지 않으면 해부학적 가동 범위 내에서만 동작을 제한해야 한다.

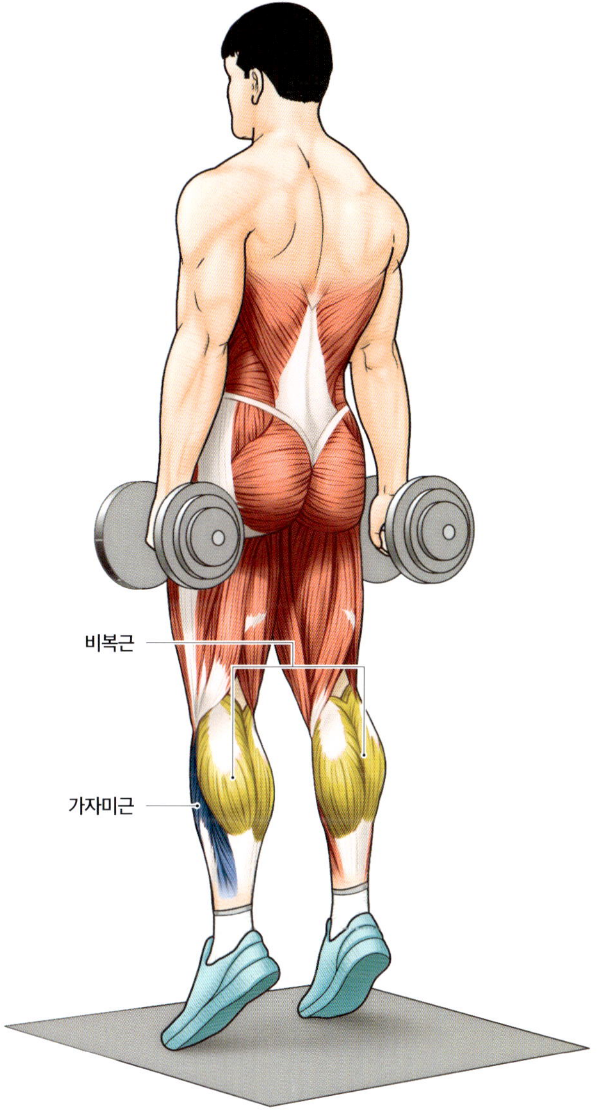

(2)

뒤꿈치를 최대한 높이 들어 올린 다음 1~2초간 정지하며 수축을 유지했다가 뒤꿈치를 천천히 내리며 제자리로 돌아온다.

Q&A

Q 카프 레이즈를 할 때 발끝 방향에 따라 자극 부위가 달라지나요?

A 그렇다. 발끝의 지향 각도에 따라 종아리 뒤쪽의 큰 근육인 비복근의 타깃 부위를 세밀하게 조절할 수 있다. 발끝을 안쪽으로 모으는 자세는 비복근의 바깥쪽인 외측두를, 반대로 발끝을 바깥으로 벌리는 자세는 안쪽인 내측두를 더욱 강하게 자극한다. 하지만 과도한 회전은 발목과 무릎 관절에 비틀림 스트레스를 줄 수 있으므로, 평소에는 양발이 평행을 이루는 '중립 자세'를 기본으로 수행하여 비복근 전반의 균형 있는 발달을 도모하는 것이 바람직하다.

Q 카프 레이즈를 매일 해도 괜찮을까요?

A 종아리는 지구력성 섬유가 많아 회복이 빠르므로 자주 해도 되지만, 고중량 훈련은 2~3일 정도 회복할 시간을 확보해야 한다.

CHAPTER
08

부록

분할 프로그램

3분할 8주 프로그램

요일	부위	순서	운동	세트	
월요일	가슴 (오전)	1	인클라인 덤벨 프레스(p.74)	4세트	총 28세트
		2	인클라인 바벨 프레스(p.72)	4세트	
		3	플랫 벤치 프레스(p.64)	7세트	
		4	덤벨 플라이(p.80) or 리버스 펙 덱 플라이(p.102)	4세트	
		5	딥스(p.76)	5세트	
		6	케이블 크로스오버(p.78)	4세트	
	등 (오후)	1	랫 풀다운(p.30) or 풀업(p.32)	5세트	총 32세트
		2	암 풀다운(p.34)	4세트	
		3	벤트 오버 바벨 로우(p.46)	5세트	
		4	T바 로우(p.42)	5세트	
		5	루마니안 데드리프트(p.52)	4세트	
		6	원 암 덤벨 로우(p.44)	4세트	
		7	시티드 로우(p.36)	5세트	
화요일	어깨 (오전)	1	덤벨 숄더 프레스(p.96)	4세트	총 34세트
		2	비하인드 넥 프레스(p.108)	4세트	
		3	시티드 프론트 프레스(p.90)	5세트	
		4	사이드 레터럴 레이즈(p.94)	5세트	
		5	벤트 오버 레이즈(p.104) or 페이스 풀(p.100)	5세트	
		6	업라이트 로우(p.98)	4세트	
		7	덤벨 슈러그(p.50) or 바벨 슈러그(p.48)	7세트	
	팔 - 이두, 삼두, 수퍼 세트 - (오후)	1	케이블 컬(이두, p.122) + 케이블 푸시다운(삼두, p.128)	4세트	총 16세트
		2	프리처 컬(이두, p.118) + 라잉 트라이셉스 익스텐션(삼두, p.130)	4세트	
		3	스탠딩 바벨 컬(이두 p.116) + 원 암(투 암) 덤벨 오버헤드 익스텐션(삼두, p.134~137)	4세트	
		4	얼터네이트 덤벨 컬(이두, p.120) + 스탠딩 트라이셉스 익스텐션(삼두, p.132)	4세트	
수요일	하체 (오전)	1	맨몸 스쿼트(p.164)	7세트	총 34세트
		2	레그 프레스(p.168)	4세트	
		3	레그 익스텐션(p.172)	5세트	
		4	핵 스쿼트(p.176)	4세트	
		5	레그 컬(p.174)	5세트	
		6	바벨 런지(p.178)	4세트	
		7	카프 레이즈(p.180)	5세트	
	복근 (오후)	1	크런치(p.144)	5세트	총 15세트
		2	인클라인 벤치 싯업(p.148)	5세트	
		3	행잉 레그 레이즈(p.154)	5세트	

요일	부위	순서	운동	세트	
목요일	**가슴** (오전)	1	인클라인 덤벨 프레스(p.74)	4세트	
		2	인클라인 바벨 프레스(p.72)	4세트	
		3	플랫 벤치 프레스(p.64)	7세트	총 28세트
		4	덤벨 플라이(p.80) or 리버스 펙 덱 플라이(p.102)	4세트	
		5	딥스(p.76)	5세트	
		6	케이블 크로스오버(p.78)	4세트	
	등 (오후)	1	랫 풀다운(p.30) or 풀업(p.32)	5세트	
		2	암 풀다운(p.34)	4세트	
		3	벤트 오버 바벨 로우(p.46)	5세트	
		4	T바 로우(p.42)	5세트	총 32세트
		5	루마니안 데드리프트(p.52)	4세트	
		6	원 암 덤벨 로우(p.44)	4세트	
		7	시티드 로우(p.36)	5세트	
금요일	**어깨** (오전)	1	덤벨 숄더 프레스(p.96)	4세트	
		2	비하인드 넥 프레스(p.108)	4세트	
		3	시티드 프론트 프레스(p.90)	5세트	
		4	사이드 레터럴 레이즈(p.94)	5세트	총 34세트
		5	벤트 오버 레이즈(p.104) or 페이스 풀(p.100)	5세트	
		6	업라이트 로우(p.98)	4세트	
		7	덤벨 슈러그(p.50) or 바벨 슈러그(p.48)	7세트	
	팔 **- 이두, 삼두,** **수퍼 세트 -** (오후)	1	케이블 컬(이두, p.122) + 케이블 푸시다운(삼두, p.128)	4세트	
		2	프리처 컬(이두, p.118) + 라잉 트라이셉스 익스텐션(삼두, p.130)	4세트	총 16세트
		3	스탠딩 바벨 컬(이두 p.116) + 원 암(투 암) 덤벨 오버헤드 익스텐션(삼두, p.134~137)	4세트	
		4	얼터네이트 덤벨 컬(이두, p.120) + 스탠딩 트라이셉스 익스텐션(삼두, p.132)	4세트	
토요일	**하체** (오전)	1	맨몸 스쿼트(p.164)	7세트	
		2	레그 프레스(p.168)	4세트	
		3	레그 익스텐션(p.172)	5세트	
		4	핵 스쿼트(p.176)	4세트	총 34세트
		5	레그 컬(p.174)	5세트	
		6	바벨 런지(p.178)	4세트	
		7	카프 레이즈(p.180)	5세트	
	복근 (오후)	1	크런치(p.144)	5세트	
		2	인클라인 벤치 싯업(p.148)	5세트	총 15세트
		3	행잉 레그 레이즈(p.154)	5세트	
일요일			휴식		

4분할 10주 프로그램(1, 3, 5, 7, 9주차)

요일	부위	순서	운동	세트	
월요일	가슴 (오전)	1	인클라인 덤벨 프레스(p.74)	5세트	
		2	인클라인 바벨 프레스(p.72)	5세트	
		3	플랫 벤치 프레스(p.64)	7세트	총 30세트
		4	덤벨 플라이(p.80) or 리버스 펙 덱 플라이(p.102)	4세트	
		5	딥스(p.76)	5세트	
		6	케이블 크로스오버(p.78)	4세트	
	팔 - 이두 - (오후)	1	케이블 컬(p.122)	5세트	
		2	프리처 컬(p.118)	5세트	총 20세트
		3	스탠딩 바벨 컬(p.116)	5세트	
		4	얼터네이트 덤벨 컬(p.120)	5세트	
화요일	등 (오후)	1	랫 풀다운(p.30) or 풀업(p.32)	5세트	
		2	암 풀다운(p.34)	4세트	
		3	벤트 오버 바벨 로우(p.46)	5세트	
		4	T바 로우(p.42)	5세트	총 32세트
		5	루마니안 데드리프트(p.52)	4세트	
		6	원 암 덤벨 로우(p.44)	4세트	
		7	시티드 로우(p.36)	5세트	
	팔 - 삼두 - (오후)	1	케이블 푸시다운(p.128)	5세트	
		2	라잉 트라이셉스 익스텐션(p.130)	5세트	총 20세트
		3	원 암(투 암) 덤벨 오버헤드 익스텐션(p.134~137)	5세트	
		4	스탠딩 트라이셉스 익스텐션(삼두, p.132)	5세트	
수요일	하체 (오전)	1	맨몸 스쿼트(p.164)	7세트	
		2	레그 프레스(p.168)	4세트	
		3	레그 익스텐션(p.172)	5세트	
		4	핵 스쿼트(p.176)	4세트	총 34세트
		5	레그 컬(p.174)	5세트	
		6	바벨 런지(p.178)	4세트	
		7	카프 레이즈(p.180)	5세트	
	복근 (오후)	1	크런치(p.144)	5세트	
		2	인클라인 벤치 싯업(p.148)	5세트	총 15세트
		3	행잉 레그 레이즈(p.154)	5세트	

요일	부위	순서	운동	세트	
목요일	**어깨** (오전)	1	덤벨 숄더 프레스(p.96)	4세트	
		2	비하인드 넥 프레스(p.108)	4세트	
		3	시티드 프론트 프레스(p.90)	5세트	총 34세트
		4	사이드 레터럴 레이즈(p.94)	5세트	
		5	벤트 오버 레이즈(p.104) or 페이스 풀(p.100)	5세트	
		6	업라이트 로우(p.98)	4세트	
		7	덤벨 슈러그(p.50) or 바벨 슈러그(p.48)	7세트	
	팔 - 이두 - (오후)	1	케이블 컬(p.122)	5세트	
		2	프리처 컬(p.118)	5세트	총 20세트
		3	스탠딩 바벨 컬(p.116)	5세트	
		4	얼터네이트 덤벨 컬(p.120)	5세트	
금요일	**가슴 - 컴파운드 세트 - (오전)**	1	인클라인 덤벨 프레스(p.74) + 덤벨 플라이(p.80)	5세트	
		2	인클라인 바벨 프레스(p.72) + 리버스 펙 덱 플라이(p.102)	5세트	
		3	플랫 벤치 프레스(p.64) + 케이블 크로스오버(p.78)	5세트	총 25세트
		4	딥스(p.76)	5세트	
		5	덤벨 풀오버(p.70)	5세트	
	팔 - 삼두 - (오후)	1	케이블 푸시다운(p.128)	5세트	
		2	라잉 트라이셉스 익스텐션(p.130)	5세트	총 20세트
		3	원 암(투 암) 덤벨 오버헤드 익스텐션(p.134~137)	5세트	
		4	스텐딩 트라이셉스 익스텐션(삼두, μ.132)	5시트	
토요일	**등 (오후)**	1	랫 풀다운(p.30) or 풀업(p.32)	5세트	
		2	암 풀다운(p.34)	4세트	
		3	벤트 오버 바벨 로우(p.46)	5세트	
		4	T바 로우(p.42)	5세트	총 32세트
		5	루마니안 데드리프트(p.52)	4세트	
		6	원 암 덤벨 로우(p.44)	4세트	
		7	시티드 로우(p.36)	5세트	
	복근 (오후)	1	크런치(p.144)	5세트	
		2	인클라인 벤치 싯업(p.148)	5세트	총 15세트
		3	행잉 레그 레이즈(p.154)	5세트	
일요일			휴식		

4분할 10주 프로그램(2, 4, 6, 8, 10주차)

요일	부위	순서	운동	세트	
월요일	하체 (오전)	1	맨몸 스쿼트(p.164)	7세트	총 34세트
		2	레그 프레스(p.168)	4세트	
		3	레그 익스텐션(p.172)	5세트	
		4	핵 스쿼트(p.176)	4세트	
		5	레그 컬(p.174)	5세트	
		6	바벨 런지(p.178)	4세트	
		7	카프 레이즈(p.180)	5세트	
	팔 - 삼두 - (오후)	1	케이블 푸시다운(p.128)	5세트	총 20세트
		2	라잉 트라이셉스 익스텐션(p.130)	5세트	
		3	원 암(투 암) 덤벨 오버헤드 익스텐션(p.134~137)	5세트	
		4	스탠딩 트라이셉스 익스텐션(삼두, p.132)	5세트	
화요일	어깨 - 컴파운드 세트 - (오전)	1	덤벨 숄더 프레스(p.96) + 업라이트 로우(p.98)	5세트	총 22세트
		2	비하인드 넥 프레스(p.108) + 사이드 래터럴 레이즈(p.94)	5세트	
		3	시티드 프론트 프레스(p.90) + 벤트 오버 레이즈(p.104) or 페이스 풀(p.100)	5세트	
		4	덤벨 슈러그(p.50) or 바벨 슈러그(p.48)	7세트	
	팔 - 이두 - (오후)	1	케이블 컬(p.122)	5세트	총 20세트
		2	프리처 컬(p.118)	5세트	
		3	스탠딩 바벨 컬(p.116)	5세트	
		4	얼터네이트 덤벨 컬(p.120)	5세트	
수요일	가슴 (오전)	1	인클라인 덤벨 프레스(p.74)	5세트	총 30세트
		2	인클라인 바벨 프레스(p.72)	5세트	
		3	플랫 벤치 프레스(p.64)	7세트	
		4	덤벨 플라이(p.80) or 리버스 펙 덱 플라이(p.102)	4세트	
		5	딥스(p.76)	5세트	
		6	케이블 크로스오버(p.78)	4세트	
	복근 (오후)	1	크런치(p.144)	5세트	총 15세트
		2	인클라인 벤치 싯업(p.148)	5세트	
		3	행잉 레그 레이즈(p.154)	5세트	

요일	부위	순서	운동	세트	
목요일	등 (오후)	1	랫 풀다운(p.30) or 풀업(p.32)	5세트	총 32세트
		2	암 풀다운(p.34)	4세트	
		3	벤트 오버 바벨 로우(p.46)	5세트	
		4	T바 로우(p.42)	5세트	
		5	루마니안 데드리프트(p.52)	4세트	
		6	원 암 덤벨 로우(p.44)	4세트	
		7	시티드 로우(p.36)	5세트	
	팔 - 삼두 - (오후)	1	케이블 푸시다운(p.128)	5세트	총 20세트
		2	라잉 트라이셉스 익스텐션(p.130)	5세트	
		3	원 암(투 암) 덤벨 오버헤드 익스텐션(p.134~137)	5세트	
		4	스탠딩 트라이셉스 익스텐션(삼두, p.132)	5세트	
금요일	하체 (오전)	1	맨몸 스쿼트(p.164)	7세트	총 34세트
		2	레그 프레스(p.168)	4세트	
		3	레그 익스텐션(p.172)	5세트	
		4	핵 스쿼트(p.176)	4세트	
		5	레그 컬(p.174)	5세트	
		6	바벨 런지(p.178)	4세트	
		7	카프 레이즈(p.180)	5세트	
	복근 (오후)	1	크런치(p.144)	5세트	총 15세트
		2	인클라인 벤치 싯업(p.148)	5세트	
		3	행잉 레그 레이즈(p.154)	5세트	
토요일	어깨 (오전)	1	덤벨 숄더 프레스(p.96)	4세트	총 34세트
		2	비하인드 넥 프레스(p.108)	4세트	
		3	시티드 프론트 프레스(p.90)	5세트	
		4	사이드 레터럴 레이즈(p.94)	5세트	
		5	벤트 오버 레이즈(p.104) or 페이스 풀(p.100)	5세트	
		6	업라이트 로우(p.98)	4세트	
		7	덤벨 슈러그(p.50)	7세트	
	팔 - 이두 - (오후)	1	케이블 컬(p.122)	5세트	총 20세트
		2	프리처 컬(p.118)	5세트	
		3	스탠딩 바벨 컬(p.116)	5세트	
		4	얼터네이트 덤벨 컬(p.120)	5세트	
일요일			휴식		

5분할 8주 프로그램

요일	부위	순서	운동	세트	
월요일	하체	1	맨몸 스쿼트(p.164)	7세트	
		2	레그 프레스(p.168)	4세트	
		3	레그 익스텐션(p.172)	5세트	총 29세트
		4	핵 스쿼트(p.176)	4세트	
		5	레그 컬(p.174)	5세트	
		6	바벨 런지(p.178)	4세트	
	복근	1	크런치(p.144)	5세트	
		2	인클라인 벤치 싯업(p.148)	5세트	총 15세트
		3	행잉 레그 레이즈(p.154)	5세트	
화요일	가슴	1	인클라인 덤벨 프레스(p.74)	4세트	
		2	인클라인 바벨 프레스(p.72)	4세트	
		3	플랫 벤치 프레스(p.64)	7세트	총 28세트
		4	덤벨 플라이(p.80) or 리버스 펙 덱 플라이(p.102)	4세트	
		5	딥스(p.76)	5세트	
		6	케이블 크로스오버(p.78)	4세트	
	종아리	1	카프 레이즈(p.180)	10세트	총 10세트
수요일			휴식 or 유산소		
목요일	등	1	랫 풀다운(p.30) or 풀업(p.32)	5세트	
		2	암 풀다운(p.34)	4세트	
		3	벤트 오버 바벨 로우(p.46)	5세트	
		4	T바 로우(p.42)	5세트	총 32세트
		5	루마니안 데드리프트(p.52)	4세트	
		6	원 암 덤벨 로우(p.44)	4세트	
		7	시티드 로우(p.36)	5세트	
	복근	1	크런치(p.144)	5세트	
		2	인클라인 벤치 싯업(p.148)	5세트	총 15세트
		3	행잉 레그 레이즈(p.154)	5세트	

요일	부위	순서	운동	세트	
금요일	어깨	1	덤벨 숄더 프레스(p.96)	4세트	총 34세트
		2	비하인드 넥 프레스(p.108)	4세트	
		3	시티드 프론트 프레스(p.90)	5세트	
		4	사이드 레터럴 레이즈(p.94)	5세트	
		5	벤트 오버 레이즈(p.104) or 페이스 풀(p.100)	5세트	
		6	업라이트 로우(p.98)	4세트	
		7	덤벨 슈러그(p.50)	7세트	
토요일	팔 - 이두, 삼두, 수퍼 세트 - (오후)	1	케이블 컬(이두, p.122) + 케이블 푸시다운(삼두, p.128)	4세트	총 16세트
		2	프리처 컬(이두, p.118) + 라잉 트라이셉스 익스텐션(삼두, p.130)	4세트	
		3	스탠딩 바벨 컬(이두 p.116) + 원 암(투 암) 덤벨 오버헤드 익스텐션(삼두, p.134~137)	4세트	
		4	얼터네이트 덤벨 컬(이두, p.120) + 스탠딩 트라이셉스 익스텐션(삼두, p.132)	4세트	
	복근	1	크런치(p.144)	5세트	총 15세트
		2	인클라인 벤치 싯업(p.148)	5세트	
		3	행잉 레그 레이즈(p.154)	5세트	
일요일			휴식		

용어 찾아보기

골격 및 관절

견갑골: 등 뒤쪽에 위치한 역삼각형 모양의 뼈로 어깨의 움직임을 지지.

견봉: 견갑골의 가장 높은 돌기로 어깨의 끝 지점을 형성.

경골(정강이뼈): 종아리 안쪽에 위치하여 체중의 대부분을 지지하는 굵은 뼈.

고관절: 골반과 대퇴골이 만나는 지점으로 다리의 회전과 가동성을 담당.

관골: 장골, 좌골, 치골이 합쳐져 골반의 측면과 전면을 구성하는 큰 뼈.

관절오목하결절: 어깨뼈(견갑골)의 관절 오목부 바로 아래에 있는 뼈 돌기로, 상완삼두근 장두가 시작되는 지점.

골극: 뼈의 가장자리가 가시처럼 뾰족하게 튀어나온 상태.

대결절: 상완골 위쪽 바깥의 돌출 부위로 회전근개 근육들이 부착됨.

비골: 종아리 바깥쪽의 가느다란 뼈로 발목의 안정성과 근육 부착점을 제공.

삼각근조면: 상완골 몸통 바깥쪽 중간 지점에 위치한 거친 표면의 돌기로, 어깨 전체를 감싸는 삼각근이 하나로 모여 끝나는 부착 지점.

상완골: 어깨에서 팔꿈치까지 이어지는 위팔의 긴 뼈.

슬개골(무릎뼈): 무릎 앞쪽의 관절을 보호하고 대퇴사두근의 지렛대 효율을 높임.

요골: 아래팔(전완)의 바깥쪽(엄지손가락 쪽)에 위치한 뼈.

요추: 척추의 아랫부분인 허리뼈로 총 5개의 마디로 구성.

장골: 골반 상부의 넓고 부채꼴 모양으로 펼쳐진 뼈.

좌골(엉덩이뼈): 골반의 하부 후방을 구성하며 앉을 때 바닥에 닿는 부위.

주두: 팔꿈치 뒤쪽의 튀어나온 뼈 부위로, 삼두근 운동 시 지점이 됨.

중족골: 발바닥과 발등을 형성하는 5개의 긴 뼈.

척골: 아래팔(전완)의 안쪽(새끼손가락 쪽)에 위치한 뼈.

천골: 요추 아래에 위치한 삼각형 모양의 뼈로 골반의 중심축 역할을 함.

치골: 골반 앞쪽 하단에 위치하여 좌우 골반을 연결하는 부위.

치골능: 치골 앞부분의 두터워진 모서리로 복근 등의 근육이 부착됨.

흉골: 가슴 앞면 정중앙에서 갈비뼈를 연결하고 심장을 보호하는 뼈.

상체 근육

견갑하근: 견갑골 안쪽에 위치하여 팔을 안으로 회전시키는 회전근개.

광배근: 등의 하부와 옆면을 넓게 덮어 팔을 뒤나 아래로 당기는 기능을 함.

극상근: 견갑골 위쪽에 위치하며 팔을 옆으로 들어 올리는 초기 동작을 수행.

극하근: 견갑골 아래쪽에 위치하며 팔을 바깥쪽으로 회전시켜 어깨를 안정화함.

능형근: 척추와 견갑골 사이에 위치하여 견갑골을 모으고 고정함.

대원근: 광배근 상단에 위치하여 팔을 뒤로 당기거나 안으로 회전시킴.

대흉근: 가슴 앞쪽을 크게 덮는 근육으로 팔을 안으로 모으거나 굽히는 역할을 함.

삼각근: 어깨를 감싸는 근육으로 전면, 측면, 후면으로 나뉘어 팔의 움직임을 주도함.

상완삼두근: 위팔 뒤쪽에 위치하며 팔꿈치를 펴는 주동근.

상완이두근: 위팔 앞쪽에 위치하며 팔꿈치를 굽히고 아래팔을 회전시킴.

상지근육: 어깨, 팔, 손에 걸쳐 분포하는 모든 근육을 통칭함.

소원근: 극하근 아래에 위치하여 팔의 외회전을 보조하는 작은 근육임.

소흉근: 대흉근 안쪽에서 견갑골을 앞쪽 아래로 당겨 어깨의 안정을 도움.

승모근: 목과 등 상부를 덮는 근육으로 견갑골의 거상, 하강, 후인을 조절.

오훼완근: 어깨 앞쪽 깊숙이 위치하여 팔을 굽히고 안으로 모으는 기능을 보조.

전거근: 갈비뼈 옆면에 붙어 견갑골을 몸통에 밀착시키고 앞으로 밀어줌.

척추기립근: 척추를 따라 길게 뻗어 몸을 곧게 세우고 허리를 펴는 기능을 함.

하체 및 코어 근육

골반기저근: 골반 하단에서 장기를 지탱하고 코어 하부의 안정성을 유지함.

내복사근: 복부 안쪽 층에서 몸통의 회전과 복압 유지를 담당함.

내전근 / 대내전근: 허벅지 안쪽에 위치하여 다리를 안으로 모으는 역할을 함.

내측광근: 대퇴사두근 중 안쪽에 위치하며 무릎 관절의 막바지 신전과 안정을 도움.

내측두 / 외측두: 삼두근이나 종아리 근육 등 갈래가 나뉘는 근육의 안쪽과 바깥쪽 부위.

대둔근: 엉덩이의 가장 큰 근육으로 고관절을 뒤로 펴는 강력한 힘을 냄.

대퇴사두근: 허벅지 앞쪽의 네 갈래 근육으로 무릎을 펴는 주동근임.

대퇴이두근: 햄스트링의 바깥쪽 부분으로 무릎을 굽히고 고관절을 폄.

대퇴직근: 대퇴사두근 중 고관절과 무릎 관절을 모두 지나는 두 관절 근육.

박근: 허벅지 가장 안쪽에 위치한 가늘고 긴 근육으로 다리를 모으는 기능을 함.

반건양근: 햄스트링 안쪽 겉면에 위치하며 하단부가 긴 힘줄로 이루어진 근육.

반막양근: 반건양근 안쪽 깊숙이 위치하며 넓고 평평한 막의 형태를 띤 근육.

복직근: 복부 정중앙의 수직 근육으로 체간을 앞으로 굽히는 역할을 함.

복횡근: 복부 가장 깊은 곳을 가로로 감싸 척추를 보호하고 복압을 조절.

비복근: 종아리 뒤쪽의 볼록한 근육으로 발목을 아래로 굽히는 힘을 냄.

외복사근: 복부 가장 바깥층의 대각선 근육으로 몸통 회전과 굴곡에 관여함.

외측광근: 허벅지 바깥쪽에 위치한 대퇴사두근 중 가장 큰 부위.

장요근: 허리와 골반에서 시작해 다리로 이어지며 고관절을 굽히는 핵심 근육.

중간광근: 대퇴직근 아래 깊숙이 위치하여 무릎을 펴는 기능을 보조.

치골근: 고관절 안쪽 상단에 위치하여 다리를 굽히고 모으는 것을 도움.

햄스트링: 허벅지 뒤쪽 근육군을 통칭하며 다리를 뒤로 당기거나 무릎을 굽힘.

움직임 및 방향

굴곡: 관절의 각도가 작아지며 굽혀지는 동작.

신전: 관절의 각도가 커지며 펴지는 동작.

내전: 신체의 정중선(중심) 방향으로 부위가 가까워지는 움직임.

외전: 신체의 정중선(중심)에서 멀어지는 방향으로 움직이는 것임.

내회전: 뼈의 장축을 중심으로 몸의 안쪽 방향으로 회전하는 움직임.

외회전: 뼈의 장축을 중심으로 몸의 바깥쪽 방향으로 회전하는 움직임.

측굴: 몸통이나 목을 옆으로 기울이는 동작.

전인: 견갑골(어깨뼈)이 척추에서 멀어지며 앞쪽으로 나가는 동작.

후인: 견갑골(어깨뼈)을 척추 쪽으로 모으는 동작.

상방회전: 팔을 들어 올릴 때 견갑골의 아래쪽 각이 바깥쪽 위로 회전하는 움직임.

하방회전: 팔을 내릴 때 견갑골이 제자리로 돌아오며 아래쪽으로 회전하는 움직임.

후방 경사: 골반의 윗부분이 뒤로 기울어지고 엉덩이가 아래로 처지는 정렬.

요추 전만: 허리뼈(요추)가 앞쪽으로 완만하게 곡선을 그리며 휘어 있는 상태.

만곡: 척추 등의 골격이 자연스러운 곡선을 이루고 있는 상태.

전내측: 앞쪽이면서 동시에 안쪽에 위치한 방향을 뜻함.

외반주: 팔꿈치를 폈을 때 아래팔이 몸 바깥쪽으로 과하게 휘어진 상태.

근육 기능 및 수축

기시점: 근육이 시작되는 지점으로, 대개 몸 중심에 가깝고 움직임이 적은 부위.

길항근: 주동근과 반대되는 움직임을 만들며, 주동근이 수축할 때 이완되는 근육.

단관절근: 하나의 관절만 가로질러 작용하는 근육.

복합관절: 두 개 이상의 관절이 동시에 움직이는 동작이나 형태.

안정근: 동작 중에 관절이나 신체 부위가 흔들리지 않도록 고정해 주는 근육.

주동근: 해당 움직임을 만드는 데 가장 주된 역할을 하는 근육.

착지점: 근육이 끝나는 지점으로, 대개 몸 중심에서 멀고 움직임이 발생하는 부위.

코어: 몸의 중심인 척추, 골반, 복부를 지지하며 신체 안정성을 담당하는 근육군.

협응근: 주동근의 움직임을 도와 동작이 원활하게 일어나도록 보조하는 근육.

등척성 수축: 근육의 길이 변화 없이 힘만 쓰고 있는 상태(예: 플랭크).

등장성 수축: 근육의 장력은 유지되면서 근육의 길이가 변하는 수축.

단축성 수축: 근육이 힘을 쓰며 길이가 짧아지는 상태(예: 덤벨을 들어 올리는 동작).

신장성(원심성) 수축: 근육이 힘을 쓰면서 길이가 길어지는 수축(예: 덤벨을 내리는 동작).

트레이닝 및 그립

뉴트럴 그립: 손바닥이 서로 마주 보게 잡는 그립 방식.

오버 그립: 손등이 위(앞)를 향하게 하여 바를 잡는 일반적인 방식.

언더 그립: 손바닥이 위(앞)를 향하게 하여 바를 잡는 방식.

썸리스 그립: 엄지손가락을 나머지 손가락과 같은 방향으로 모아 잡는 방식.

숄더패킹: 어깨 부상을 방지하기 위해 견갑골을 하강 및 후인하여 고정하는 기술.

아이솔레이션: 특정 근육 하나만을 고립시켜 집중적으로 단련하는 고립 운동.

선피로: 주운동 전 해당 부위를 미리 지치게 하여 자극을 극대화하는 기법.

반동: 신체의 탄력을 이용하여 무게를 들어 올리는 동작으로, 주의가 필요함.

기타

명치: 가슴뼈 아래 끝단과 복부가 만나는 급소 부위.

체간: 머리와 팔다리를 제외한 우리 몸의 중심 몸통 부위.

| 해부학 일러스트

문승호
의학 일러스트 그룹 CGMEDI 대표. 중환자의학, 척추학, 두통학, 유방성형술,
외과학, 운동생리학, 신경외과실습서 등 문화체육관광부가 선정한
우수학술도서의 의학 및 해부학 일러스트를 그렸다.

코지(cozy)
다양한 의학 및 해부학 삽화를 그렸으며, 어린이 도서 삽화가로도 활동하고 있다.
cozyillust@naver.com

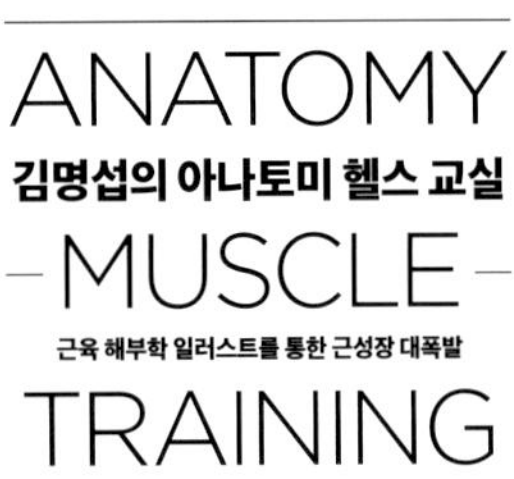

초판 1쇄 발행 2026년 3월 30일

지은이 김명섭
펴낸이 김영조
편집 김윤하, 최희윤 | **디자인** 오주희 | **마케팅** 김민수, 강지현 | **제작** 김경묵
경영지원 정은진 | **일러스트** 문승호, 코지(cozy)
펴낸곳 싸이프레스 | **주소** 서울시 마포구 양화로7길 44, 3층
전화 (02)335-0385 | **팩스** (02)335-0397
이메일 cypress@cypressbook.co.kr
홈페이지 www.cypressbook.co.kr | **블로그** blog.naver.com/cypressbook1
인스타그램 싸이프레스 @cypress_book | 싸이클 @cycle_book
출판등록 2009년 11월 3일 제2010-000105호

ISBN 979-11-6032-269-9 13690